의미와 소통의 목공수업

의미와 소통의 목공수업

마이클 페코비치(MICHAEL PEKOVICH) 저

진 재 성 역

씨
아이
알

의미와 소통의 목공수업

초판 발행 2023년 10월 5일

저   자 마이클 페코비치(Michael Pekovich)
역   자 진재성
펴 낸 이 김성배
펴 낸 곳 도서출판 씨아이알

책 임 편 집 신은미
디 자 인 엄해정
제작책임처 김문갑

등 록 번 호 제2-3285호
등 록 일 2001년 3월 19일
주   소 (04626) 서울특별시 중구 필동로 8길 43(예장동 1-151)
전 화 번 호 02-2275-8603(대표)
팩 스 번 호 02-2265-9394
홈 페 이 지 www.circom.co.kr

I S B N 979-11-6856-165-6 03630
정   가 26,000원

감사의 말

이 책을 집필한 지난 2년뿐 아니라, 이 책이 나오기까지 걸어온 30년간의 여정에도 많은 분들의 성원이 있었습니다. 아내 레이첼, 딸 안나, 아들 엘리의 인내와 격려에 고마움을 전합니다. 당신들이 나의 버팀목이고 원동력이었습니다.

저는 이 길을 걸으며 많은 멘토를 만나왔습니다. 그들 중 겨우 몇 명만이 그 사실을 알고 있다는 것이 부끄럽군요. 제가 관여했던 〈Fine Woodworking〉 잡지의 수백 편의 기사와, 함께 일할 수 있는 행운을 누렸던 저자들로부터 많은 것을 배웠습니다. 게리 로고브스키(Gary Rogowski)의 재치와 지혜, 크리스티안 벡스부르트(Christian Becksvoort)의 인내심 있는 추진력, 가렛 해크(Garrett Hack)의 창의적 천재성에 감사드립니다. 스티브 라타(Steve Latta), 윌 넵튠(Will Neptune), 마이클 포춘(Michael Fortune)의 공예에 대한 공학적 마인드는 저의 문제 해결 방식에 깊은 영향을 주었습니다. 〈Fine Homebuilding〉 잡지의 전 편집자이자 다방면으로 천재적인 척 밀러(Chuck Miller)는 긍정적이고, 창의적이며, 삶이 가져올 수 있는 기쁨에 열려 있는 분으로서 나의 롤모델이었습니다.

존 테트로(John Tetreault), 당신의 창의적인 렌즈를 통해 제가 공예를 시도하고 바라볼 수 있도록 계속 영감을 줍니다. 조나단 빈젠(Jon Binzen), 당신은 공예에 대해 기록할 수 있는 가장 위대한 정신과 펜을 가지고 있습니다. 그리고 제가 작업할 때 머리 속에 담고 다니는 모든 목소리 중에서 당신의 목소리가 가장 분명하고 가장 듣기 좋은 목소리입니다.

함께 일할 수 있는 행운을 누렸던 모든 학생들, 나도 교사로서 여전히 오르고 있는 가파른 배움의 언덕을 따라와주는 당신들의 질문과 신뢰와 인내에 감사드립니다. 밥 반 다이크(Bob Van Dyke)와 마크 아담스(Marc Adams), 학생들 앞에 저를 놓아주고 믿음을 가져준 데에 감사드립니다.

피터(Peter), 로잘린드(Rosalind)에게, 내가 책을 만드는 것에 대해 알고 있는 유일한 방법으로 책을 만들 수 있도록 허락해 주신 인내, 신뢰, 유연성에 감사드립니다. 좋은 친구이자 〈Fine Woodworking〉의 오랜 협력자인 존 하트먼(John Hartman), 이 책에 생명을 불어넣는 훌륭한 삽화에 많은 노력을 기울여 주셔서 감사드립니다. 나는 당신이 이 프로젝트에 합리적인 수준보다 훨씬 더 많이 투자해오고 있다는 것을 알고있기 때문에 당신과 함께 할 수밖에 없었다고 고백합니다.

또한, 〈The Taunton Press〉의 알려지지 않은 영웅 중 한 명에게도 감사를 전하고 싶습니다. 20년 동안 저는 빌 갓프리(Bill Godfrey)의 엄청난 예술적인 재능과 사진 편집 능력에 의존하여 사진을 멋지게 만들고, 멋진 사진을 더욱 훌륭하게 만들어 왔습니다. 그는 〈Fine Woodworking〉의 사진이 다른 어떤 잡지보다 우위에 있는 이유입니다. 빌(Bill), 이 책을 너무도 아름답게 만들어 주셔서 감사합니다.

CONTENTS

소개

이 책은 두 가지 질문에서 시작되었습니다. 세상에 또 다른 목공 책이 필요한가? 그리고, 목공의 주제에 대해 나는 무엇을 기여해야 하는가? 하는 것입니다. 첫 번째 질문에 대한 답은 두 번째 질문에 답하는 저의 능력과 많은 관련이 있다고 생각했습니다. 저는 공예작업을 30여 년 동안 해왔고, 지금도 그 어느 때보다 열정적입니다. 더군다나 그간의 제 노력의 결과로 지금은 그 어느 때보다 더 즐겁고 행복합니다. 저는 여기까지 오는 데 시간이 좀 걸리긴 했지만, 여러분은 그렇게 오래 걸릴 필요가 없다고 생각합니다. 그것이 제 역할이라 느낍니다.

오랜 세월 동안 작업실에서 혼자 일하면서 목공인들이 직면한 일상적인 어려움에 대해 공감하고 이해하게 되었습니다. 우리는 대담한 사람들입니다. 〈Fine Woodworking〉 잡지는 수년간의 공예 관련 글들을 통해 지속적으로 가구 디자인과 제작에 대한 장인들의 교육내용을 제공해왔습니다. 그 경험은 유익하며 고무적이었고, 또한 공예를 발전시키고 있는 많은 훌륭한 목공인들을 알게 되며 겸허해지게 되었습니다. 오랫동안, 저는 제가 정말로 더 추가할 것이 없다는 것을 느껴왔습니다. 하지만 저만의 길을 찾기 위해 고군분투하며 우리 모두는 서로 공유할 수 있는 무언가를 가지고 있다는 것도 깨달았지요.

가르치는 일에 대한 저의 노력은 제가 할 수 있는 최선의 방법과 전략을 전달하기 위해 어떻게 제작해야 하는지 깊이 숙고하도록 했습니다. 그것은 저를 더 나은 교사로 만들 뿐만 아니라(그렇게 희망하죠) 제가 일하는 방식을 형성해왔습니다. 제가 전하는 모든 조언은 저 뿐만 아니라 기술을 마스터하려는 학생들에게도 효과가 있을 것입니다.

마지막으로, 지난 몇 년 동안 매일 제 작업을 문서화하는 시간을 통해, 우리가 만들어가는 대부분의 시간이면서도 눈에 직접 보이지는 않는 '제작 프로세스'의 아름다움과 우아함에 눈을 뜨게 되었습니다. 그것은 공예의 열정을 소통하는 목적과 함께 사진 작업에 대한 관심을 증폭시켰지요.

이 모든 경험들이 모여 이 책이 되었고, 저를 지금의 목공인으로 만들었습니다. 또한, 계속해서 나무를 다루는 일과, 목공의 여정에 있는 이들을 위한 길을 밝히는 데 도움을 주는 즐거움을 이끌어내고 있습니다.

"오, 어떤 가구를 만드세요?"라는 질문을 받을 때마다 저는 항상 말문이 막히곤 했습니다. 큰 관심없는 청중을 위해 일반적인 사회적 문장 하나로 요약하기에는 경험들이 너무 쌓여 있지요. 이 책은 그 질문에 대한 저의 대답입니다. 다른 목공인들에게도 그 질문에 대한 답이 될 수 있을 것이라 희망하고 있습니다. 이 책은 당신을 위한 것입니다. 당신이 시작점에 서 있든 이미 몇 개의 고개를 넘어왔든 우리는 모두 같은 길을 걷고 있습니다. 당신의 동행을 환영합니다.

제1장

공방의 시간을
의미있게 만들기

공방에서 보내는 시간을 최대한 활용하기 위해 노력하자. 그러면, 자연스럽게 작업에 집중하게 될 것이다. 이 책과 공예에 대한 나의 접근 방식에 공통된 주제가 있다면, 모든 것이 연결되어 있다는 것이다. 공방으로 향하는 마음가짐을 다지고, 가장 작은 단위의 작업에도 똑같은 관심과 자세로 임한다면, 좋은 작품을 만드는 데 도움이 될 뿐만 아니라, 공방에서 보내는 시간을 의미있게 만들 것이다. 날물을 연마하는 일부터, 공방을 청소하고, 집진기를 비우는 것, 마지막 왁스 마감을 하는 일들, 이런 일들을 잘 해내면서 작업이 효율적으로 이루어지는 흐름을 찾을 수 있을 것이다. 그 과정에서 더 많은 재미를 느끼게 될 것이다. 내가 생각하는 건 그 이상이기에 어쩌면 재미라는 말은 적절한 단어가 아닐 수도 있다. 우리가 하는 일과 최종 결과에 대한 만족감은 함께 하기 때문에, 처음에 공방으로 향했던 목표를 실현하는 데 더 가까워질 것이다. 작은 일에 집중하자. 결국 모든 것이 작은 일이기 때문이다.

다음에 이어지는 것들은 내가 공방에서 보내는 시간을 최대한 활용하기 위해 따르고 있는 "규칙"들이다. 내가 그것들을 따르는 데 항상 성공적인 것은 아니지만, 적어도 작업들이 나에게서 멀어지기 시작할 때면, 본래대로 돌아갈 수 있는 방법을 알려준다. 이 규칙들이 당신이 공방에서 보내는 시간을 최대한 활용하는 데 도움이 되길 바란다.

1. 시간의 양이 아니라 어떻게 사용하는지가 중요하다

나는 미술 감독, 교사, 작가로서 하는 일과 공방에서 보내는 시간의 균형을 맞추고 있지만, 목공을 단지 취미로 생각하는 것은 아니다. 그것은 나와 내가 만난 모든 목공인들에게 그 이상의 무엇이다. 그러나 공예를 추구하는 대다수의 사람들에게 작업 시간은 제한되어 있다. 우리는 가족과 직장과 가사일 사이에 소중한 시간을 할애하는데, 어쩌면 시간을 내어 작업장으로 향하는 것에 대해 약간의 죄책감을 느낄 수도 있으며, 자신을 포함하여 사람들에게 왜 전공이나 직업과 상관없이 때때로 공방에 들어가 무언가를 만들거나 이상한 일을 하고 있는지 설명하려고 애쓸 수도 있다.

대학에서 공예에 대해 진지하게 다가간 이후, 내 꿈은 전업 목수가 되는 것이었다. 나는 아직 그 목표를 달성하지 못했고 그것이 여전히 목표인지도 확신할 수 없다. 내가 아는 전업 목수들조차도 공방에서 일하는 시간의 상당 부분을 돈을 벌기 위한 일들에 소비하며, 그들이 진정으로 하고 싶어하는 일을 할 수 있는 기회는 다른 사람들과 마찬가지로 그들에게도 쉽지 않다. 따라서 진정한 답은 더 많은 시간을 확보하는 데 있지 않고 주어진 시간을 어떻게 활용하는가에 있다.

2. 습관화 하기

우리가 6개월 동안 한 프로젝트를 작업해왔다고 말할 때, 아마도 그중 5개월 반 동안은 작업을 하지 않고 있었다는 말과 같을지 모른다. 바쁜 일정 중에도 어떻게 그토록 많은 목공 작업을 할 수 있냐는 질문을 받곤 하는데, 가장 중요한 이유는 거의 매일 공방에 가는 것이라고 강조하곤 한다. 이는 하루 종일을 말하는 것이 아니라 보통 15분 정도의 짧은 시간을 의미한다. 중요한 것은 공방에 들어가는 것이다. 작업하고 있는 프로젝트의 진행 속도가 아무리 느리게 느껴지더라도, 조금씩 조금씩 꾸준히 하다보면 앞으로 나아가게 된다.

일의 추진력을 해치는 진짜 원인 중 하나는 긴 휴식이다. 리듬과 생각의 연결들이 길을 잃는다. 약간 낯설어진 작업으로 돌아오면 어떻게 진행해야 할지 아이디어는 잘 떠오르지 않고 멍하니 시간을 보내기도 한다. 이때가 가장 실수를 많이 하는 때이다. "내가 이걸 미루고 있던 이유가 있었다는 걸 알지만, 지금 당장 해결하는 것이 좋을 것 같은데." 이런 생각을 가지고 일단 작업에 돌입하고나면, 그것이 그리 좋은 생각이 아니었다는 것이 드러난다. 그리고 더 진행하는 대신 실수들을 고치고 나면, 확실히 퇴보한 느낌에 한숨을 내쉬게 된다.

3. 작업장을 벗어나서 생각하기

작업장에서 다음 행보를 생각하는 것은 귀중한 작업 시간을 허비하는 일이다. 나는 공방에 들어가기 전에 할 수 있는 한 많은 것을 하려고 한다. 침대에 누워 있는 동안 다른 어느 때보다 가구 제작 문제를 더 많이 해결했고, 지그(jig)에 대해 더 많은 아이디어를 찾아냈다. 제작 문제에 대한 해결방안을 찾은 다음 작업장으로 가서 그것을 시험해보고 해결하는 것은 정말 기분 좋은 일이다. 작업장으로 들어가는 것에 초점을 둘 수 있지만, 실제로 작업하는 일은 프로젝트 전체 제작 과정 중에서 생각보다 작은 부분을 차지한다. 그래서 연출이 중요하다. 개별 작업을 논리적인 작업 흐름에 연결하고, 필요한 작업과 실행 순서를 정하는 것들에 대한 장기적인 관점을 볼 수 있어야 한다.

작업장에 머무는 시간에 맞추어 일을 최소 단위의 작업으로 분해해보자. 이런 요구가 바쁜 일상을 보내고 있는 입장에서는 부담으로 느껴질지 모르지만, 실제로 중요한 기술을 쌓는 데 도움이 된다. 심지어 모든 시간을 작업장에서 보낼 수 있다해도 여전히 계획을 가지고 있어야 한다. 당신이 작업장에 오래 있게 된다면, 즉석으로 계획을 세우거나, 계획보다 앞지르기도 하고, 넋놓고 구석에 앉아 시간을 보낼

우리가 6개월 동안 한 프로젝트를 작업해왔다고 말할 때, 아마도 그중 5개월 반 동안은 작업을 하지 않고 있었다는 말과 같을지 모른다.

작은 작업으로 나누기

첫 번째 단계가 우선 작업장에 들어서는 것이라면, 다음 단계는 그 시간을 잘 활용하는 것이다. 한 번 갈 때마다 한 단위의 작업들을 완료하는 것이 매우 중요하다. 최악의 상황은 중간에 멈추어서는 다음에 어디서부터 해야 할 지 알아내려고 하는 것이다. 중요한 핵심은 큰 작업을 관리 가능한 작은 단위의 작업으로 나누는, 분해하는 것이다. 만약 여러 개의 주먹장 서랍을 만든다고 한다면, 먼저 전체 부재들의 기준선 긋기에 집중할 것이다. 아마도 그 다음에 테일 장부를 시작할 수 있을 것이다. 필요한 목록을 만들어라. 가능한 한 많은 개별 단계들로 분해해보라. 그렇게 해서, 시간이 얼마 없는 경우라면 그것들 중 하나를 처리할 수 있고, 더 긴 작업은 몇 개의 체크포인트로 나누어 할 수 있을 것이다. 만약 특별히 할 일이 없다면 어떻게 하나? 그렇다면 우선 벗어나보자. 바닥 청소를 하거나, 밴드쏘(bandsaw) 날을 교체하거나, 대팻날을 연마해보자. 이러한 작은 일들 어떤 것이라도 다음 번 공방에서 보내는 당신의 시간을 훨씬 더 생산적으로 만들어줄 것이다.

우리가 공방에 가고
싶어하는 만큼, 자리에
가만히 앉아서 우리가
만들고 싶어하는 것과
잠재 작업 목록에서
선택한 프로젝트가 최선의
것인지에 대해 진지하게
생각하는 것도 중요하다.

수도 있다. 그러니 쉬는 시간, 남는 시간 등을 작업장에서 보내는 시간으로 최대한 활용해보자.

한두 가지 작업만 생각하지 말고 전체 과정을 계획해야 한다. 예를 들어 〈Fine Woodworking〉 잡지
의 모든 호에는 몇 개의 프로젝트들이 실려 있다. 물론 전체 제작 과정과 순서를 6~8페이지로 다 다루기
에는 지면이 부족하다. 그래서 내가 하려고 하는 것은 일련의 징검돌을 만들어 한 작업에서 다음 작업으
로 이동할 수 있도록 하는 것이다. 제작 프로젝트를 수행하는 데 필요한 치수들을 제공하려고 노력하지
만, 정말 중요한 정보는 작업 순서다. 당신이 얻어야 할 것은 장인들이 제작에 접근하는 방법에 대한 통
찰력, 겉보기에 단절되어 보이는 모든 단계들 뒤에 있는 논리들이다. "왜 그들은 곡선부위를 다듬기 전
에 결구(結構)들을 가공하고 있을까? 왜 그들은 문짝과 서랍을 시작하기 전에 본체 케이스가 완성되기를
기다리고 있을까? 조립하기 전에 부재들에 먼저 마감하는 이유는 무엇일까?" 거기에 중요한 핵심이 있
다. 그것에 주의를 기울이면 주먹장(dovetail) 연습을 반복하지 않고도 더 나은 목공인이 될 것이다. 아주
복잡한 프로젝트도 일련의 간단한 단계로 나눌 수 있다. 스스로 로드맵을 만들 줄 알게되면 우리가 원
하는 곳으로 더 쉽고 즐겁게 갈 수가 있다. 그리고 이런 모든 일들은 운전 중인 때에도, 빠져나갈 수 없는

업무 회의 시간에도 할 수 있다.

4. 만들 가치가 있는지 확인하자

프로젝트를 서둘러 시작하다 보면, 때때로 디자인 과정을 너무 짧게 마치곤 한다. 나도 그랬었다. 무언가를 만들려고 즉석에서 디자인을 끌어모으곤 했다. 그러다보면 프로젝트를 진행할수록 지금 이 일이 내 노력만큼의 가치가 있는지 회의가 들기도 하고, 더 나아갈 동력을 잃기도 했다. 우리가 공방에 가고 싶어하는 만큼, 가만히 자리에 앉아서 자신이 만들고 싶어하는 것과 잠재 작업 목록에서 선택한 프로젝트가 최선의 것인지에 대해 진지하게 생각하는 것도 중요하다. 의심이 들기 시작하면, 나는 내가 만들고 있는 것의 목적으로 돌아간다. '이것은 어떤 필요를 충족시키며 얼마나 중요하지?' 무언가를 만들고자 하는 충동은 공예가 주는 행복감을 찾고자 하는 우리의 욕망에 관한 것이다. 우리가 만들고 있는 것의 목적을 고려하는 것은 그것을 사용할 사람들과 우리를 연결시킨다. 그 점을 염두에 두고, 나는 디자인 과정에서 좀 더 인내하고 깊이 생각하려 한다. 그렇게 해서 나는 대개 그 결과에 만족하며, 더 중요한 것은 프로젝트에 투자한 시간에 대해 행복감을 느낀다는 것이다.

5. 작은 것이 "큰 것"인 이유

나는 공방에서 보내는 많은 시간들을 실은 허둥지둥하거나, 하고 싶은 일을 하기 위해 "중요하지 않은 일"로 생각하던 것들을 미뤄두곤 했다. 연마작업을 급하게 하거나, 다시 연마가 꼭 필요할 때까지 최대한 오래 사용하려고도 했다. 연마가 필요한 모든 공구가 아니라 단지 당장 쓸 한 개의 끌이나 대팻날 만을 연마하기도 했다. 바닥에 쌓인 톱밥과 대팻밥 더미 사이를 헤집고, 마지못해 빗자루를 들어 통로 중앙을 따라 한 가닥 길을 뚫곤 했다. 집진통이 거의 가득 찼지만 한 번쯤 더 마름질을 하곤 했고, 작업대 위의 잡동사니 사이에서 작업을 하고, 하고 있는 작업을 위한 최소한의 공간만 정리하곤 했다. 매번 이런 식의 반복이었다. 엉망진창인 공방을 슬그머니 빠져나왔다가 조심히 들어가곤 했다. 당신이 여기 와봤거나 여기에 지금 있다면, 내가 말하고자 하는 바를 알 것이다. 공방에서 보내는 시간은 소중하고, 우리는 그것을 최대한 활용하고 싶어한다.

오늘도 나는 여전히 과거의 모습과 싸우고 있지만, 작업 환경은 대체로 더 좋아졌고, 더 중요한 것은 집중이 더 잘 되고, 더 좋은 작업을 할 수 있게 되었다는 것이다. 그래서 무엇이 바뀌었을까? 나에게 가장 큰 것은 공방의 모든 작업을 똑같이 중요하게 취급하기로 한 결정이었다.

아주 오랫동안 나는 큰 프로젝트를 시작할 때마다 공방을 깨끗하게 청소하는 습관을 유지해왔다. 물론, 그 사이에 여러 개의 작은 프로젝트들도 다루곤 했는데. 그것은 내가 대부분의 시간을 엉망으로 일하고 있는 것을 의미했다. 나는 내가 공방에서 얻고 싶어하는 만족감과 프로젝트의 완성을 동일시했다는 것을 깨달았다. 제작과 직접 관련이 없는 작업들은 시간낭비, 행복을 가로막는 적이라고 생각했다. 내가 깨달은 것은 공방에서 더 많은 시간을 의미있게 보내고 싶다면, 그 시간에 의미를 담아내는 것은 자신에게 달려 있다는 것이다. 내 목표는 항상 명확한 초점과 의도를 가지고 작업하는 것이지만, 그렇게 집중할 "가치있는" 작업의 종류를 넓히기로 결정했다.

"모든 것에 의미가 있다고 마음먹으면, 모든 작업이 즐거워질 것이다"라고 말하는 것이 조금 단순하게 들린다는 것을 안다. 나는 연마작업을 좋아하지 않으면서, 날카로운 공구를 사용하고 싶어했다. 집진통을 비우는 것은 꽤 힘든 일이지만, 큰 프로젝트의 마름질 작업을 시작하기 전에 미리 해놓으면 나머지 작업들을 만족할만큼 잘 할 수 있게 된다. 잘 청소된 바닥, 깨끗하게 정리된 작업대, 깔끔하게 정리되어 준비된 공구들이 있는 공방에 들어서면 기분 좋은 하루가 시작된다. 공방이 깨끗하면 그대로 유지하고 싶어하는 경향이 있다. 나는 이것에 누구도 반대하지 않으리라 생각하긴 하지만, 그렇다고 해서 우리가 거기에 도달하기 위해 필요한 모든 것을 해야한다는 뜻은 아니다. 하지만, 중요한 점이 있다: "각각의 중요하지 않은" 작업은 우리가 수행해야 하는 "중요한" 작업에 직접적인 영향을 미친다. 예리하게 잘 연마된 공구, 잘 튜닝된 기계, 잘 정비된 작업장이 모두 합쳐져, 좋은 작업을 즐겁게 할 수 있는 환경과 마음가짐을 만들어준다.

상호연결성을 생각해 보면, 공방의 모든 작업이 상호의존적이라는 것, 그래서 주먹장을 가공하는 것부터 쓰레기 비우기까지의 각 작업이 전체 프로세스의 일부로서 똑같이 중요하다는 것을 아는 것은 큰 비약이 아니다. 그리고 모든 것이 동등하게 우리의 관심을 끌 만한 가치가 있고 필요한 것이다. 그렇다. 작은 것들을 관리하는 것은 공방의 시간을 더 즐겁고 생산적으로 만드는 데 도움이 된다. 뿐만 아니라, 이제 모든 것이 공방에서 보내는 시간에 속한다는 마음가짐이 들게 된다. 공방에서 보내는 1분 1초는 우리 대부분에게는 힘들게 얻은 시간들이다. 그래서 이제, 청소를 하는 것이든 공구를 정리하든 문짝을 맞추는 일이든 모든 것이 다 좋다.

각각의 "중요하지 않은" 작업은 우리가 수행해야 하는 "중요한" 작업에 직접적인 영향을 미친다. 예리하게 잘 연마된 공구, 잘 튜닝된 기계, 잘 정비된 작업장이 모두 합쳐져, 좋은 작업을 즐겁게 할 수 있는 환경과 마음가짐을 만들어준다.

손을 씻고, 앞치마를 두르고, 음악을 켜자

공방에 도착하면, 일상의 굴레와 스트레스들과 머리 속에 떠도는 수많은 소리들로부터 벗어나도록 하자. 단지 몇 분 정도만 머무른다해도 다른 모든 것들을 뒤로 미루고 최대한 집중하자. 나의 경우엔 일종의 리추얼(ritual)을 갖는 것이 도움이 된다. 음악을 듣기 위해 블루투스 스피커를 켜고, 작업용 앞치마를 두르고, 모든 공구들이 제 위치에 놓여 있는지 확인한다. 내가 그런 일을 할 시간이 없다는 것은 아마도 공방에 갈 시간이 없다는 것과 같을 것이다.

그런 작은 행동들이 나를 그 영역 안으로 이끌어주고, 무언가 다른 일을 해야 하는 게 아닌가 하는 불쑥불쑥 떠오르는 잡념들을 없애는 데 도움이 된다. 음악이 흐르고, 앞치마를 두르고, 나는 몸도 마음도 공방 안에 있게 된다. 작업을 시작하기 전에 손을 씻는 것만으로도 일상으로부터 단절을 만들 수 있고, 공방에서 하는 활동에 생각을 집중할 수 있다.

따라서 진정한 문제는
수공구인지 전동공구인지가
아니라, 정확히 출발점이
어디인가 하는 것이다.
정답은 없으며,
정해진 출발선도 없다.

6. 수공구 대 전동공구

수작업 대 기계작업. 어떻게 보면 논쟁거리도 아닌 것이긴 하지만, 많은 사람들이 처음에 공예를 선택하는 이유와 관련이 있다는 점을 생각해보면, 어쩔 수 없이 이 문제를 다뤄야 할 것 같다. 목공의 역사를 통틀어, 힘들고 거친 작업들을 직접 하지 않을 방법이 있다면 사람들은 가능한 한 그러한 방법을 선택해 왔다. 아주 예전에는 값싼 노동력을 사용하는 것을 의미했으며, 나중에는 수력이나 증기기관 등으로 바뀌었다.

최근까지도 장비를 구매하여 시간과 비용 문제를 해결하는 것이 충분히 이해되어 왔다. 장부끌은 저렴하게 사용할 수 있지만, 제임스 크레노브(James Krenov), 태지 프리드(Tage Frid), 조지 나카시마(George Nakashima), 샘 말루프(Sam Maloof)와 같은 훌륭한 장인들의 방식을 따라 각끌기로 더 빠르게 장부가공을 할 수 있다. 이들 장인들은 모두 기계를 사용하여 기계가 할 수 있는 최대한의 효과를 내었고, 그 다음에 나머지 작업을 하기 위해 수공구를 사용했다.

오늘날에는 속도나 효율성보다는 제작 경험에 초점을 맞추는 수공구 작업을 향한 움직임이 있다. 이것은 공방 한가운데에서 돌고 있는 테이블쏘(table saw) 톱날 대신, 마음과 손과 공구와 나무의 연결에 대한 것이다. 이는 목적지에 가기 위해 고속도로를 달려가는 것과 숲길을 산책하는 것의 차이이며, 얼마나 멀리 가는지 그 거리에 대한 것이 아니라 내딛는 발걸음에 대한 것이다.

나는 하이킹을 좋아하지만, 트레일 입구까지 운전하고 가는 것도 좋아한다. 시에라 산맥으로 여행할

수공구들이 내 공방의 심장이지만, 내 기계들도 그에 못지않다. 나는 손대패 만큼이나 밴드쏘와 테이블쏘와도 친밀하다. 밴드쏘로 정확한 곡선을 자르는 데 필요한 기술과 집중력은 수공구든 전동공구든 공방의 다른 공구들에 필요한 만큼과 똑같다.

때, 늦은 폭설이 있었고 트레일 입구까지 가는 길이 막혔었다. 우리는 무거운 짐을 지고 아스팔트길을 따라 몇 킬로미터를 걸어가야 했고, 물집이 몇 개나 잡히고서야 트레일에 도착할 수 있었다. 크레노브(Krenov)는 『Cabinetmaker's Notebook』이란 책에서, 수공구로 목재 준비 작업을 할 수는 있지만, 그 일을 마실 스음에는 너무 지쳐서 프로젝트를 완료하는 데 필요한 작업을 할 수 없었다고 썼다. 나는 테이블쏘를 사용하여 장부 가공하는 것을 더 좋아하는 반면, 친구인 매트 케니(Matt Kenney)는 종종 수공구로 장부를 자른다. 그에게 이유를 물어보니, 그는 그것이 훨씬 더 빠르다고 말한다.

따라서 진정한 문제는 수공구인지 전동공구인지가 아니라, 정확히 출발점이 어디에서 시작되는가 하는 것이다. 정답은 없으며, 정해진 출발선도 없다. 나를 비롯해 어떤 사람들은 전동공구로 시작하여 기술이 쌓여감에 따라 점점 더 많은 수작업을 해나갈 수 있다. 어떤 사람들은 대패에 대한 열정으로 매우 얇게 깎는 도전에 이끌릴지도 모른다.

나도 처음에는 주먹장을 가공하고 모서리를 모따기 할 수 있는 등대기톱, 끌, 블록플레인과 몇 가지 같은 수공구만 가지고 있었다. 손대패를 잡기 전까지 보낸 10년의 기간도 좋았으며, 그 시간 동안 많은 작업을 했고, 여전히 그 시절을 자랑스럽게 여긴다. 그러나 그 이후로 수공구는 내 작업에서 점점 더 중요한 역할을 하게 되었다. 내가 다듬은 표면은 평평하고 매끄러우며, 모서리는 엣지있게 또렷하고, 결구들은 매우 정교하다. 그러나 이런 결과들 이상으로 수공구는 작업 자체에 리듬을 불어넣고, 그 과정을 즐기는 데 도움이 된다.

나는 예전에도 현재도 샌딩을 싫어한다. 하지만 아침에 날을 연마하고, 오후에 대패질을 하며 하루를 보내는 것은 뿌듯하다. 그래서 나에게 수작업이냐 전동작업이냐의 문제는 당면한 작업에 적합한 공구를 선택하는 것 외에는 실제로 중요한 게 아니다. 당신의 직감에 따라라. 판재를 손으로 4면 직각을 맞추는 것이 고된 작업으로 느껴지고 다른 방법을 가지고 있다면, 기계대패를 작동시키는 것에 대해 죄책감을 느낄 필요가 없다. 반면에, 편하게 사용할 수 있는 라우터가 없다면, 몰딩을 가공하는 다른 방법을 찾아 즐겨야 한다 – 작업에 시간이 더 오래 걸린다고 해서 나쁘게 생각하지 말기를.

어떤 공구를 선택하든지, 기능과 아름다움을 염두에 두고 제작하는 것, 최소한의 불안과 좌절로 처음부터 끝까지 나아가는 과정, 그리고 최고의 작업이 이루어지고 가장 즐겁게 일하는 영역을 찾는 큰 그림은 크게 바뀌지 않는다. 아주 간단하다.

7. 마음가짐이 차이를 만든다

최근에 좋아하는 목수인 앤드류 헌터(Andrew Hunter)의 일본 대패에 대한 강의를 들었는데, 그가 언급한 개념에 깊은 인상을 받았다. 어떻게 제작자의 영혼을 대패에 담았는지, 그리고 대패를 사용하면서 어떻게 대패 제작자의 영혼과 함께 앤드류 자신의 영혼이 작업에 담겼는지에 대한 이야기였다. 공구와 목공작업에 "영혼"이라는 단어를 붙이는 것이 어울리지 않는다는 것을 알고 있지만, 그 생각에는 정말 중요한 의미가 포함되어 있다. 우리가 "영혼"이라는 단어를 "에너지"로 바꿔본다면, 그것은 많은 의미를 갖기 시작한다.

나무를 가구로 만들기 위해 우리가 하는 모든 일은 에너지를 소모한다. 결합, 대패질, 마름질에서 장부 가공과 마감에 이르기까지 각 단계는 에너지를 필요로 한다. 우리 마음의 상태는 그 에너지의 성질에 큰 영향을 미칠 수 있다. 우리가 서두르거나, 좌절하거나, 스트레스를 받거나, 공방 밖에서 일어나는 일에 사로잡혀 있다면, 그 모든 것이 우리가 만들고 있는 작품으로 옮겨진다. 우리가 무뎌진 공구와 씨름하거나 어수선한 작업장을 돌아다니는 것도 완성된 프로젝트에 모두 나타난다. 말 그대로 그러한 상황에서 최선을 다하는 것은 불가능하다. 또한, 문제해결 방법부터 날 연마 시기를 결정하는 것까지, 제작 과정 중에서 해야 하는 수백 가지의 직관적인 결정을 내리는 능력이 떨어지게 된다. 우리가 하고 있는 일을 즐기는 것이 불가능하지는 않더라도 확실히 더 어려워진다. 우리가 공방에서 일을 진행하려는 목적과 의도는 우리의 작업과 그 노력의 산물 모두에 확연한 영향을 미친다.

프로젝트의 전반에 걸쳐 우리가 선택하는 모든 작은 일들과 노력들이 더해져 미묘하지만 중요한 방식으로 결실을 맺는 것임을 알아야 한다. 이것은 우리가 테이블쏘를 사용하든 손대패를 사용하든 모두 유효하다. 즉, 우리가 사용하기로 선택한 공구가 아니라 그 공구를 사용하는 마음가짐이 중요하다는 것이다.

8. 한 프로젝트에는 하나의 새로운 기술과 공구를

공예에서, 예술에서, 그리고 삶에서도 앞을 향해 나아간다는 생각은 우리의 의식에 깊이 뿌리를 내리고 있다. 이처럼 과거에 해왔던 것들을 넘어서기 위해 우리는 기술과 지식을 향상시키고 싶어한다. 목공에서는, 보통 한 프로젝트에서 그러한 발전을 확인하려 한다. 이때, 이미 만들어본 프로젝트를 반복하면 정체되어 있는 느낌이 들고, 그렇다고 새로운 프로젝트에 도전하여 너무 멀리 도약하려 하면 감당하지 못하게 될 수 있다. 따라서 나의 원칙은 하나의 프로젝트당 하나의 새로운 기술과 하나의 새로운 공구를 사용하는 것이다.

내 첫 번째 주먹장 상자는 중요한 성과였다. 하지만 성취감과 함께, 다른 주먹장을 더는 가공하고 싶

우리가 서두르거나, 좌절하거나, 스트레스를 받거나, 공방 밖에서 일어나는 일에 사로 잡혀 있다면, 그 모든 것이 우리가 만들고 있는 작품으로 옮겨진다. 우리가 무뎌진 공구와 씨름하거나 어수선한 작업장을 돌아다니는 것도 완성된 프로젝트에 모두 나타난다.

"처음에 할 것부터 먼저 하자"

공구는 나무와 우리를 연결해주는 것이나. 공구의 관리 상태는 우리가 나누는 대화와 우리의 의도를 전달할 수 있는 능력을 결정한다. 날 연마 같은 평범한 일이 우리의 경험과 우리가 할 수 있는 작업의 정확성에 매우 큰 영향을 미치므로, 우리가 정말로 하고 싶은 것이 공방에 가서 대패질을 하는 것이라고 해도, 거기에서 시작하지 않을 수 없다.

한 작품에 적용하는
새로운 도전의 숫자를
제한함으로써, 우리는
이미 다뤘던 기술을
연마할 수 있는 기회를
가지면서도, 당면한
독특한 도전과제에
완전히 집중할 수 있도록
충분한 정신적 여유를
가진다.

지 않다는 생각도 들었다. 지금에 있어선 주먹장은 단지 주먹장일 뿐이다. 내가 작업에 주먹장을 자주 쓰긴 하지만, 보통 내 관심은 새로운 도전으로 향한다. 한 작품에 적용하는 새로운 도전의 수를 제한함으로써, 우리는 이미 다뤘던 기술을 연마할 수 있는 기회를 가지면서도, 당면한 독특한 도전과제에 완전히 집중할 수 있도록 충분한 정신적 여유를 가진다. 새로운 도전은 장식적인 디테일을 가진 독특한 결구법일 수도 있고, 익숙하지 않은 나무로 작업하거나 새로운 마감법을 시도하는 것일 수도 있다. 그중 어떤 것이든 분명히 우리의 관심을 끌만 하지만, 그것들을 한 번에 다 시도한다면 완전히 방향을 잃고 헤맬 수 있다.

한 번에 새로운 요소 하나씩만 적용하는 태도를 갖는 또 다른 이점은 기술이나 목재 또는 마감 프로세스를 제대로 알게 되어, 사신만의 기술목록, 문세해결 리스트를 만들어갈 수 있다는 것이다. 현재 하고 있는 거의 모든 작업에는 과거에 사용하던 기술과 세부 정보가 포함되어 있다. 그리고 기술이 성장함에 따라 새로운 프로젝트에 투입할수 있는 솔루션도 늘어난다.

공구 세트를 갖추는 것도 동일하게 생각할 수 있다. 목공을 시작할 때 어떤 공구들이 필요한지 질문을 받곤 한다. 대답 대신 항상 "글쎄요, 어디에서 시작하시겠습니까?"라고 되묻고는 한다. 일단 시작을

하면 기본 세트는 꽤 빨리 모인다("주요공구 12" 3장 참조). 그 후에는 아이디어를 얻기 위해 공구 카탈로그를 훑어보기보다, 당면한 프로젝트가 다음에 필요한 것을 알려주도록 내버려 두면 된다. 이런 식으로 새로운 기술은 종종 새로운 공구와 함께 한다. 그러다보면 자연스레 알게 된다. 어느새 공구상자가 가득 차 있고, 새로운 프로젝트에 도전할 때라는 것을.

9. 완벽함에 대해 다시 생각하기

완벽한 주먹장, 완벽한 마감이나 완벽하게 결 무늬 맞추기, 완벽한 조각작업 등등 우리는 작업에 대해 높은 기준을 세우고는 자신을 자책하기도 하고 독려하기도 한다. 나는 완벽이라는 단어를 좋아하긴 하지만, 먼저 내가 정확히 무엇을 노리고 있는지 생각하고 우선 순위를 다시 정하는 데에 더 고심하는 편이다. 우리는 너무도 자주 비현실적인 이상을 선택하곤 한다. 때때로 우리 모두는 그것이 의미하는 것이 무엇이든 '진짜' 가구를 만들고 싶어하는 욕망에 사로잡힌다. 불행히도 그 목표가 수공구들로 CNC 기계의 정확성을 모방하는 것이라면 우리는 실패하고 말 것이다.

결승선에 대해 걱정하는 것은 우리가 그곳에 도달하는 데 도움이 되지 않는다. 대신에 고개를 숙이고 당장 하고 있는 작은 일 하나하나에 집중하자. 최선을 다해 각 단계를 완료하고 다음 단계로 넘어가자. 내 작품 중 가장 성공적인 것들은 "완벽함"을 생각하는 대신, 각각의 단위 작업들이 이 작업에서 다음 작업으로 원활하게 흘러가는 것처럼 보였던 것들이다. 나는 성공적인 작품을 '충분히 실현된' 어떤 것으로 생각한다. 아마도 어색한 용어이긴 하겠지만, 내가 말하고자 하는 것은, 하나의 작품이 딱 필요한 만큼만 된 것인지 확인하기 위해 노력한다는 것이다. 과유불급, 가끔은 너무 많이 하는 것이 부족함만 못하다.

10. 서두르지도, 멈추지도 말자

피아노를 배우기 시작한 어린아이의 연주를 듣다보면, 리듬이 전반적으로 부족하여 시작하고, 멈추고, 반복하고, 서두르다가 다시 또 멈추고 하는 것을 많이 경험해 보았을 것이다. 내가 처음 기타를 배울 때 선생님은 배우고 있는 노래에서 가장 어려워하는 부분의 템포로 전체를 연주하라고 조언해 주었다. 그래서 내가 잘 아는 부분에서 서두르고 더 어려운 부분에서 천천히 하기보다는, 곡 전체를 가장 느린 템포로 연주하며 균일한 리듬을 유지하려 했다. 어려운 부분이 쉬워지면서 전체 템포가 점차 빨라졌다. 중요한 것은 일정한 속도, 개별 음표를 연결하는 리듬이 있었다는 것이다.

목공에도 같은 개념이 적용된다. 작은 단위의 작업에서 그 다음 작업으로 일정한 속도로 이동하는 것처럼 느끼는 템포, 그리고 어떤 작업을 서두르거나 다른 작업과 충돌하는 느낌 없이 각 작업에 필요한 핵심에 집중할 수 있는 템포를 찾아라. 그것을 찾는다면, 이전 작업에서 놓쳤던 일관성도 찾게 될 것이다. 너무 느린 속도로 작업하는 것처럼 느껴질 수도 있지만, 자신의 기술이 발전함에 따라 속도도 빨라질 것이다. 중요한 것은 우리가 하고 있는 작업의 품질과 프로세스를 항상 잘 통제한다는 느낌을 받을 수 있다는 것이다.

속도를 줄이면 작업들 사이에 생각할 시간을 얻기도 한다. 흔히 공방에서 보내는 시간의 절반은 다음에 무엇을 할지 고민하는 데 보낸다고 말한다. 나도 그 느낌은 확실히 알지만 가능한 한 최소화하려고 노력한다. 클램프를 치워놓거나 작업대를 정리할 때, 그런 일들을 서둘러 해치우거나 또는 완전히 미루는 대신, 다음 작업에 대해 생각하는 데 그런 시간을 사용한다. 5분 동안 멈추어 서서 고민하는 대신, 하고 있는 작업의 흐름 내에서 그러한 생각들을 하려고 한다. 서두른다고 해서 더 빨리 완료되는 것은 아니다. 가장 빠른 작업을 위해 계획된 속도를 유지하는 인내심을 찾아야만 가능한 것이다. 서두르지도 말고 가만히 서 있을 필요도 없다. 둘 다 비생산적이다. 자신만의 리듬을 찾는다면, 작업과정이 얼마나 쉬워지는지, 작업의 품질 수준이 얼마나 높아지는지 스스로 놀라게 될 것이다.

프로젝트를 처음에 할 때에는 많이 멈추어 생각하고, 세부적인 것들에 대해 되묻고 조바심을 갖게 된다. 만약 다시 만들게 된다면 가는 경로가 더 뚜렷해질 것이다. 작업 과정에서 일관된 움직임이 있도록 여러 단계를 앞서 생각하는 것이 더 쉬울 것이다. 노력하지 않고 있다고 느낄 수도 있고, 잘 되지 않을까봐 걱정할 수도 있다. 대신 최초엔 놓치고 있었던 미묘한 감각을 느낄 수 있을 것이다. 첫 번째 시도에서는 멈추고 다시 시작하고 하던 것이 이제는 보다 편안한 흐름으로 이어지고, 그 흐름은 완성된 작품에 담기게 된다. 물론 그것을 경험하기 위해 만드는 모든 것을 두 번 시도할 필요는 없다. 시간이 지나면서 기술이 몸에 배어들고, 새로운 작업을 시도할 때마다 결승선에 이르는 더 명확한 경로가 보이기 시작할 것이며, 모든 프로젝트에 동일한 리듬 감각을 담아낼 수 있을 것이다. 그것은 끝이 없어 보이는 모든 작은 작업들, 그 세부적인 것에서 시작하여 프로젝트가 경로를 따라 우회없이 일정한 속도로 갈 수 있도록 로드맵을 작성할 수 있을 때까지, 그 모든 것들이 연결되기 시작하는 경로를 찾는 것으로 진행될 것이다.

11. 단순한 작업을 신중하게

연귀맞춤 상자를 생각해보자. 연귀맞춤은 간단하다. 하지만 제대로 하기는 정말 어렵다. 마음 속에 두려움을 안겨주는 주먹장맞춤과 달리, 자르기 꽤 간단해 보이는 연귀맞춤의 단순한 모습은 우리가 최선을 다하지 않도록 방심하게 만들고, 많은 노력을 들일 필요까지는 없다고 느껴질 수 있다. 그러다가 얕보는 순간 당하게 된다. 목공에는 단순해 보이고, 우리의 관심을 끌 가치는 없는 것처럼 보이는 많은 면들이 있다. 문제는, 어떤 일을 시작할 때 세부적으로는 모든 것이 간단한 것들이어서 이 작업 저 작업을 무작위로 이어가다가, 전체가 어지러워지면 핵심 원인이 어디에 있는지 잘 찾아내기 어렵다는 것이다. 시간을 갖자. 그리고 모든 작업에 노력을 기울이자. 그러면 그러한 노력들이 습관으로 자리잡아가고, 앞으로 결정내려야 할 일들이 줄어들고 최종 결과물도 좋아질 것이다.

12. 때로는 흘러가는 대로

이런 일들을 겪어보았을 것이다. 추진하고 있던 프로젝트가 동력을 잃어가는 때, 슬그머니 다른 아이디어와 새로운 프로젝트가 마음 속으로 솟아오르기 시작한다. 그때 중단된 프로젝트는 우리의 관심을 끌기 시작하는 다른 것들에 걸림돌이 되는 셈이다. 그래도 보통은 지난 프로젝트에 미련을 가지고 계속 나아가보려고 한다. 특히 많은 재료와 시간을 쏟았던 경우라면 더욱 그러할 것이다.

이후로 여러 날 동안 좀 더 많은 시간을 할애한다면 다시 원래의 리듬을 찾을 수도 있다. 그런 노력 끝에 어느 정도 진전이 보이게 되면 결승선이 그렇게 멀지 않다는 것을 알게 될 수도 있다. 하지만, 이제는 미련을 내려두고 새로운 것을 시작하는 것이 훨씬 더 나은 것일 수도 있음을 알게 됐다. 그리고 그것이 포기라고 생각하지도 않는다. 그저 "당분간 제쳐둘 수도 있지…"하고 생각하는 편이다. 내가 아는 모든 목수들은 공방에 이런 프로젝트가 적어도 하나씩은 있지만, 그것들이 빛을 보지 못했다고 해서(아마도 결코 그렇지 않을 수도 있지만) 그것이 실패했거나 가치없다고 여기지는 않는다.

나의 경우, 공방을 재정비한 후 물건들을 어디에 두어야 하는지 계속 고민하던 때가 있었다. 그때 무언가 새로운 프로젝트를 만들면서 각각의 작업 과정이 요구하는 것에 따라 필요한 공구를 배치하고 구성하기로 결정했다. 비록 그 프로젝트는 너무 많은 실수들로 불쏘시개가 되어버렸지만, 그 경험은 매우 가치 있는 일이었다고 생각한다. 때로는 흘러가는 대로 놓아주기도 하자. 우리가 시도하는 모든 프로젝트, 가공했던 모든 결구들, 연마한 모든 공구들은 같은 작업에서 다음에 필요하고 이어질 일을 스스로 알려주기 때문이다. 그래서 지지부진한 프로젝트를 옆으로 밀어두고 바로 지금 새로운 것에 뛰어들어야 하는지도 모른다.

우리가 시도하는 모든 프로젝트, 가공했던 모든 결구들, 연마한 모든 공구들은 같은 작업에서 다음에 필요하고 이어질 일을 스스로 알려주기 때문이다.

제작자의 표식

목공생활의 초기에는 제작 과정의 증거들을 결함으로 생각하는 경향이 있다. 그래서 재단 자국, 뜯김, 사포 자국, 결구들의 벌어진 틈새, 첫 번째 하도 마감을 하기 전엔 몰랐던 변재의 존재 등, 이런 것들을 제거하는 데 중점을 둔다. 그것도 나쁜 것은 아니지만, 그 이상으로 숙련된 손길이 남긴 흔적이 보너스가 될 수도 있다.

블록플레인의 깔끔한 모따기, 스크럽플레인에 의해 생긴 서랍 바닥의 물결 무늬, 예리한 그무개가 남긴 정확한 측정선, 이런 것들은 중요한 방식으로 최종 작품에 영향을 미친다. 대부분 눈에 띄지는 않지만 우리가 하는 일에 일정한 활력과 생명을 불어넣기 위해 추가되는 제작자의 표식이다.

제 2 장

디자인

최종 제품에 신경 쓰지 않는다면, 무엇이 공방에서 보내는 시간을 의미있게 하는지 더 쉽게 알 수 있다. 그것은 세작자와 재료 사이의 연결에서 행복을 찾는 것이다. 더 간단하게는 단지 대패질하는 순간 같은 것을 말할 수도 있다. 그것이 큰 부분을 차지할 수도 있고, 누군가에게는 목공예를 시작하게 된 최초의 계기일 수도 있지만, 만약 계속 하고자 하는 의지로 나아간다면, 그 노력의 결과물들은 더 많은 의미를 갖게 될 것이다. 그리고 여기에서부터 디자인이 우리 작업에 중요한 역할을 하기 시작한다. 디자인은 기발하거나 독창적인 것을 만드는 것이 아니라, 제 역할을 잘 하면서도 멋지게 보이도록 만드는 것이다. 공방에서 보내는 시간은 우리와 공예의 연결에 관한 것이다. 그리고 완성된 물건은 우리와 다른 사람들과의 연결에 관한 것이다. 만든다는 것이 중요해지는 이유는, 무언가를 잘 만든다면 그것이 세상에 긍정적인 영향을 미치기 때문이다. 비록 작고 조용한 방식일지는 모르지만, 중요한 것은 똑같다. 따라서 디자인(최종 제품의 결정, 그것의 아름다움과 유용성)은 실제로 제작과 분리될 수 없다. 좋든 싫든 우리 모두는 디자이너라는 임무를 받았다. 그리고 누구나 이런 도전에 응할 수 있다는 것, 얼마나 좋은가.

1. 나는 그림을 못 그린다

목공인들은 공학적인 사고를 하는 경향이 있어서 가구를 디자인한다는 것에 대해 자신없어 할 수 있다. 그래서 "나는 창의적이지 않아", "나는 그림을 못 그리는데…", "나는 화가가 아니야" 등의 불평을 하곤 한다. 그렇다면 그 대신에 가구를 엔지니어링하는 것으로 생각하는 것은 어떨까? 가구를 만드는 데는 일반적으로 많은 비용과 시간의 투자가 필요하다. 이건 성공을 보장하는 이미 검증된 디자인으로 시작하는 게 어떨까 하는 유혹이 커진다는 이야기이다. 사실 그것도 나쁘지 않다. 나는 다른 장인들의 작품에서 영감을 받아 여러 개의 가구들을 만들어왔다.

기존의 디자인을 자신만의 독창적인 작업의 발판으로 삼는 것은 좋은 생각이다. 하지만, 일을 망칠까 두려워 이미 만들어진 것들에 자신을 가두는 것은 무언가를 손으로 직접 만든다는 목적과 가능성을 무너뜨리는 것이다. 가구 디자인의 99%는 기능에 맞게 크기를 조정하고 견고하게 만드는 것과 관련이 있다. 하지만, 나머지 1%는 즐거움을 위한 것이다. 그것은 사용자를 위해 어떻게 만들까 생각하는 것이며, 커다란 차이를 만들어낼 수 있는 작은 디테일에 대해 고민하는 '1%'이다.

우리는 좋은 것을 알아보는 눈을 가지고 있다. 그 눈에 기대어, 무언가를 만들기 전에 그것을 볼 기회를 마련하는 것이 하나의 요령이라 하겠다. 이게 정말 중요한 것이다. 실제 크기의 현치도나 목업(mock-up)을 사용하면 너무 크거나, 너무 작거나, 너무 투박하거나 얇다거나 하는 등의 작품에 대한 평가를 더 명확하게 내릴 수 있다. 6개월을 쏟아부은 프로젝트에 대해 비판할 용기를 내기는 어렵지만, 목업을 사용하면 날카롭게 얘기할 수 있게 된다. 몇 가지 일반적으로 도움을 받을 수 있는 노하우는 있지만, 규칙이나 공식들은 단지 근처까지 데려다줄 수 있을 뿐이다. 자신의 눈이야말로 절대적인 결정권자이고, 우리가 그것을 더 많이 사용할수록 우리의 작업은 더 나아질 것이다.

2. 마법의 공식은 없다

아름다운 작품을 보장해주는 마법의 숫자나 공식, 고대의 비율 같은 개념은 매우 매력적이다. 손에 있는 뼈들의 비율로 피라미드와 행성을 하나로 연관시키는 숫자들은 멋져 보인다. 황금비율, 황금분할, 피보나치 수열, 파이(Phi) 등등 – 하지만, 다른 많은 비례 체계들과 마찬가지로 이런 것들에 대해서는 한 번 더 생각해봐야 할 것이 있다. 이것들은 모두 좀 더 만족스럽고 결정이 편하도록 돕기 위한 것들이며, 보기에 좋은 것을 얻기 위해 존재하는 것들이다. 그러나 공식이 반드시 성공을 보장하는 것은 아니며, 그런 비율들이 작품의 기능에 가장 적합한 것은 아닐 수도 있다. 그래서 자신의 눈을 신뢰하는 법을 배우라고 말하고 싶다.

어떤 공식을 따를 때의 문제는 그것이 자신감을 깎아먹고, 자신의 직관에 귀를 기울이지 못하게 만들 수 있다는 것이다. "이런 비율이 맞는 거니까…. 아마…더 좋은 게 아닐까?" 수학적인 아름다움이 진실이 아니라는 것이 아니라, 좋은 것을 만들기 위해 수학이 반드시 필요한 것은 아니라는 것이다. 내가 그런 것들을 자주 사용하지도 않고, 그 주제에 대한 좋은 정보들은 쉽게 찾을 수 있기에 이 책에서는 다루지 않을 것이다. 하지만 더 중요한 것은 우리가 하고자 하는 작업에 더 직접적으로 적용할 수 있는 보다 중요한 고려 사항들이 있다는 것이다.

예를 들어, 내가 '양말과 속옷 구조'라고 부르는 것이 더 유용한 도구가 될 수 있다. 간단히 말해서, 작품의 목적이 그 규모와 비율을 결정하도록 하는 것이다. 서랍은 수납해야 하는 옷에 맞는 크기여야 한다. 티백(tea bag) 상자는 아름답게 만들 수 있지만, 티백을 담기에 너무 작으면 좋은 티백 상자가 아니다. 고백하자면, 이것은 임의로 든 예가 아니다. 내가 딸아이의 초등학교 선생님을 위해 티백 상자를 만들었는데, 그 상자 내부가 티백 크기보다 머리카락 굵기 하나 정도 차이로 살짝

목적에 맞게 만들자

언젠가 한 친구가 자신을 위한 무엇인가를 만들어 달라고 부탁해왔다. 나는 되물어야 했다. "무엇을 만들어?", "뭐든 네가 만들고 싶은 것으로 만들어줘." 나는 좀 더 말해달라고, 어떤 출발점이 필요하다고 말했다. 무언가를 만들 이유가 필요했다. 캐비닛이 필요한거니? 바닥에 놓을 거야 아니면 벽에 걸어둘 거야? 그것을 어떤 방에 놓을 거야? 거기에 무엇을 넣을 거야? 이 질문들에 대한 답을 듣는다면 만들어야할 것의 규모와 비율, 문, 서랍, 선반 등의 조합과 크기에 대해 알아볼 수 있게 된다.

욕실 수납장, 침실 협탁, 현관 테이블. 각각의 위치는 운치와 나무 종류, 스타일, 사용 수준에 영향을 미치기 시작한다. 공용의 가구인가, 사적인 가구인가? (정말 중요한 구분이다) 가족이나 방문객들, 다른 사람이 사용하는지, 아니면 혼자만을 위한 가구인지. 기능, 사용자와의 관계를 결정함으로써 디자인의 퍼즐 조각들이 점점 더 맞춰지게 된다. 그렇게 함으로써 만드는 작품이 단지 어떻게 보여야 하는지가 아니라 무엇이 될 것인지를 결정하게 된다.

'기능'을 제약으로 여기는 대신 영감을 얻기 위한 발판으로 삼아야 한다는 것을 알게 되었다. 특정한 최종 사용자를 대상으로 하지 않는 작품을 만들 때에도 여전히 그 용도를 정의하고 디자인 가이드로 삼으려고 노력한다. 가구의 핵심인 내부에 집중하면 외부는 저절로 해결될 것이다. 디자인은 겉부분의 치장에 관한 것이 아니라 창조에 관한 것이다. 그리고 우리가 창조하고 있는 것은 기능적인 물건이다.

작았다. 가위로 티백 모서리를 약간씩 잘라서 상자에 완벽하게 들어갈 수 있도록 해결은 했다. 그 선생님이 새 티백을 사서 상자를 채우려고 하다가 하나도 안 맞는다는 것을 알았을 때 무슨 일이 일어났을지 결코 알지는 못하지만, 그 작은 상자를 생각하면 아직까지도 얼굴이 빨개진다. 따라서 먼저 기능을 맞추어야 한다.

그다음 주요 고려 사항은 인체의 스케일, 인체공학이다. 우리는 매일 가구와 기능적인 물건과 상호작용하는데, 만약 서로 규모, 스케일이 맞지 않는다면 즐거운 상호작용이 일어날 수 없다: 너무 높거나 낮은 의자, 에이프런에 무릎을 부딪히곤 하는 테이블, 한 손으로 편안하게 들기에는 너무 큰 티백 상자 등등.

이 중 어느 것도 특별히 획기적인 것은 아니지만, 생각해보면 기능과 인체공학의 문제를 해결하는 것은 의도한 기능을 잘 수행하는 작품을 만드는 데 큰 도움이 된다. 거기에서 시작하면 이미 목적지에 거의 다 온 것이다. 우리가 "디자인"을 어떻게 보여야 하는지 결정하는 것이라고 생각하기 쉽지만, 실제로는 어떤 것이 되어야 하는지를 결정하는 것에 가깝다.

3. 제한이 아닌 영감을 주는 결구법

나는 처음에 미술학교에서 가구제작을 공부했다. 목공방에 처음으로 발을 들이는 많은 학생들은 놀랍도록 창의적이지만, 나무에 대한 지식과 작업 방법이 부족하다. 그들이 처음에 생각해 낸 디자인은 수정하지 않으면 만들기 어려운 것들이 많다. 그들의 좌절감 속에서, 그들이 결합부, 결구들을 디자인을 실현하는 데에 대한 방해물로 여겼던 것은 이해할 만하다. 내가 그들과 같은 생각을 하고 있지는 않기도 했지만, 더 나은 공예가가 되어가면서 더 나은 디자이너도 되었다. 결구들을 가구에 추가되는 요소로 생각하기보다는 디자인 도구의 중요한 한 부분으로 보게 되었다.

제작과 디자인의 균형을 맞추는 방법에 대한 통찰은 다양하다. 뛰어난 디자이너이자 장인인 마이클 포춘(Michael Fortun)은 디자인 작업에 먼저 접근한다. 그는 자신의 프로젝트가 어떻게 보일지 결정한 다음 디자인을 손상시키지 않고 제작할 수 있는 방법을 찾는다. 마이클은 또한 자신의 독특한 상상력을 실현시키는 데 있어 놀라운 기술자이다. 내 작업에 가장 큰 영향을 미친 작품들은 결구가 노출되어 작품의 장식적인 부분이 되는 것들이다. 나중에 무늬목이나 상감, 몰딩 등을 덧붙이기보다는 그 자체로 작품을 만드는 방법이다. 그런 이유로 나는 디자인 작업을 할 때 결구법의 관점으로 생각하는 편이다. 작품을 시작하기 전에, 나는 모든 것이 어떻게 함께 진행될지 잘 알고 있다. 작은 디테일 하나하나가 작품의 전체적인 모양과 기능에 영향을 미치기 때문에, 나는 디자인 단계의 많은 시간을 새로운 디자인 과제에서 도전해볼 결구법들을 살펴보는 데 사용한다. 하나의 솔루션이 나올 때마다 다음 솔루션을 드러내주고, 그렇게 설계 프로세스가 끝날 즈음에는 나머지 디테일들이 저절로 해결되고는 한다. 프로젝트를 설계하고 제작하는 동안 우리는 그 과정에서 수백 가지의 작은 결정을 내린다. 이러한 결정을 서로 연결함으로써 보다 탄탄한 설계를 할 수 있게 된다.

그러나 내가 익숙한 결구법에 너무 많이 집중하면 약간 틀에 박힌 상태가 될 수 있다는 것을 깨달았다. 그래서 지금 새로운 도전을 하는 것은 항상 재미있고, 그것을 알아내는 데 약간의 시간이 걸릴 수도 있다. 그렇게 해서, 나는 지나온 노력의 시간을 다질 뿐만 아니라, 새로운 프로젝트 하나하나를 통해 앞길을 개척하고 있다.

사각형이 캐비닛이나
책장이 되었다. 수직선은
칸막이가 되고, 수평선은
선반이 되었다. 그것을
조합하면 문이나 서랍이
되었고, 그렇게 빠르고
축약된 형태로 단 몇
분만에 십여 개의 작품들을
반복해서 생각해낼 수
있었다. 빠르고, 빠르고,
빠르고 재미있었다.

4. 그리고, 그리고 또 그리자

나는 집안 곳곳에 여러 개의 스케치북을 놓아두고 있는데, 각각 펜을 꽂아 두었다. 작품의 아이디어가 떠오를 때면 거기에 단지 몇 개의 선만으로 빠르게 스케치를 한다. 얼마 전에는 독감으로 침대에 누운 채 공방에 나갈 수 없었다. 그래서 나는 스케치북을 그림으로 채우며 시간을 보냈다. 각 그림은 2.5cm 정도 되는 작은 사각형들이라 세부적인 것들을 신경쓰기에는 너무 작았지만 아이디어를 포착하기에는 충분했다. 사각형이 캐비닛이나 책장이 되었다. 수직선은 칸막이가 되고, 수평선은 선반이 되었다. 그것을 조합하면 문이나 서랍이 되었고, 그렇게 빠르고 축약된 형태로 단 몇 분만에 십여 개의 작품들을 반복해서 생각해낼 수 있었다. 빠르고, 빠르고, 빠르고 재미있었다.

나중에 스케치북을 다시 펼쳤을 때, 첫 번째 드는 생각은 내가 평생에 걸쳐 만들 수 있는 것보다 더 많은 가구를 디자인했구나 하는 것이어서 다소 우울한 기분이 들었다. 하지만 좀 더 살펴보니 모든 디자인이 만들 만한 가치가 있는 것은 아니라는 것이 분명해졌다. 그래도 여기저기 몇 가지 눈에 띄는 것은 있었다. 아마도 그것은 구불구불 잘못 그려지다가 우연히 다른 것보다 더 많은 것을 암시하게 된 선들 같았다. 그래서 나는 그 아이디어의 섬광을 잡아내기 위해 몇 가지 스케치를 더 그렸다. 그리고 일단 그것을 손에 넣었을 때, 남은 과제는 활활 타오르도록 바람을 불어넣고, 나머지 제작 과정 동안 그 에너지를 전달하는 문제였다. 그래서 그림 그리는 일은 어느덧 습관이 되었고, 다음에 무엇을 만들지 결정하는 대신 이제는 아이디어를 찾는 것이 더 중요해졌다. 아직 쓸 수 있는 것보다 더 많은 아이디어가 있지만, 내가 잔뜩 기대를 가지고 있는 디자인으로 프로젝트를 추진하는 것은 참 멋진 일이다. 대학에서 가구제작을 공부할 때에는 매 학기마다 하나의 프로젝트를 진행해야 할 지경에 이르렀다. 어느 학기엔가는 선생님이 한 작품을 만드는 대신 한 학기 동안 디자인만 하는 게 어떠냐고 제안하기도 했다. 하지만, 당시 내 관심은 온통 만드는 즐거움에 닿아 있었고, 학교 작업실은 내가 목공을 할 수 있는 유일한 장소였기 때문에 조금 주저했었다. 그래도 그렇게 해보기로 결정했다. 그러나 첫 번째 디자인이 완성된 후, 모든 것을 던져놓고 제작 작업에 뛰어들어 한 학기가 휙 지나갔다. 지혜는 젊은이에게 내려오기 쉽지 않은 일이다. 몇 년이 지나서야 마침내 그 아이디어를 실행에 옮길 수 있었다.

아이디어의 불씨를 포착하려면, 작게 시작하자

작은 스케치는 장점이 많다. 그것은 빨라서, 한 번에 한 다발을 그려낼 수 있다. 한 페이지 안에 잔뜩 그려넣을 수 있어서, 종이를 절약하기도 하고, 많은 아이디어들을 한눈에 볼 수 있는 이점도 있다. 작다고 세부적인 것들을 놓치게 되지는 않는다. 작품의 기본 구조만 그려넣을 수 있는 정도의 공간이기에 시작하기에도 좋다. 자신이 그림을 잘 못 그린다고 생각할지도 모르지만, 디자인할 만큼은 그림을 그릴 수 있다. 여기 시작하는 방법이 있다. 품질 좋은 무지 스케치북을 준비해라. A5 사이즈면 충분하지만 원한다면 더 크게 할 수 있다. 내가 가장 좋아하는 펜은 피그마 마이크론 05 잉크 펠트팁 펜이다. 2~3센티미터 정도 길이의 짧은 가로줄들로 페이지를 채우는 것부터 시작하자. 손목을 한 번 튕기는 것만으로 선을 그릴 수 있기 때문에 이것은 중요하다. 똑바르고 평행하게 그리도록 한다. 이제 같은 길이의 수직선을 그려보자. 빠르고 정확하게, 그리고 판화작업이 아니라 스케치를 하는 것이니까 펜을 약간 느슨하게 잡도록 한다. 이제 각 방향으로 대각선을 그려보자. 필요하면 스케치북을 돌려가며 편하게 하자. 이제 가구를 그릴 준비가 된 것이다. 큰 사각형부터 시작해서 생각해볼 수 있는 많은 방법으로 칸들을 나눠보자. 책장일 수도 있고, 높은 캐비닛일 수도 있다. 서랍이나 문짝, 선반 또는 그것들 일부나 전부를 그려넣을 수도 있다. 페이지를 가득 채우고 지칠 때까지 그려보자. 잠시 놓아두었다가 다시 잡는다면 새로운 페이지에서 시작하자. 일단 몇 페이지를 채우고 나면, 재빨리 뒤를 돌아보고 눈에 띄는 것이 있는지 살펴보아야 한다. 만약 어떤 것이 눈길을 사로잡거나, 아이디어가 떠오르도록 하는 것이 있다면, 그것을 몇 번 다시 그려보자. 비율과 요소들의 간격을 여러 가지로 그려보며, 그 아이디어가 활활 타오르는지 살펴보자. 그런 다음 조금만 더 놓아두자. 자신도 모르는 사이, 어느새 다양한 진화단계의 아이디어로 가득 찬 책이 나올 것이다. 그 아이디어들 중 하나가 자신을 만들어달라고 요동칠 때까지 계속 하다보면, 이제 다음 단계로 나아갈 준비가 된 것이다.

5. 불씨를 불꽃으로 피우기

그렇다면 종이 위에서 반짝이던 그것을 포착하여 어떻게 가구를 완성해나갈까? 다행스러운 것은 불씨를 찾아내는 것이 가장 힘든 부분이라는 것이다. 그려놓은 아이디어가 모호해 보일지는 모르겠지만, 실제로는 당신이 의심하는 것보다 더 구체적인 아이디어다. 첫 번째 단계는 기능에 초점을 맞추는 것이다. 이것이 무엇을 할 것이며, 무엇을 유지할 것이며, 우리는 이것과 어떻게 상호작용할까? 이 과정이 작품의 규모와 비율, 특징 등을 결정하기 시작할 것이다. 거기에서부터 출발하여 이 작품이 실제 세계에서 어떻게 존재하도록 할 것인지에 대해 감을 잡을 필요가 있다. 나는 프로젝트를 수행할 때 서류함, 정수기, 종이 박스 등 주변의 모든 것(너무 높거나, 너무 넓거나, 너무 짧거나, 너무 좁다고 말할 수 있는 그런 것들)을 둘러본다. 머릿속 아이디어를 실제 사물과 비교해봄으로써 원하는 것의 크기를 알아낼 수 있다. 물론, 작품의 이상적인 크기를 찾아내더라도 측정해보기 전까지 정확한 치수를 알아내기는 어렵다. 핵심은 내가 생각한 것과 일치한다는 것이다. 일단 여기까지 왔으면 스케일을 맞추어 그림을 그릴 수 있다.

작품의 최종 치수의 스케일에 따라 작은 사각형으로 시작한다. 예를 들어, 700×1,000 크기의 책장이라면 폭 70, 높이 100인 작은 사각형으로 시작한다. 이제 대략적인 스케치를 스케일에 맞게 다시 그리면, 아이디어의 작은 불씨를 실제의 무언가로 바꿀 수 있다. 당신의 아이디어가 작품의 실제 비율로 변환되는지 여부를 빨리 알게 될 것이고, 작품의 비율에 맞게 디자인을 조정하거나 재고해야 할 수도 있다.

다음 단계는 실제 크기로 넘어간다. 합판이나 마분지, 석고보드판 등 어디에든 그릴 수 있다. 나는 벽걸이장 같은 폭좁은 가구 같은 것은 정면만 실제 크기의 현치도로 그리기도 한다. 석고보드와 몇 개의 마커펜만 있으면 된다. 무언가 맘에 들지 않으면 뒤집어서 다시 그리면 된다. 외부 케이스의 경우, 나는 보통 정면과 한쪽 측면의 실물 크기 모형으로 목업 작업을 한다. 한 각도에서만 볼 필요가 있다. 그것을 세우고 상단에 합판 한 장을 추가하면, 훌륭한 시점을 확보하게 된다. 거기에서 맘에 들지 않는 것들을 제거하는 것이다. 이제 작품을 더 잘 볼 수 있게 되었으므로 무언가 문제가 있을 때 바로 알 수가 있다. 다음 작업은 자신의 눈을 믿고, 좋은 것만 남을 때까지 디자인에서 잘못된 모든 것을 수정하는 것이다.

나는 프로젝트를 수행할 때 서류함, 정수기, 종이 박스 등 주변의 모든 것 (너무 높거나, 너무 넓거나, 너무 짧거나, 너무 좁다고 말할 수 있는 그런 것들)을 둘러본다.

구불구불하게 그려놓은 아이디어를 어떻게 실제의 치수로 만들 수 있을지 보려면 한 페이지 크기의 그림을 그려본다. 일반적인 가구들은 1:60이나 1:8 축척 도면으로 한 페이지에 담아낼 수 있다. 나는 보통 기본 비율을 찾기 위해 정면도부터 시작한 다음, 전체 크기에 대해 더 나은 아이디어를 얻기 위해 입체도를 그린다. 그 후에는 실제 크기의 목업을 만든다.

만들기 전에 먼저 확인하자

디자인은 비판적인 눈으로 자신의 작품을 바라볼 수 있는 용기를 요구한다. 스트레스를 줄이는 한 가지 방법은 스티로폼이나 합판, MDF 또는 종이 박스로 빠르게 목업(mock-up)을 만드는 것이다. 핫멜트 글루나 나사못으로 모형을 조립하고 마커펜으로 서랍과 문짝 등을 편하게 그려서 만든다. 빠르고 쉽게 하는 것이 핵심이다. 그렇게 해서, 진행상황을 평가할 때 망설임이 적어질 것이다. 너무 큰가, 너무 작은가, 너무 좁은가, 너무 넓은가? 처음 떠오르는 감을 믿어라. 좋게 보일 때까지 목업을 응시하지 말고 첫인상을 그대로 따라보자. 감을 믿고, 변경한 후 다시 살펴보자. 그런 다음에는 잊어버리자. 집에 넣어두었다가, 나중에 당신이 방에 들어설 때 우연히 그것과 마주치며 번개처럼 번쩍이며 떠오르는 첫 생각에 귀를 기울여보라. 뭐가 잘못이지? 뭐가 잘못이지? 뭐가 잘못이지? … 떠오르는 거북함들을 모두 없애다보면, 마땅히 있어야 하는 모습으로만 남을 것이다.

나무에서 구할 수 있는 모든 것

어떤 종류의 애정은 평생을 가기도 한다. 누군가 다른 나무는 찾지 않고 벚나무, 체리에만 집착한다해도 괜찮을 것 같다. 체리는 완벽한 나무에 가깝기 때문이다. 체리 색상은 독특하다. 너무 어둡지도 않고, 너무 밝지도 않으며, 시간이 지날수록 깊어지는 아름다운 붉은색이다. 그러니 체리에 스테인을 칠하는 것은 매우 좋지 않은 일이다. 유일한 문제는, 방금 만들어 배달하는 가구가 연어 속살 같이 밝은 색상이어서 고객이 상상했던 것과 비슷한 색상으로 변할 때까지 6개월을 기다려야 한다고 설득하는 일이다. 체리는 작업하기에 매우 좋은 나무이지만, 작은 무늬결들이 쉽게 뜯길 수 있어 조심해야 한다. 하지만, 체리의 무늬는 작업할 만한 가치가 있다. 타이거 메이플 같은 촘촘한 컬이 아니라, 1940년대 영화배우의 (굵은 컬을 가진 적갈색 머리 모양인) 찰랑찰랑한 오번락 스타일에 가까운 체리 무늬는 광택이 좋고 빛이 난다. 빅토리안 스타일로 꾸미거나, 간소한 셰이커 스타일 가구에 사용할 수 있는 나무이다. 테이블쏘 톱날이 날카롭지 않으면 단풍나무처럼 잘 타기도 하고, 수압대패나 자동대패의 날이 무딘 경우에는 잘 뜯기기도 한다. 급하게 표면처리를 하면 마감이 얼룩지기도 하지만, 잘 준비된 표면은 오일 마감에도 빛이 날 것이다.

나무의 수종은 색상이나 질감을 넘어선 그 이상의 무엇이다. 각각의 나무는 고유한 특성과 고유한 관점을 가지고 있다. 나무들은 각각 다른 손길, 다른 공구, 다른 마음가짐을 요구하며, 이는 제작 과정만이 아니라 만들어진 작품에도 영향을 미친다.

6. 나무와 사랑에 빠지다

사랑에 빠지자. 나무와, 공구와 사랑에 빠지자. 좋아하는 작가의 작품이나 스타일과 사랑에 빠지자. 그 열정이 당신이 무엇을 만들지, 어떻게 만들지 이끌도록 하자. 무엇보다 확실히 나무와 사랑에 빠져보자. 나무의 수종은 색상이나 질감을 넘어선 그 이상의 무엇이다. 각각의 나무는 고유한 특성과 고유한 관점을 가지고 있다. 나무들은 각각 다른 손길, 다른 공구, 다른 마음가짐을 요구하며, 이는 제작 과정만이 아니라 만들어진 작품에도 영향을 미친다. 하나의 가구가 다른 나무들로도 만들어질 수 있다고 여기는 건 잘못된 생각이다. 다른 나무로 만드는 것은 핵심적인 특성을 변화시키는 것이어서 본질적으로 완전히 다른 가구가 되는 것이다. 화이트오크는 선명하고 대담한 모따기를 요구하는 반면, 불꽃무늬의 컬을 가진 자작나무는 더 부드럽고 섬세한 접근이 필요하다. 나무를 충분히 다루다보면 그것을 알게 되고, 그것에 대해 생각하기 시작한다. 그것은 당신이 무엇을 만들고 어떻게 만들지 알려주기 시작할 것이다. 소나무는 소프트 우드(soft wood), 부드러운 연재(軟材)다. 왠지 쉬울 것 같이 들린다. 그러나 그것으로 작업하려면 그렇지가 않다. 소나무는 예리한 칼날만을 받아들이며, 무딘 날들에는 뜯겨나가고, 거칠게 다루면 표면이 움푹 패인다. 이렇게 끼다롭지만 물론 그에 대한 보상은 많다. 예리히게 연마된 대패가 남기는 황금빛 반짝임, 공방을 가득 채우는 솔내음, 시간이 지날수록 그윽해지는 멋스러움이 있다. 마감하지 않아도, 셸락(shellac)으로 가볍게 마감할 때에도 아주 멋진 나무다. 또한, 톱과 대패를 연마하고 연습하도록 이끌어주고, 고요하고 단아한 디자인에 대한 영감을 줄 것이다. 그 가벼움과 따뜻함은 우리의 손길을 유혹한다. 눌리거나 부딪히는 일들도 잘 받아들인다. 사용하기 주저되는 나무가 아니

이중인격의 나무

화이트 오크는 바위와도 같은 내구성과 강도를 지녔다. 현명하고 참을성이 있다. 정목제재한 오크는 촘촘하고 곧은 결이 타이거 패턴(ray fleck)의 거칠고 낭만적인 물결 무늬와 결합하여 이중인격 같은 모습을 가지고 있다. 이것은 억제되어 있으면서도 동시에 길들여지지 않는 것이기도 하다. 오크로 작업하는 것과 다른 나무로 작업하는 것을 비교하지 않길 바란다. 도전을 포기할지도 모르기 때문이다. 대신 이 도전에 응한다면 노력할 만한 가치가 있는 새로운 관계를 맺을 수 있다. 오크의 단단함이 새로운 표준이 될 때까지 다른 나무들 없이 오크로 몇 달 동안 계속 작업해보는 것도 좋다. 체리나 월넛으로 새로운 프로젝트를 하며 잠시 바람을 쐬는 것도 멋진 일이지만, 너무 오래 벗어나 있다보면 오크로 돌아가는 것을 주저하게 된다. 오크를 사용할 때에는 머뭇거려서는 안 된다. 오크의 마구리면은 소심한 끌질에는 깎이지 않는다. 따라서 결구를 맞출 때에는 대담해야 한다. 과감히 뛰어들어 작업을 완료해야 한다. 그렇지 않으면 결구들이 제대로 결합되지 않은 채 쓸모없는 혹덩어리로 만 남게 될 것이다. 손대패는 극도로 예리해야 하고, 카드 스크레이퍼는 항상 준비되어 있어야 한다. 끌로 거칠게 타격하면 날이 뭉개지거나 부서지고 만다. 그러나 웨이퍼처럼 얇은 슬라이스를 깎는 방식을 고수하면 유리처럼 매끄러운 마구리면과 면도날처럼 날카로운 모서리를 얻을 것이다. 오크는 세련되지 않아 보이지만 우아하지 않은 것은 아니다. 다른 어떤 나무도 오크만큼 프로젝트에 질량감을 제공하지 못한다. 모따기면은 촘촘하고 선명한 광택을 띠지만, 환공재라서 섬세한 윤곽을 살려주지는 않는다. 오크는 기본에 충실하다. 곡선 작업을 하기도 하지만, 반듯하게 가야 한다. 오크는 장식이 아니라 구조에 관한 나무이다. 오크는 다른 나무들에서는 찾을 수 없는 타이거 패턴으로 넓고 평평한 표면을 장식한다. 아트앤크래프트(Arts and Crafts) 작품에서 오크를 다른 나무로 대체하려고 하면 밋밋해져 버릴 것이다. 다시 말하자면, 오크로 하이보이(highboy)라 부르는 높은 서랍장을 만들려고 시도하는 것은 망하기 딱 좋은 일이다.

조합하기

나무들을 조합하는 것은 색채이론을 연습하는 것 이상이다. 서로 다른 나무들의 특성을 더 많이 이해할 수록 그것들을 더 효과적으로 조합할 수 있다. 시작점으로 나무의 색상과 결을 고려하도록 한다. 플레임 자작나무와 타이거 메이플 색상은 다르지만 독특한 모양이 서로를 잘 보완한다. 오크와 버즘나무(sycamore)는 색상면에서 매우 비슷할 수 있지만 정목 제재 버즘나무의 레이스 같은 결은 오크에 반짝임을 더해준다. 스팔티드 메이플의 검은 선들은 밝은 색상의 나무와 웬지 같은 어두운 나무를 묶어 흥미진진한 효과를 준다. 선이 없으면 나무들 사이의 대비가 극단적이어서 내 취향에는 맞지 않는다.

고, 금세 일상 생활의 일부가 될 것이며, 흠집이 생길까 두려워 숨겨두거나 아껴두거나 할 것이 아니다. 소나무는 따뜻하고 사용하기 편안한 나무다.

월넛, 호두나무는 독특한 초콜릿 색으로 유명하다. 이 나무는 많은 이들이 사용하고 있으며, 시간이 지남에 따라 점점 비싸지고 있는 고가의 나무 중 하나이다. 월넛은 샘 말루프(Sam Maloof), 그리고 특히나 조지 나카시마(George Nakashima)와 같은 많은 위대한 장인들의 뮤즈다. 그의 라이브 엣지(live-edge) 작업은 그의 생전에도, 그리고 현재도 계속 멋진 작업방법으로 활용되고 있다. 월넛은 작업성이 좋으며, 나 또한 작업용으로 가장 좋아하는 나무다. 월넛은 조각이 잘 되고 멋지게 광택이 난다. 다른 나무들을 멋지게 보완하기도 한다. 나는 오크, 체리와 함께 그것을 사용하고 있지만, 메이플과 함께 할 때에는 악센트를 주도록 조금만 사용하지 않으면 좀 부담스러울 수 있다. 주요 재료로서 사용할 때엔 그 색상에 집중해야 하며, 그것이 작품 전체를 지배할 것임을 받아들여야 한다. 그래서 나에게 이것은 단지 가끔의 사치일 뿐이다.

7. 나쁜 나무는 없다

매우 적은 비율의 수종들만이 상업적으로 판매되고 있다. 하지만, 다른 종류의 대체 목재들에 눈을 돌려보면 놀라운 나무들을 볼 수 있을 것이다. 캘리포니아 북부의 목수인 세스 제노프스키(Seth Janofsky)의 캐비닛은 내가 가장 좋아하는 작품 중 하나다(왼쪽). 이것은 일반적으로 고급 가구에는 어울리지 않는 옹이가 많은 소나무로 만들어졌다. 그는 옹이 무늬를 활용해 멋진 효과를 만들어냈고, 그것은 놀라울 정도로 현대적인 가구가 되었다. 그의 작품을 본 이후로 나는 지역 목재상에서 옹이가 있는 소나무 판재들을 계속 눈여겨보고는 했으며, 결국 캐비닛 뒷판으로 많이 쓰게 되었다.

나쁜 나무가 없는 것처럼 멋진 나무가 좋은 작품을 만든다는 보장도 없다. 멋진 무늬의 나무는 강렬한 인상을 줄 수 있지만, 그 힘을 잘 활용하려면 강한 의지와 훈련된 접근 방식이 필요하다. 나는 굴뚝 모

기본 원칙은 색상 영역이 클수록 대비가 더 정교해져야 한다는 것이다. 대비가 큰 나무들은 작품에 훌륭한 악센트를 주지만, 좋은 것이 너무 많으면 결코 좋은 것이 되지 못한다. 벽걸이 캐비닛이 오그 시럽 잎핀흔 애쉬로 본 케이스와 미묘하게 대비를 이루고, 소나무 쿠미코(kumiko)와 흑단 손잡이는 조금 더 신선함을 더해준다.

양의 수납장인 침니 컵보드(chimney cupboard)를 만들면서, 문짝 알판과 서랍 앞판에 멋진 무늬의 체리 판재를 사용했지만 나머지 부위는 추정목제재(rift sawn)를 한 곧고 단순한 결의 체리로 만들었다. 추정목제재 목재의 촘촘하고 곧은 결은 야성적인 알판 무늬들을 프레임 안으로 격리하여 그것들이 전체 수납장을 압도하지 못하도록 해주었다.

8. 스타일과 사랑에 빠지다

나는 내가 만든 몇몇 가구들과 사랑에 빠졌었다. 당신도 빠져들어보길 바란다. 먼저 만들고자 하는 작품을 찾은 후에 조금 더 깊이 파고들어야 한다. 예를 들어, 만약에 스티클리(Stickley) 가구가 마음에 든다면 카탈로그 복제품이 아닌 실제 작품을 찾아보라. 인터넷 경매 사이트를 통해서 찾을 수 있을 것이다(인터넷이 없던 시절에는 벼룩시장에서 경매 카탈로그를 검색하곤 했다). 그런 다음 박물관으로 가서 오리지날 작품을 살펴보라. 아마 그 비율들에 깜짝 놀랄 것이다. 하드웨어들과 디테일들 마감상태 등을 꼼꼼하게 살펴보라. 그것들이 당신이 해야 할 작업에 대해서 알려주기 시작할 것이다. 스타일에 대해 자신이 좋아하는 핵심을 파악하자. 그러면 '스타일 안에서 만들기', '스타일 안에서 디자인하기'가 되기 시작할 것이다. 그런 다음 스타일의 뿌리를 살펴보자.

아트앤크래프트 스타일의 원형들을 보기 위해 갔던 뉴욕 메트로폴리탄 박물관의 중세 코너에서, 나는 여러 조각품들과 미묘한 철제 하드웨어들에 넋을 잃고는 했다. 당신이 존경하는 장인들이 어떤 영향을 받았는지, 그들의 아이디어가 어디에서 왔는지 찾아보라. 오늘날 만들어지는 모든 작품들은 이전의 수많은 자산들의 지층을 토대로 그 영향을 받아 탄생한 것이다. 좋은 제작자는 역사가이자 해석가이다. 미국 버몬트 주의 가구 제작자이자 농부인 가렛 해크(Garrett Hack)은 로마 복고풍 양식을 추구하던 이전 시대의 연방양식(Federal style)의 본질을 뽑아내 현대적인 스타일로 재해석하여, 그 스타일을 그다지 좋아하지 않던 사람들도 그의 작품을 통해서 새롭게 감상할 수 있도록 해준다.

어떤 양식에 푹 빠져보면, 그것은 당신의 전체 경력에 걸쳐 당신을 사로잡을 것이다. 모든 스타일은 바닥을 치는 것이 결코 문제가 되지 않을 정도로 깊은 우물이라 할 수 있다. 나는 집과 그 안에 들어갈 가구를 디자인한 건축가 그린&그린(Greene & Greene)의 작업을 통해 아트앤크래프트 양식에 입문했다. 미국 LA 근처 패서디나(Pasadena) 집들, 특히 갬블하우스(Gamble House)는 그들 스타일의 기념비적인 작업이다. 나중에 나는 대부분의 미국인들에게 크래프트맨(Craftsman) 스타일의 대명사가 된 구스타프 스티클리(Gustav Stickley)의 작품을 발견했다. 하지만 여기서 멈추면 정말 재미있는 것을 놓치게 된다. 이 운동은 여러 국가의 많은 제작자들을 포함하는 느슨하게 정의된 스타일이었다. 전체적으로 볼 때 작업할 수 있는 풍부한 팔레트를 제공한다.

내가 뉴잉글랜드로 이사했을 때 나는 셰이커(Shaker) 가구의 단아한 아름다움에 반했다. 장식을 피하고 창의성의 불꽃으로 가득 찬 셰이커 가구의 절제미는 20세기 가구 스타일을 명확하게 가리킨다. 스타일에 대해 탐구하면서 나는 벚나무, 단풍나무, 버터넛 같은 나무들에 익숙해졌고, 또한 그 지역 숲이 누군가(가 끝없는 활엽수림 속에 산다고 가정할 때)에게 필요한 모든 다양성을 제공할 수 있다는 것에 익숙해졌다. 수공구를 효율적으로 사용하는 법을 배웠으며, 가구 제작의 기초도 다시 배웠다. 이 두 가지 훈련이 오늘날 내가 하는 작업의 원동력이 되었다.

제임스 크레노브(James Krenov)와 조지 나카시마(George Nakashima)의 작업은 1950년대 전후 미국의 '미드 센추리 모던 스타일(mid-century modern style)'이 제공하는 멋진 디자인 가능성에 눈을 뜨게 했다. 그것은 원목 가구와 뛰어난 디자이너와 재능있는 제작자가 결합한 마지막 위대한 디자인 운동이었다. 이들 대부분의 작품은 70년이 지난 지금도 여전히 '모던'할 뿐 아니라, 이 스타일의 반향은 다가올 세대의 제작자들에게도 전해질 것이다.

당신의 목소리를 찾아라

기존의 어떤 스타일로도 작업하지 않겠다는 결정으로부터 나만의 스타일을 향한 길이 시작되었다고 말하고 싶지만, 약간 오해의 소지는 있다. 내가 의식적으로 특정 스타일들을 배제하는 것은 맞지만, 사실 내 작업은 내가 작업했던 모든 스타일들의 영향을 크게 받았다. 대부분의 경우 나는 셰이커(Shaker)나 크래프트맨(Craftsman) 스타일을 사용하지 않지만, 이러한 스타일들로 점을 연결해보면 오늘의 내가 있는 곳에 닿기는 쉬울 것이다. 아트앤크래프트(Art and Crafts) 가구에서 흔히 볼 수 있는 화이트 오크와 노출 장부들, 그리고 셰이커(Shaker) 디자인의 장난기 넘치는 비대칭이 최근 벽걸이 캐비닛에 쓰였다. 나도 모르게 내 작업에 스며들어 영향을 미치는 것들이 있다. 나에게 영감을 주고 내 작업을 이끌었던 것들은 내가 그 스타일의 세부 특성들을 뒤로 하고 벗어난 지금도 분명하게 드러난다.

9. 철학을 세우고, 그것이 당신의 디자인을 이끌게 하라

내가 가장 좋아하는 스타일들이 그 근저에 놓인 철학에 의해 이끌어내어진 것이라는 게 아마도 우연은 아닐 것이다. 아트앤크래프트, 미술공예 운동(Arts and Crafts movement)은 빅토리아 시대의 과잉과 산업혁명의 비인간화에 대한 거부였다. 집은 그 지역의 자재를 사용하여 지어야 하며, 가구는 어떤 특정한 방의 특정 장소에 맞게 설계되어야 한다는 개념들과 삶에 대한 민주적 접근을 옹호했다. 가구를 이 집에서 저 집으로 옮길 수 있다는 생각은 전례가 없었으며, 크래프트맨(Craftsman) 스타일의 방갈로에서 볼 수 있는 고전적인 빌트인 가구로 이어졌다. 이 개념은 '그린&그린(Greene & Greene)'의 작업에서 최고의 형식으로 받아들여졌으며, 오늘날에도 그들의 가구는 그들이 건축한 집으로 설명되고 있다.

셰이커 운동(Shaker movement)은 또한 세속적 영향력에 대한 거부였다. 불필요한 장식은 금지되었고 실용성이 가장 중요했다. 의자와 빗자루, 씨앗 상자 외에 다른 가구는 판매용이 아니라 오직 공동체 구성원들이 사용하도록 제작되었다. 다른 두 사람을 위해 만들어졌기 때문에 높이가 다른 것 말고는 모든 면에서 똑같은 재봉 테이블이 그런 한 예시가 되겠다. 복제품 카탈로그가 셰이커 스타일을 소수의 정형화된 형태로 축소해 보여주고 있지만, 셰이커 마을을 방문해보면 끝없이 다양한 작품들에 눈이 휘둥그레질 것이다. 내가 가장 좋아하는 물건들은 유행이나 적절한 비율 같은 것에 얽매이지 않지만, 그럼에도 불구하고 유쾌하고 제작자의 본질로 가득 차 있는 기이하고 독특한 작품들이다.

미드 센추리 양식(mid-century style)은 디자인에 대한 전통적인 개념과 고정된 패션 규범, 그리고 우리가 어떻게 살아야 하는지에 대해 비판했다. 과거로부터의 탈피와 미래에 대한 낙관주의가 놀라울 정도로 독창적인 건축물과 가구를 탄생시켰다. 우리는 먼저 특정 스타일의 가구가 보여지는 모습(구조와 세부 디테일들)에 끌리지만, 왜 그렇게 보이는지에 대한 철학을 이해하는 것이 더 중요하다. 그렇게 함으로써 더 확실하게 그 스타일의 가구를 만들기 시작할 수 있을 뿐만 아니라, 자신만의 철학을 세울 수 있게 된다. 이를 통해 디자인은 단순히 어떤 것이 어떻게 보일지 결정하는 것 이상의 의미를 지니게 된다. 당신의 작업은 작품들이 쌓여가며 천천히 발전해가는 목소리와 속도를 가질 것이다. 당신의 작품에는 그것의 제작자로서의 당신과 인간 본연으로서의 당신이 함께 공명하게 될 것이다.

모든 경우에 있어 이러한 운동들의 디자인은 표면 장식이나 당시의 일시적인 유행 같은 것이 아니었다. 그것은 삶의 관점에 의해 주도되었고, 더 큰 문화나 공동체 운동과 연결되어 패션이나 시간을 초월하는 더 깊은 울림을 작품에 불어넣었다. 그래서 그 생명력이 오늘날에도 여전히 선명하고 의미가 있는 것이다. 작품에 의미, 영속성, 진실을 부여하고자 한다면 이러한 운동들을 탐구하는 것이 앞으로 나아가는 길을 알려줄 것이다.

10. 반복: 주먹장 기술뿐만 아니라 디자인에도 적용된다

예전에는 항상 새로운 것에 도전하고 싶어했고, 그래서 이 스타일에서 저 스타일로 옮겨다니곤 했다. 이러한 접근 방식에 아무런 문제는 없다. 때로는 윌리엄 모리스(William Morris)의 아락의자인 모리스 제어(Morris Chair), 18세기 앤 여왕의 화장대 스타일인 메사추세츠 로우보이(Massachusetts lowboy)나 페더럴 카드 테이블(Federal card table) 같은 시스템에서 일부를 가져올 수도 있다. 문제는 이리저리 계속 옮겨다니다보면 원하는 것을 제대로 얻을 만큼 오래 머물기가 어렵다는 것이다. 지금은 한동안 같은 영역에 머물러 있으려 한다. 너무 가만히 서 있는 것은 아닌가 하고 느껴질 때도 있지만, 하고 있는 일이 조용히,

문제는, 이리저리 계속 옮겨다니다보면 원하는 것을 제대로 얻을 만큼 오래 머물기가 어렵다는 것이다.

규칙을 깨자

"하지만 내가 할 수 있을까?" 나 자신에게 간혹 이렇게 질문을 한다. 비록 '올바른' 것으로 보이지 않는 것이지만 시도해보고 싶을 때 나타나는 반응이다. 나는 디자인의 기본 규칙을 고수하는 것을 좋아하지만, 가끔은 그것들을 제쳐두고 "아니, 수제 단조 경첩과 쿠미코 패널은 미드 센추리 스타일 책상에 낄 자리가 없어"라고 말해야 할 때가 있다. 그런 다음 어쨌든 해보자.

그렇다. 규칙은 훌륭하다. 그것은 우리가 하고 싶은 일을 하는 데 있어 정말 중요한 지침이 될 수 있다. 하지만, 규칙은 우리를 위한 것이다. 때로는 번뜩이는 직관이 더 나은 지침이 될 수 있다. '진짜'처럼 보이는 가구를 만든다는 생각에 사로잡히기 쉽다. 이게 무슨 말인지 알 것이다. 누군가가 당신 집에 와서 당신이 만든 가구를 보며 "와, 가게에서 파는 가구처럼 보여!"라고 말한다고 해보자. 이 말에 분노가 일었다가 가라앉은 후에 혹시 "좋지 뭐, 진짜 가구를 만들었구나"라고 생각하는 사람도 있을 것이다. 문제는 진짜처럼 보이려는 의도로 만드는 모든 것이 보통은 그 관념과 타협한 결과라는 것이다. 그렇다. 안목을 길러야하지만 직관도 믿어야한다. 돈을 벌지 못하거나 충분히 받지 못하면서도 우리는 열심히 일하고 있다. 우리는 원재료들을 가지고 우리의 노력과 의도를 부여해 아직 세상에 존재하지 않은 것을 만들어낸다. 우리가 바랄 수 있는 최선은 그 과정에서 우리의 영혼을 조금이라도 담아내는 것이다. 완성된 작품이 가질 수 있는 모든 생명의 불꽃은 당신에게서 나와야 한다. 그러니 계속 자신의 길을 나아가며, 규모와 비율, 기능, 완벽한 제작에 대해 고민하되, 계속 뇌리에 맴도는 이상한 아이디어들에 귀를 기울이자. 그리고 아무도 보고 있지 않을 때 그것들을 받아들이고 그 결과가 어떻게 되는지 보도록 하자.

천천히 좋아지고 있음을 느낀다. 나는 어떤 작업이든 이전 작업에서 해왔던 많은 요소들을 사용하며, 새로운 요소는 한 두 개만 도입한다. 거의 모든 뛰어난 예술가 또는 음악가들의 진화는 길고 완만한 곡선을 그린다. 나는 내 작업에서 위대함을 목표로 하는 것은 아니지만, 앞으로 나아간다는 생각이 정말 중요하며, 내가 할 수 있는 유일한 방법은 한 걸음 한 걸음 내딛는 것뿐이라는 것을 깨달았다.

11. 예술 vs 공예

우리의 작업은 아름다워야 한다. 하지만 예술과 공예의 차이를 인식하는 것은 중요하다. 예술 창작은 자기 표현의 행위이다. 최종 창작물에 대한 제한, 규칙이나 요구 사항이 없다. 공예는 본질적으로 다른 것이다. 공예는 기능에 관한 것이다. 공예는 생활을 위해 작동해야 하는 것이다. 의자는 아름다워야 하지만, 앉았을 때 부러지거나 불편하면 안 좋은 의자다. 이것이 예술과 공예의 본질적 차이다.

무엇보다도 우리는 기능을 염두에 두고 제작해야 한다. 아름다움은 사용자 경험에 중요한 것이지만, 그것이 유일한 관심사는 아니다. 이 때문에 공예가 결코 '예술'이라는 고상한 영역으로 올라설 수 없을지는 모르지만, 우리의 삶과 우리의 작품을 이용하는 사람들의 삶에서 그만큼 중요한 역할을 할 수 있다.

벽에 걸린 그림은 보는 것에 만족해야 하지만, 공예품들과는 상호작용을 한다. 가구, 상자, 커피 머그잔, 퀼트, 장갑 – 우리는 이러한 물건과 함께 살고 있으며, 이것들은 때로는 작지만 친밀한 방식으로 우리의 삶을 알려준다. 따라서 목적과 용도와 사용자를 염두에 두고 만들자. 그렇게 함으로써 우리는 다른 사람들과 진정으로 연결될 수 있는 드문 기회를 점점 더 많이 경험할 수 있게 된다. 이것은 작은 일도 작은 책임도 아니다. 친구들에게 선물을 주거나 고객들에게 제공할 수 있는 기회는, 의사소통이 쉽지만은 않은 우리들에게 종종 언어로는 할 수 없는 방식으로 타인과 접속할 수 있는 방법을 제공한다.

12. 때로는 앞으로 나아가야만 한다

중요한 프로젝트의 디자인에 스케치와 목업 작업을 되도록 많이 하라고 적극 권장하는 편이지만, 때때로 이미지로 떠오르는 것이 없을 때에는 단지 아이디어만을 가지고 공방으로 향하기도 한다. 만들려는 것이 캐비닛이나 상자 또는 작은 테이블이 될 수도 있다. 나는 나무를 몇 개 집어 들고 잠시 생각을 한다. (너무 긴가? 너무 두꺼운가? 너무 넓은가?) 그리고 거기에서부터 더 나아가본다 – 너무 오래 응시하지는 않도록 하며, 제작 프로세스의 복잡다단한 과정들에 걸쳐 떠오르는 아이디어의 불씨를 좇는다. 그 길을 따라가며 번뜩이는 생각에 귀를 기울이고, 그것들에 믿음을 가지려 한다. 이곳이 더 큰 프로젝트에서 발생할 수 있는 문제들을 잡을 수 있는 안전한 장소이다.

직관이 손을 내밀어 올 때면 그것을 기꺼이 따라야 한다. 자신에게 그러한 예감을 따라갈 기회를 주는 것은 나중에 새로운 작품을 제작할 때 더 큰 자신감으로 다가갈 수 있는 힘이 된다. 정확한 치수에 대해서는 알지 못할 수 있다. 그리고 이러한 노력의 결과가 프로젝트 완료 시점에서 보면 약간 빗나간 것이었음을 알게 될 수도 있다. 그렇다해도 나는 이 방식을 정말 좋아한다. 이 방식은 신중한 디자인 과정들을 뚫고 나가는 에너지를 가지고 있다. 구매 고객들을 위한 주문 가구에는 담을 수 없는 번뜩이는 직관과 즉흥성이 있다. 이러한 불완전한 작품들, 대략적인 스케치나 거친 습작들은 나중에 더 세련되고 신중하게 계획된 작업을 이끌어낸다. 따라서 디자인은 스케치에서 목업, 계획, 제작에 이르는 다단계 프로세스가 아니라, 해결방법을 찾기 위해 여러 프로젝트를 관통해 흐르는 과정이 된다. 내가 만드는 모든 프로젝트는 이전 프로젝트에서 얻은 생기과 디테일들과 교훈의 축적이다. 더 많은 기회를 가질수록 작업은 더 빨리 진행된다. '덜 중요하고' 빠르게 진행하는 프로젝트들을 통해, 일이 잘못될 걱정을 줄이면서 더 많은 기회를 얻을 수 있다.

이미지로 떠오르는 것이 없을 때에는 단지 아이디어만을 가지고 공방으로 향하기도 한다. 만들려는 것이 캐비닛이나 상자 또는 작은 테이블이 될 수도 있다. 나는 나무를 몇 개 집어 들고 잠시 생각을 한다. (너무 긴가? 너무 두꺼운가? 너무 넓은가?) 그리고 거기에서부터 더 나아간다.

디자인은 제대로 하는 것만큼이나 잘못하는 것도 중요하다

나는 완벽하지 않은 것을 만들까봐 걱정이 많은 편이다. 문제는 내가 실제로는 그런 작품을 만든 적이 없다고 생각한다는 것이다. 그렇다고 해서 그것들이 마음에 들지 않는다는 것은 아니다. 그것들이 약간의 개성을 가진 채로 자기 역할을 제대로 하고 있다면 자기 몫을 다한 것이라 생각하고 있다. 즉, 나는 내가 만든 것들을 바라보며 다음 번에는 무엇을 변경하거나 '수정'할지 생각할 수 있다. 다행인 것은 내가 애초에 그 작품들을 만들지 않았다면 그 수정사항들을 생각할 수도 없었을 것이라는 것이다. 그리고 알게 된 불만사항들은 향후의 프로젝트를 개선하는 데 활용할 수 있다.

오늘 내가 만드는 모든 작품은 과거의 실수들에게서 도움을 받는다. 각

각의 작품들은 귀중한 교훈을 주었다. 그것이 디자인의 디테일들이든, 목재의 수축팽창에 관한 것이 단순한 이론 이상의 현상임을 상기시켜주는 것이든 또는 목재 선택이나 표면 준비의 중요성 같은 것이든 말이다. 아마도 나를 공방에 서둘러 가도록 독려한 것은 디자인이었을 것이다. 내가 멋진 작품을 만들고자 열망하는 만큼, 다음 작업은 그 다음 작품으로 계속 이어질 것이다. 앞으로 나아가고 싶다면 그걸 받아들이고, 자신이 할 수 있는 한 최선을 다하기로 마음먹고, 맑아진 눈으로 그것을 살펴보고, 그것을 넘어서는 더 나은 작품으로 자신을 안내하게 해야 한다.

제3장

수공구 기술

가끔 내가 가르치는 수업의 전제 조건이 무엇이냐는 질문을 받는다. 당면하고 있는 작업의 복잡성에 관계없이 요구 사항은 항상 같다. 그것은 기본 수공구에 익숙해지면 나머지는 쉽다는 것이다. 성공적으로 잘 통제하면서 작업을 완성하려면 금긋기칼이나 그무개로 정확한 선을 그을 수 있어야 하고, 끌을 연마하고 정밀하게 사용할 수 있어야 하며, 스트레스 없이 등대기톱을 사용할 수 있는 자신감이 있어야 한다. 표면 정리와 가공을 위해서는 블록 플레인과 한몸처럼 되어야 한다. 블록 플레인이 가장 자주 사용하게 될 공구이기 때문이다. 카드 스크레이퍼도 연마 방법과 사용법을 배워야 한다. 간단해 보이는 이 공구를 사용하면 몇 시간 동안 샌딩하는 일을 줄일 수 있다. 마지막으로, 매끄러운 표면을 얻기 위해 대패를 예리하게 연마하고 잘 조정해놓아야 한다. 대패는 우리가 수공구에 입문할 때 생각하는 첫 번째 공구이지만, 실은 익히는 게 꽤 어려운 공구이며, 한동안은 이것 없이도 지낼 수 있다. 하지만, 일단 숙달이 되면 장점이 많으므로, 수공구 목록에서 완전히 빼지는 말아야 한다. 시작하는 것은 간단하다. 기본 공구 세트를 모으고, 연마하는 방법을 배우고, 작업을 시작하는 것이다.

12가지 필수 수공구

열두 가지 공구. 그리 많은 것 같지 않을 것이다. 더 많이 가진다면 좋긴 하지만, 우선 이것들로부터 시작하자. 이것들에 대해 알아보고, 이것들이 우리를 위해 일하게 하자. 그리고, 우리가 하고 싶어하는 작업을 위한 먼 여정을 떠나자.

처음에 나는 주로 전동 공구를 사용했지만, 상상할 수 있는 모든 기계가 있다고 하더라도 최고의 작품을 만들려면 여전히 수공구가 필요하다는 것을 알게 됐다. 지금도 여전히 무거운 목재를 마름질하고 재단하는 데에 기계를 사용한다. 또한 기계가 빠르고 정확하게 다룰 수 있는 결구들도 많아서 프로젝트의 다른 것들을 처리할 힘을 아껴준다. 나는 수공구들을 레이아웃, 주먹장 가공, 관통 장부, 결구 다듬기, 표면 준비 등 정말 차이를 만들어내는 부분을 위해 아껴둔다. 이러한 공구(그리고 몇 가지 더 추가해서)는 작업을 더 높은 수준으로 끌어올리기 위해 내가 의지하고 있는 것들이다. 당신도 아마 이것들 중 일부를 이미 가지고 있을지 모르고, 나머지는 시간이 지남에 따라 선택할 수 있다. 그리고 이것들을 사용하면 더 나은 가구를 만드는 데 도움이 되기 때문에 노력할 가치가 있다.

우리가 하는 일에 큰 영향을 미치는 수작업의 또 다른 측면이 있다. 그것은 대패질에 대한 낭만이나 전통적인 공구와 기술의 연마에 가려 쉽게 잊히는 측면이다. 수공구 작업은 작업하는 재료와 보다 친밀하고 즉각적으로 연결되도록 해주고, 이러한 연결은 무언가를 만드는 방법뿐만 아니라 무엇을 만드는지도 결정할 수 있다.

이러한 공구들 외에도 튼튼한 작업대가 필요하다. 값비싼 하드웨어가 완비된 작업대에 대한 로망을 가지고 있을지 모르지만, 아직 작업대를 가지고 있지 않다면 그런 꿈의 작업대는 나중을 위해 아껴두도록 하자. 간단한 것부터 시작하자. 큰 돈을 들이지 않고도 주말 동안에 작업대를 만들 수 있다. 철제 바이스에 볼트를 조여주면 준비가 끝난다. 이 작업대로 충분히 경험을 쌓은 다음에 자신의 이상적인 작업대가 무엇일지 알아가도록 하자. 튼튼한 작업대가 출발점이지만, 하고 싶은 일을 시작하는 데 걸림돌이 되어서는 안 된다.

레이아웃을 위한 공구들

그무개

복합자

칼금은 끌이나 톱질을 시작하기 위한 정확한 위치와 선을 제공하기 때문에 연필선보다 좋다.

정확한 레이아웃은 좋은 가구를 만드는 데 필수적인 부분이며, 수작업 못지않게 전동공구 작업에서도 중요하다. 그 이유는 사용하는 공구에 관계없이 정확한 위치에 정확히 직각이 맞도록 결구를 만들어야 하기 때문이다. 이제 막 목공을 시작하는 경우 다음의 공구들이 가장 먼저 구입해야 할 것들이다.

그무개, 마킹 게이지(MARKING GAUGE)는 정확한 장부, 장붓구멍이나 주먹장의 기준선을 배치하는 데 필수적인 공구로, 부재의 가장자리에 평행한 칼금을 긋는 데 사용한다. 칼금은 끌이나 톱질을 시작하기 위한 정확한 위치와 선을 제공하기 때문에 연필선보다 좋다. 칼날 그무개나 원형 칼날인 커팅휠이 있는 휠게이지는 핀이 꽂힌 그무개, 핀게이지보다 더 깨끗한 칼금을 긋는다. 이 책에서 휠게이지를 추천한다면, 처음 사용할 좋은 휠게이지로는 Tite-Mark 또는 Veritas® 제품을 추천한다.

복합자(COMBINATION SQUARE)는 45°와 90° 각도로 연필선이나 칼금을 긋는 데 필수적인 공구이다. Starrett® 제품과 같은 좋은 것을 구하는 것이 중요하다. 오래 사용한 뒤에도 그 정확성이 잘 유지되기 때문이다. 길이가 긴 300mm 모델은 넓은 판재에 표시하거나 여러 부재들을 모아 한 번에 표시할 수 있어서 유용하다. 처음 가지기에 좋은 자이긴 하지만, 내게는 150mm 길이의 자가 더 편리하다. 크기가 작아 손에 착 감기듯 잘 맞고, 좁은 곳이나 마구리에 마킹할 때 사용하기 쉽기 때문이다.

금긋기칼

자유각도자

마스킹 테이프

　금긋기칼, 예리한 **마킹 나이프**(MARKING KNIFE)도 필요하다. 나는 여러 가지 많은 종류의 금긋기칼을 사용하고 있지만, 자주 손이 가는 것은 조각할 때 쓰는 칩카빙나이프(chip-carving knife)다. 나는 칼날의 양쪽 모두 이용하여 표기할 수 있는 이중 베벨(bevel)면이 마음에 든다. 그리고 베벨 십시반 끝 선세 표이루 되어 있어(단면은 삼각형), 날을 작업물의 측면에 대고 정확히 인접한 칼금을 그을 수 있다. 가늘고 실고 단단하여 휘지 않고 원하는 곳에 바짝 붙여서 쓸 수 있다.

　자유각도자, 베벨 게이지(BEVEL GAUGE)는 어떤 각도로도 고정할 수 있는 회전하는 자를 가지고 있는 것으로, 도면에서 작업물로 특정한 각도를 옮기거나 테이블쏘 날 각도를 설정하는 데 유용하다. 보통은 주먹장 장부를 그리기 위해 제일 먼저 사용한다. 자유각도자를 구입할 때에는 두 가지 사항을 확인해야 한다. 첫째, 날이 실수로 움직이지 않도록 단단히 고정되어야 한다. 둘째, 고정하는 데 사용되는 너트가 자유각도자 사용에 방해가 되지 않아야 한다(어떤 자유각도자들에 사용되는 잠금장치에 자주 발생하는 문제이다).

　마지막으로, 목록에 넣을 만큼 중요하지 않아 보일 수도 있지만, **마스킹 테이프**(PAINTER'S TAPE)가 나에게는 필수품이다. 가장 정확한 레이아웃도 볼 수 없다면 별로 소용이 없다. 나는 주먹장이나 장붓구멍을 마킹하기 전에 마스킹 테이프를 붙이고 마킹을 한다. 자르지 말아야 할 곳엔 테이프를 남기고, 잘라내 버릴 부분을 벗겨내어 정확히 어디를 잘라야 하는지 잘 보이게 한다.

결구 가공을 위한 공구들

서양식과 일본식 등대기톱

나에게 서양톱의 장기적 이점은 손잡이 모양이다. 권총 손잡이 모양의 톱자루는 톱날을 팔뚝과 자연스럽게 정렬해주어 일정하게 톱질하기가 더 쉽다.

주먹장은 장인정신의 트레이드 마크 같은 것이다. 주먹장을 수작업으로 가공하는 노력은 작업 속도나 다양한 유용성 등에서 그만한 가치가 있다. 전동 공구를 사용하여 모든 결구들을 가공하더라도, 미세하게 조정하여 맞추는 데에는 수공구가 가장 좋은 방법이다. 수작업으로 가공하는 주먹장이나 헐겁지 않고 꼭 끼도록 잘 맞는 장부 가공에는 등대기톱과 실톱, 끌 세트, 숄더 플레인을 추천한다.

등대기톱(BACKSAW)은 상단 즉, 톱의 등쪽에 단단한 보강재를 대어서, 장부나 주먹장의 가공선을 직선으로 자를 수 있도록 만들어진 것이다. 등대기톱에는 밀면서 자르는 서양톱(push stroke)과 당기면서 자르는 일본톱(pull stroke)의 두 가지 형식이 있다. 비교적 저렴한 일본톱도 상자에서 꺼내자마자 바로 쓸 수 있도록 날카로우며, 초보자들에게는 일반적으로 당기는 톱이 시작하기 더 쉽기 때문에 첫 번째 등대기톱을 선택하려는 사람들에게 추천한다. 나중에 서양식 톱을 사용하게 되더라도 일본식 등대기톱은 작은 부재를 자르거나 여러 가지로 매우 유용한 공구이다. 나에게 서양톱의 장기적 이점은 손잡이 모양이다. 권총 손잡이 모양의 톱자루는 톱날을 팔뚝과 자연스럽게 정렬해주어 일정하게 톱질하기가 더 쉽다. 톱질이 일정하게 잘 될수록 더 자신감을 갖게 되며 이것이 진정한 성공의 열쇠다.

끌(BENCH CHISEL)은 이미도 좋은 작품을 만드는 핵심에 가장 가까운 공구일 것이다. 끌로 할 수 있는 작업과 끌을 사용하는 방법은 너무 많으며, 작업할 때 끌은 우리 손의 연장, 확장이 되고 나무에 가장 가깝게 연결되는 공구가 된다. 적어도 6mm, 10mm, 12mm, 19~20mm 4개의 끌을 구비하는 것이 좋다. 기본 세트를 마련한 후에 좁은 부분을 다듬거나 모따기하는 작업이 필요한 경우에 38mm 정도 되는 넓은 끌을 추가하자. 저렴한 끌들로 시작하는 것에 주저하지 말자. 날 연마를 좀 더 자주 해야 할 수는 있지

실톱

끌

숄더 플레인

만, 그것도 좋은 훈련이 될뿐더러, 고가에 구입한 좋은 끌들과 달리 혹시나 망가지면 어쩌나 하는 걱정도 없다.

　나는 주먹장 가공을 할 때, 잘라낼 부분은 **실톱**, **코핑쏘**(COPING SAW)를 사용하여 제거한다. 핀과 테일 사이의 잘라내야 하는 대부분을 제거하는 정도까지 정밀할 필요는 없기 때문이다. 그후에 끌로 기준선에 맞추어 정밀 가공한다. 끌로 타격해서 모든 부분을 없애는 것과 비교하면 엄청난 시간을 절약할 수 있다. 빠르게 자를 수 있을 뿐 아니라, 실톱은 핀들과 테일들 사이를 가공하는 데 적합하게 급회전을 시킬 수 있으며, 톱날은 저렴하고 교체 가능한 것이어서 항상 예리한 톱날을 사용할 수도 있니. 톱날이 너 넓은 실톱인 프렛쏘(fretsaw)도 가지고 있으면 짐말 편리하다(p.75 참조). 작은 크기의 핀이나 테일을 가공할 때, 얇은 톱날을 먼저 등대기톱으로 잘라놓은 톱길에 밀어넣고 기준선에 근접하여 톱질한 후 나머지는 끌로 정리할 수 있다. 같이 실톱이라 부르지만, 프렛쏘는 하드우드나 두꺼운 판재에 톱질하기에는 역부족이라, 처음에는 코핑쏘로 구매하고 나중에 여유가 되면 프렛쏘를 추가하는 게 좋다.

　결구를 가공하는 방법에 관계없이 **숄더 플레인**(SHOULDER PLANE)은 가지고 있어야 한다. 완벽한 맞춤을 위해 장부를 미세 조정하는 데 이보다 좋은 것은 없기 때문이다. 이 대패를 독특하게 만드는 것은 대팻날 폭이 밑면의 전체 폭과 같아서 부재의 모서리 끝까지 대패질할 수 있다는 것이다. 블록 플레인으로 장부촉을 가공하려고 하면 끝이 가늘어지는, 기울어진 장부로 끝날 것이다. 숄더 플레인은 12~30mm 등 다양한 너비의 제품들이 있다. 장부의 좁은 어깨면이나 넓은 장부촉을 다루는 것에는 좁은 것보다 넓은 숄더 플레인이 더 유용한 것 같다. 또한 더 큰 것이 더 묵직하여 대패 바닥을 평평한 상태로 유지하기 쉽고, 결을 가로질러 대패질할 때 힘있게 움직일 수 있다.

모양 가공과 표면 정리를 위한 공구들

좋은 마감은 좋은 표면 준비에서 시작되며 수공구는 기계 자국과 뜯긴 곳들을 제거하는 가장 빠른 방법이다. 손대패로 만드는 평평한 표면과 선명한 모따기는 샌더로 흉내낼 수 없으며, 블록 플레인은 구비해야 할 두 번째 대패이다. 정말 어려운 결을 만났을 때 카드 스크레이퍼로 작업할 수 있고, 스포크 쉐이브를 추가하여 곡면을 정리할 수 있다.

모서리를 모따기하고 장부를 평평하게 하고 마구리면을 매끄럽게 하려면 **블록플레인**(BLOCK PLANE)이 필수다. 또한 주먹장의 튀어나온 부위를 깎는 데에도 적합하다. 블록플레인은 표준 모델과 로우 앵글 모델이 있다. 대패 날입 조절이 가능한 로우 앵글 블록 플레인을 추천한다. 날입을 작게 조정하여 뜯김을 막고 고운 대패면을 얻을 수 있다.

타이거 메이플과 같이 결이 거친 나무나 깨끗한 판재에 약간의 뜯긴 부위가 있는 경우 **카드 스크레이퍼**(CARD SCRAPER)와 견줄 만한 공구는 없다. 손대패와 달리 스크레이퍼는 뜯길 위험이 없다. 나는 손대패로 표면을 대패질할 때에도 어떤 결함들을 제거하기 위해 카드 스크레이퍼를 종종 사용하고는 한다.

스포크쉐이브(SPOKESHAVE), **남경대패**는 아마도 공방에서 가장 간과되는 공구인 것 같다. 이 이상한 모양의 공구는 대팻날 앞이나 뒤가 아니라 측면에 손잡이가 있고 대패 바닥 길이가 매우 짧다. 밴드쏘로 잘라낸 곡면을 매끄럽게 하는 데에는 스포크쉐이브만큼 빠른 것이 없다. 스포크쉐이브는 바닥면이 평평한 것, 곡면인 것이 있는데, 평평한 플랫(flat) 스포크쉐이브도 오목한 면 가공이 잘 되기 때문에 나는 플랫형을 추천한다.

그리고 마침내 가장 상징적인 수공구인 **평대패**, **스무딩 플레인**(SMOOTHING PLANE)에 도달했다. 나는 예전에는 수년 동안이나 표면을 매끄럽게 하기 위해서 샌더만 사용했는데, 이제는 대패 없는 작업을 상상할 수도 없다. 몇 번의 대패질만으로도 기계 자국을 없애고 유리처럼 매끄러운 면을 얻을 수 있다. 이것은 드물게 가장 즐거우면서도 가장 효과적인 작업 방법이며, 샌딩보다도 결과가 우수하다. 시작할 대패 크기는 4번 대패이다. 서양식 대패는 작은 것부터 큰 것 순으로 1~7번까지 번호가 붙어 있다. 목재를 기계로 마름질하는 경우, 긴 대패로 평을 잡는 작업이 실제로는 그렇게 필요하지 않다. 대패질을 잘 하는 가장 쉬운 방법은 검증된 품질의 Lie Nielsen이나 Veritas 같은 좋은 새 대패를 구입하는 것이다. Stanley Bailey와 같은 오래된 대패는 초기 투입 비용을 줄이면서도 좋은 품질이지만, 약간의 조정 작업과 새로운 날로 교체가 필요하다. 일본식 대패의 경우는 날물과 대패집 모두 초기에 조정작업을 많이 해주어야 한다. 그리고 어떤 대패를 구입하든 날을 예리하게 연마해야 한다. 아무리 비싼 대패라 할지라도 무딘 것은 아무 소용이 없다.

손대패로 만드는 평평한 표면과 깔끔한 모따기는 샌더로 흉내낼 수 없다.

남경대패, 스포크쉐이브

대패, 스무딩 플레인

카드 스크레이퍼

블록 플레인

좋은 작업은 연마로부터 시작한다

목공에서 불편한 진실 하나는 공구가 날카로워야 한다는 것이다. 공구는 예리한 정도만큼의 역할을 수행한다. 그렇다. 새로울 것 없는 이야기이다. 하지만 여기에 문제가 있다. 만약에 공구가 항상 무디다면 우리가 공구의 성능에 대해 기대하는 정도는 딱 그 정도가 된다. 즉, 다른 말로 해보자면, 우리가 무딘 공구를 사용하는 데 익숙해지면 그 정도에 만족하게 된다는 것이다. "이건 기대하는 만큼 해내고 있으니까 충분히 날카로운 거야". 어떤 면에서는 그렇다고 할 수 있다. (하지만 이것은 더 나은 작업을 하는 데 매우 큰 장애물이 되기 때문에 정말 중요한 포인트이다.)

나는 예리한 공구와 친숙해지는 데 가장 큰 도움이 되는 방법은 목공인에게 처음부터 예리한 공구를 건네주는 것이라는 것을 알게 되었다. 일단 예리한 공구를 사용할 수 있는 기회가 생기면 그 후로는 "충분히 예리하다"는 기준이 바뀌게 된다. 일단 예리한 공구를 사용해보면 좋은 방향으로 욕심이 생기기 시작한다. 공구가 원하는 만큼 작업을 해주지 못한다면 다시 연마하는 데 시간을 쏟을 수밖에 없기 때문이다. 또는 충분히 예리하게 연마하는 방법을 배워야 한다고 결정하기도 한다. 어느 쪽이든 더 나은 작업을 하기 위해 나아가고 있는 것이다.

목공은 근본적으로 무언가를 줄여가는 과정이다. 우리는 통나무에서 시작하여 그것을 판재로 줄이고, 수분을 제거한 다음 그 판재를 가져와 작은 부재들을 만든다. 그런 다음 서로 맞을 때까지 홈을 만들고 가공을 한다. 마지막으로 더 많은 부분들을 제거하여 표면을 매끄럽게 한다. 이 과정에서 우리가 범하는 거의 모든 실수는 너무 많이 깎아내어 결구가 헐거워지거나 뜯기는 것들이다.

우리가 사용하는 거의 모든 공구는 잘 제어된 방식으로 재료를 제거하며 작동한다. 공구가 예리할수록 그 역할을 더 잘 할 수 있다. 예를 들어, 예리한 끌은 무딘 끌보다 더 얇게 자를 수 있다. 그리고 절단하는 두께는 작업할 수 있는 정확도의 수준을 결정한다. 무딘 끌을 사용하여 거칠게 많이 잘라내면 빡빡하게 딱맞는 결구였을 것이 순식간에 헐거운 결구가 되어버린다. 얇게 깎아낼 수 있는 예리한 끌은 훨씬 더 높은 수준의 정밀도로 잘 맞는 장부를 가공할 수 있게 해준다. 약간 다른 방식으로 손대패도 마찬가지다. 손대패로 면가공을 할 때 가장 큰 문제는 뜯기는 것이다. 뜯기는 것은 대패로 깎아내는 두께와 직접적으로 관련이 있다. 더 예리할수록 더 얇게 깎을 수 있으며, 더 얇게 대패질할수록 뜯김은 더 적어진다.

예리하게 연마하려면 어떻게 해야 할까?

예리한 모서리는 두 개의 평평하고 광택이 나는 평면이 교차하는 것이라고 설명할 수 있다. 이것이 의미하는 바는 날물의 앞면뿐만 아니라 뒷면도 연마해야 한다는 것이다. 연마하는 방법은 공구마다 조금씩 다를 수 있으며, 끌로 시작해보는 것이 가장 좋다. 끌을 연마하는 방법을 배우면 연마에 필요한 내용의 90%를 알게 될 것이다. 블럭 플레인, 숄더 플레인, 스포크 쉐이브의 날을 연마하는 것도 같은 방식이다. 그러나 스무딩 플레인, 평대패를 연마하는 그 다음 단계로 나아가고 싶을 것이다. 다른 공구들은 날의 경사면, 베벨(bevel)면이 평평한 것이 이롭지만, 대팻날은 끝을 약간 귀접이(crown)하여 날끝이 표면을 파고 들어가 대패자국을 만드는 것을 방지한다.

공구 종류에 관계없이 뒷면을 평평하게 만드는 뒷날내기가 항상 첫 번째 단계이다. 도구의 품질과 상태에 따라 약간의 시간과 노력이 필요해지게 된다. 위안을 삼는다면, 처음에 한 번만 하면 된다는 것이다.

나는 저렴한 호닝 가이드와 #1,000, #4,000, #8,000 3개의 물숫돌로 연마를 하고 있다. 이것들로 단 몇 분만에 연마를 마친다.

> *일단 예리한 공구를 사용해보면 좋은 방향으로 욕심이 생기기 시작한다. 공구가 원하는 만큼 작업을 해주지 못한다면 다시 연마하는 데 시간을 쏟을 수밖에 없기 때문이다.*

기본 연마 도구

(1) 처음에 양면숫돌인 Norton combination stone 한 쌍을 갖추면 비교적 저렴하게 연마를 시작할 수 있다. (2) 또한 호닝 가이드를 사용하는 것이 좋다. 아래에 베어링 휠이 있고 양옆에서 조이는 저렴한 가이드를 쉽게 구해 써도 되고, Veritas나 Lie-Nielsen 브랜드로 더 나은 품질의 가이드를 구할 수도 있다. (3) 날 세팅용 블록을 만들어놓으면 원하는 각도로 손쉽고 빠르게 맞출 수 있다.

끌 연마

먼저, 뒷날내기로 끌의 뒷면을 평평하게 연마한다. #4,000번(grit) 숫돌로 시작하는데, 숫돌 표면에 고르게 문지른다(1). 끌의 날에 가까운 부분만 연마하면 되므로 뒷면 전체를 연마하는 데 시간을 낭비할 필요는 없다. 숫돌에 끌날부터 25mm 정도만 올려놓고 연마하며, 숫돌에 완전히 밀착되도록 수평을 유지한다. 뒷면에 균일하게 갈린 무늬, 스크래치 패턴이 나타나면(2) 최종 광택을 위해 #8,000번 숫돌에서 이 과정을 반복한다.

앞날, 베벨면 작업 시에는 호닝 가이드를 사용하는 것이 좋다. 끌을 35°로 맞추고 #1,000번 숫돌에서 시작하여 숫돌에 흠집이 나지 않도록 백 스트로크로(3) 당기면서 연마되도록 한다. 균일한 연마면이 보이면(4) 더 고운 숫돌로 계속 작업을 이어가며, #8,000번 숫돌로 마무리한다.

마지막으로 끌을 뒤집고 #8,000번 숫돌에서 뒷면을 연마하여 앞날작업으로 인해 발생하는 날넘이(burr)를 제거한다(5). 얼마나 예리하게 연마했는지 확인하는 좋은 방법은 소나무의 마구리면을 깎아보는 것이다(6). 얇게 깎여나오는 끌밥과 유리처럼 매끄러운 표면은 연마를 잘해냈다는 의미이다.

예리한 끌이 좋은 작업으로 돌아온다

끌은 좋은 친구다. 공구들 중에 주머니칼이나 다목적 맥가이버칼 같은 공구에 가까운 것이다. 비스듬히 경사진 앞면과 평평한 뒷면으로 되어 있는 단순한 형상이 끌이 가지는 효율성의 핵심이다. 끌을 평평하게 놓고 튀어나온 곳을 표면과 같은 높이로 깎을 수 있어야 하며, 미세한 칼금을 눈으로 보는 것보다 더 잘 찾을 수 있어야 한다. 이 두 가지 작업을 모두 수행하려면 끌이 예리해야 하며 올바른 방법으로 연마해야 한다. 누군가의 끌을 잠시만 살펴봐도 나는 그들이 하고 있는 목공 작업에 대해, 그들이 어려움을 겪고 있는지 아니면 일에 재미를 느끼는지 많은 것들을 알 수 있다. 끌은 연마하기 어려운 공구가 아니다. 사실은, 연마에 오래 매달릴수록 원하는 결과를 얻을 가능성이 더 낮아진다. 공구의 상태가 양호하다면, 날카롭게 연마하고 다시 작업에 복귀하는 데 몇 분 이상 걸리지 않아야 한다. 좋은 성능을 발휘하기 위해서는 평평하고 광택이 나는 뒷면, 뒷날을 만드는 것이 끌을 예리하게 연마하는 것만큼이나 중요한 열쇠다. 이 작업은 일단 한 번 해두면 다시 하지 않아도 된다. 그 이후에 해야 할 일은 앞날, 베벨면을 연마하는 것이고, 다시 끌작업을 시작하면 된다.

5

6

끌의 날면 손보기

끌의 날면, 베벨면의 연마하는 면적은 끌을 사용함에 따라 결국 점점 넓어지고, 연마할 때마다 끌몸체의 쇠를 너무 많이 제거하게 된다(위 사진). 이 시점에서 기본 날면(아래 사진)을 다시 손보아야 한다. 여기에는 몇 가지 방법이 있으며 모두 각각의 장단점이 있다.

가장 저렴한 방법은 호닝 가이드에 끌을 물려 원래의 연마 각도로 설정하고, 평평한 바닥에 붙여놓은 #100번 사포 위에서 갈아내는 것이다. 이것은 쇠가 열을 받을 위험 없이 정확한 연마각을 만들 수 있지만, 대신 매우 느린 방법이다.

다음은 고속 그라인더를 이용하는 방법이다. 이 방법은 빠르지만 깨끗하고 일정하게 정리된 연마각을 얻기가 어렵다. 또한 쇠가 과열될 위험이 있다.

세 번째 방법은 저속 습식 휠 그라인더(삽입된 사진)를 사용하는 방법이다. 이것은 내가 꽤 오랫동안 내 공방에 가지고 있던 것이다.

이 방법은 쇠가 과열될 위험 없이 일정한 연마각을 얻을 수 있다. 단점은 가장 비싼 방법이라는 것이다. 따라서 우선 순위를 평가해보고 잘 선택하길 바란다.

대팻날 연마

유리처럼 매끄러운 표면을
남기는 대패와 대패질된
자국에서 뜯긴 흔적을
남기는 대패 사이에는
미세한 차이가 있다.

내 모든 수공구 중에서 나는 평대패, 스무딩 플레인을 연마하는 데 가장 주의를 기울인다. 유리처럼 매끄러운 표면을 남기는 대패와 대패질된 자국에서 뜯긴 흔적을 남기는 대패 사이에는 미세한 차이가 있다. 이것이 내가 목공인들에게 좋은 연마 방법을 익히기 전에는 손대패로 바로 작업하지는 말라고 조언하는 이유이다. 그렇긴 하지만, 일단 익히고 난 뒤에는 좋은 작업을 할 수 있을 정도로 잘 연마하는 것이 특별한 도전은 아니다. 이 과정은 끌을 연마하는 것과 비슷하지만 대팻날에 캠버를 추가하는 모접기를 하면서 큰 차이를 만든다. 대팻날의 양끝은 약간 둥글게 조금 더 갈아주는 것이다.

대팻날의 연마는 끌과 마찬가지로 뒷날내기로 시작되지만, 원한다면 좀 더 빠른 방법을 사용할 수 있다. 먼저 #4,000번 숫돌에서 평을 잡는다. 균일한 연마면이 보이며 평이 잡혔다면, 고운 숫돌로 넘어간다. 연마할 작업량이 많을 경우에는 아래 사진과 같이 자를 이용하여 시간과 숫돌을 모두 아낄 수 있다.

뒷날내기가 끝났으면, 끌 연마에서 한 것처럼 먼저 거친 숫돌에서 베벨면, 날면을 연마하기 시작하고, 중간 입도의 숫돌과 고운 숫돌을 사용하여 연마를 계속하며, 날의 양끝을 약간 둥글게 캠버를 만드는 모접기를 한다. 이것은 손으로 직접 하는 것이 불가능하지는 않더라도 어려운 작업이므로 좀 더 쉽게 하기 위해 호닝 가이드를 사용하는 것이 낫다. 대팻날의 양쪽 끝부분에 약간의 추가적인 힘만 가해주면 되는 작업이다.

1 **2**

자를 이용한 뒷날내기

넓은 대팻날을 평잡는 것이 힘들기는 하지만, 얇은 자를 사용하면 이 과정을 빠르게 할 수 있다. #8,000번 숫돌의 가장자리를 따라 자를 놓고(1) 호닝가이드에 물린 대팻날을 올려 놓는다(2). 날을 살짝 들어 올리면 앞쪽 가장자리인 날부분(3)만 연마하게 되므로 많은 시간과 숫돌의 마모를 줄일 수 있다. 새로 구입한 품질 좋은 대팻날의 경우에는 이 작업이 필요하지 않을 수 있으므로, #4,000번 숫돌에 날을 먼저 평평하게 올리고서 살짝 연마해 본다. 균일한 연마 자국이 생기면, 자를 이용하는 방법은 사용하지 않아도 된다.

3

대팻날 모접기

나는 대팻날의 모서리가 표면을 자르며 생기는 대패자국을 피하기 위해, 연마 작업의 최종 단계에서 대팻날에 약간의 캠버를 추가하여 모접기를 한다. 호닝 가이드를 사용하면 과정이 간단해진다. #1,000번 숫돌에서 날면의 경사각을 연마한 다음 #4,000번 숫돌에서 모접기를 하여 캠버를 추가한다. 처음에는 거친 숫돌이 남긴 흠집을 제거하기 위해 균일한 힘으로 연마한다. 그런 다음, 날의 한 쪽(1)을 누르며 몇 번 더 왕복하여 연마한 다음 다른 쪽(2)을 누르며 연마한다. 대팻날을 숫돌에서 들어올리지 않고 한쪽에서 다른 쪽으로 눌러 힘주는 곳을 변경하면 대팻날에 약간의 둥근 부분이 생기며 모접기가 된다. #8,000번 숫돌에서 이 과정을 반복한다. 때때로 연마한 날의 가장자리(3)에 약간의 아치가 생겨 있는 것을 볼 수 있지만, 대

패질을 해보기 전에는 모접기한 것이 너무 많은지 또는 너무 적은지 알 수 가 없다. 대패질을 시작했을 때 너무 좁게 대패질이 되면 전체 폭으로 넓게 대패질하기 위해서 날을 더 빼야하는데, 이런 경우는 모접기가 많이 된 것이어서 나무를 너무 많이 깎아내게 된다. 한쪽 모서리나 다른쪽 모서리의 날끝이 나무에 닿지 않도록 하는 게 어렵다면 모접기가 충분하지 않은 것이다. 다음 번에 연마할 때에는 그에 따라 약간씩 조정을 해보라. 얼마 지나지 않아 적절한 모접기 양을 알 수 있을 것이며, 그렇게 하여 대패자국을 남기지 않으면서 대팻날의 전체 폭으로 거울처럼 매끄럽고 얇게 대패질하게 될 것이다(4).

'기대'에 대한 스트레스 극복하기

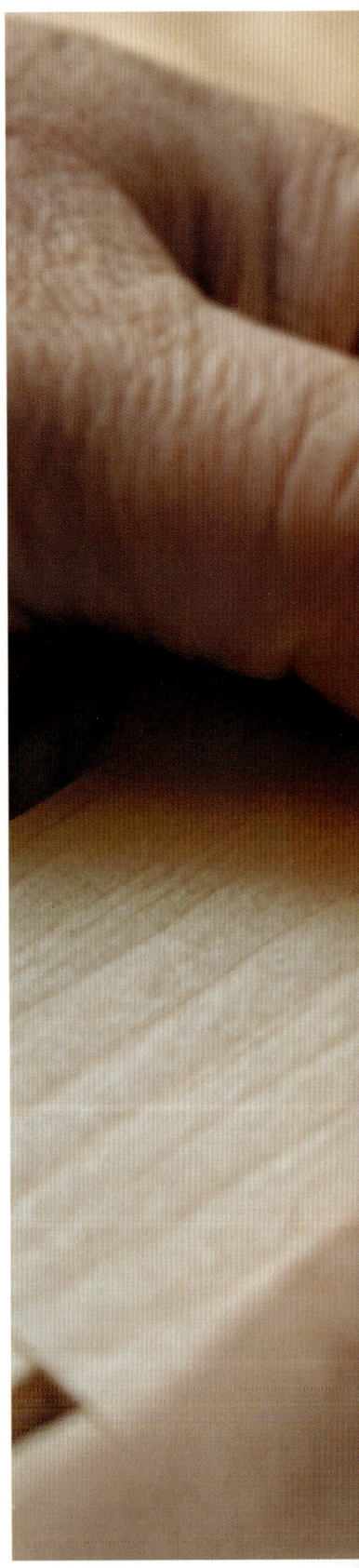

주먹장 가공을 할 때 필요한 유일하고 실제적인 기술은 원하는 위치에서 톱질을 시작한 다음 짧은 길이를 직선으로 톱질할 수 있는 능력이다. 내 학생들이 이 문제에 부딪치는 것은 그들이 그것을 할 수 없기 때문이 아니라 그렇게 할 수 있다는 자신감이 없기 때문이다. 기본적으로, 일을 망칠 것이라는 예상을 미리 품고 있기 때문에 그 후에 나쁜 일들이 일어나게 된다. 먼저, 근육을 팽팽하게 하여 톱 손잡이를 있는 힘껏 움켜쥔다. 그런 다음 그런 긴장으로 인해 절단선으로부터 먼 곳에서 안전하게 톱질을 시작하거나, 톱질을 진행하면서 절단선에서 점점 멀어지며 절단선을 침범하지 않는 '안전'을 확보하려고 한다. 이렇게 하면 성공적인 톱질에서 멀어지고 있을 뿐만 아니라, 작업을 하는 재미도 느끼지 못하게 된다. 이것이 '기대'로부터 일어나는 스트레스이다. 만약 수공구로 작업을 제대로 할 수 없다고 생각한다면, 실제로도 그렇게 될 것이다. 그리고 수공구를 사용하는 즐거움에 대한 언급들은 허풍처럼 들릴 것이다.

나는 학생들이 수공구에 익숙해지도록 하는 몇 가지 간단한 연습 프로그램을 가지고 있다. 그런 연습을 통해 그들이 어느 정도 적성을 키우는 기회를 가질 수 있도록 하고 있지만, 진짜 목적은 공구가 그들이 바라는 바를 해낼 것이라는 확신을 주고자 하는 것이다. 첫 번째 연습은 목재에 수직선을 그리고 톱질하는 것이다. 처음에 선을 그을 때에 학생들은 즐거워한다. 그러나 잠시 후 선에 잘 맞추어 톱질할 것이라는 기대를 쌓기 시작하고, 그러다가 선을 놓치기 시작하면서 화가 날지도 모른다. 여기서부터 시작하면 된다. 선을 따라 톱질을 제대로 할 것이라는 기대를 가지고 톱을 들자. 좋은 일이 생기기 시작할 것이다. 먼저, 마킹해놓은 곳에서 출발할 수 있다는 자신감을 갖게 되며, 톱질을 시작한 후에는 살리는 쪽을 파먹을까 하는 두려움 없이 톱질의 궤도를 유지할 수 있는 자신감을 갖게 된다. 그렇게 하고나면, 결국 가공을 더 빠르고 정밀하게 할 수 있게 되고, 마지막으로 중요한 것은 이 작업을 하는 데 재미를 느끼기 시작한다는 것이다.

수공구를 사용하는 데 능숙해지고 편안해지는 길은 오래 걸리거나 힘든 과정이 아니다. 공구를 어떻게 사용하는지에 대한 기본적인 이해와 약간의 연습을 통해 올바른 방향으로 나아갈 수 있다. 핵심은 등대기톱, 끌, 블록플레인과 평대패, 네 가지 공구이다. 카드 스크레이퍼도 포함시키자. 이러한 공구를 숙달하는 것이 좋은 작업을 하기 위한 기초이다.

만약 수공구로 작업을 제대로 할 수 없다고 생각한다면, 실제로도 그렇게 될 것이다. 그리고 수공구를 사용하는 즐거움에 대한 언급들은 허풍처럼 들릴 것이다.

등대기톱 익히기

요점은 톱과 우리 몸이 한 팀처럼 협력하는 것이다. 어느 쪽도 완벽하지 않다해도, 함께라면 완벽한 톱질을 할 수 있을 것이다.

정확한 결구를 가공하려면 판재에 그어놓은 선을 따라 톱질할 수 있어야 한다. 이것에 능숙해지는 가장 쉬운 방법은 수직으로 똑바로 톱질하는 법을 배우는 것이다. 그런 다음 자르려고 하는 선이 작업대와 수직이 되도록 작업물의 방향을 정하기만 하면 된다. 이렇게 간단한 일이다. 주먹장도 바이스에서 판재를 기울이기만 하면 이러한 방식으로 가공할 수 있다. 일본식 톱과 서양톱의 차이로 인한 조정도 필요하며, 이 글에서는 주로 백쏘(backsaw)라고 부르는 서양식 등대기톱 중심으로 이야기 할 것이다.

다음 연습이 직선 톱질을 위한 좋은 자세를 찾는 데 도움이 될 것이다. 판재를 놓고 상단 모서리를 따라 약 5~6mm 간격으로 50mm 정도의 선을 긋는다. 일단 자를 선을 선택하고 톱질을 시작하는데, 톱이 어디로 향하고 있는지 걱정할 필요는 없다. 직선으로 톱질하는 것은 자르기 전의 설정에 따라 달라지며, 긴장을 풀고 톱이 스스로 일하도록 한다. 일단 톱질을 시작하면 톱이 처음 목표한 위치에 도달할 것이다. 톱길을 약간 바꾸는 것은 가능하지만 너무 크게 방향을 바꾸려 하면 톱날이 절단면 사이에 끼일 수 있다. 톱을 몇 번 왕복하여 자른 후에 잠시 멈추고 진행 상황을 확인해보자. 톱길이 약간 기울어져 있다면 주로 톱질 자세 문제이거나, 서양톱인 경우 톱날 연마 문제일 수 있다. 자세를 조정하는 것이 톱길을 수정하는 가장 좋은 방법이다. 톱이 오른쪽으로 자르고 있다면 자세를 오른쪽으로 약간 이동하고, 왼쪽으로 자르고 있다면 왼쪽으로 이동한다. 요점은 톱과 우리 몸이 한 팀처럼 협력하는 것이다. 어느 쪽도 완벽하지 않다해도, 함께라면 완벽한 톱질을 할 수 있을 것이다.

좋은 자세를 갖추는 것으로 시작하자. 톱을 쥐고 있는 방향의 발을 뒤로 움직여 넓고 안정된 자세를 만들고 톱질할 때 반대쪽 손을 벤치에 올려 몸을 제자리에 고정한다(왼쪽). 톱자루를 따라 손가락을 뻗어서 팔이 톱과 정렬되도록 맞춘다. 마지막으로 어깨를 톱 방향과 일치되도록 조정하여, 톱에서 어깨까지 모두 정렬시킨다(위).

톱에 자신감을 가지자

직각으로 자를 때에는 직각을 설정하는 것이 먼저이다. 바이스에 판재를 고정하고 직각으로 세운다. 그런 다음 직각자를 사용하여 판재에 선을 그린다(1). 수직선을 기준으로 톱질을 시작할 준비가 된 것이다. 주저하지 말고 시작해보자. 톱이 나무 사이에 꽉 끼지 않도록 하면서 전체 깊이를 톱질해보자. 일관되게 이렇게 할 수 있게 되면, 자세를 약간씩 조정하면서 톱날이 선을 따라가도록 방향을 미세하게 조정할 수 있다(2). 한 단계 더 나아가보자. 판재의 마구리에 마스킹테이프를 붙이고 6mm 간격으로 마킹 나이프를 이용하여 선을 긋는다. 한 칸씩 건너 테이프를 떼어내고, 남은 테이프 조각의 양쪽에서 톱질을 시작하는 연습을 한다(3). 직선으로 똑바로 톱질할 수 있다는 확신이 생기고, 칼금 바로 옆을 스치며 톱질하는 것이 능숙해지면(4), 이제 등대기톱에 입문했다고 할 수 있으며, 결구를 가공할 준비가 된 것이다.

밀끌 사용하기

밀끌을 사용할 때에는 공구 뒤쪽으로 무게를 두는 것이 중요하다. 작업물을 바이스에 고정한 상태에서 발을 넓게 하고 자세를 낮게 한다(1). 양손으로 끌을 잡고 상체를 하나로 고정하고 엉덩이와 다리를 사용하여 끌에 힘을 준다. 끌날 근처에서 날을 잡으면 원하는 위치에 끌을 쉽게 배치할 수 있다. 끌을 절단 부분으로 밀어넣으려면 뒤쪽 손을 사용한다. 마구리를 깎을 때에는 톱으로 먼저 대부분 잘라낸 후에 칼금에서 바로 깎기 시작할 수 있다(2). 잘라낼 곳이 여전히 너무 두꺼운 경우 기준선을 가로질러 작업할 때 일부분을 조금씩 잘라낸다. 결을 따라 밀끌질하는 것은 결방향이 어떻게 나 있는지에 따라 조금 까다로울 수도 있다. 직선이거나 비스듬한 경우에는 결방향으로 수직 밀끌질도 좋다(3). 그러나 결이 주먹장의 핀 안쪽으로 기울어져 있는 경우에는 결을 가로질러 깎는 것이 유일한 방법이다(4).

끌 : 얇게 깎으면 날카로움이 오래 간다

내 목표는 끌을
집어 들기 전에
잘라낼 곳을
가능한 한 많이
제거하는 것이다.

내가 이야기를 나눠본 많은 목공인들은 대개 자신들의 끌에 만족하지 않고 있었다. 대부분의 불만은 날의 예리함이 그들의 기대만큼 오래 가지 않는다는 것이다. 그러나 문제는 보통 끌 자체가 아니라 끌이 사용되는 방식이다. 간단히 말해서 끌은 얇게 깎도록 설계된 공구라는 것이다. 두껍게 자르면 날이 빨리 무뎌진다. 그러나 얇게 깎는 습관을 들이면 오랫동안 예리한 상태를 유지하며 훌륭하게 사용할 수 있다.

내 목표는 끌을 집어 들기 전에 잘라낼 곳을 가능한 한 많이 제거하는 것이다. 결구 종류에 따라 몇 가지 다른 방법으로 이 문제에 대해 접근한다. 주먹장이나 장부의 경우 보통 톱으로 대부분을 제거하고 1mm 정도만을 남겨 끌로 제거한다. 톱으로 제거할 수 없는 곳은 드릴로 제거한다. 장붓구멍의 경우 기준선까지 잘라내기 전에 대부분을 드릴로 구멍을 뚫으면서 제거할 수 있다. 반턱주먹장의 경우는 기준선에서 약 1mm 정도 떨어져서 한 줄로 드릴로 구멍을 뚫는다. 잘라낼 곳을 모두 드릴로 뚫을 필요는 없다. 결방향 섬유질이 절단되면 잘라낼 곳 대부분은 쉽게 떨어진다.

끌로 작업하는 경우 두 가지 길을 선택할 수 있다. 정밀한 작업의 경우 밀끌질을 하는 것이 더 좋지만 (위 참조), 두껍게 자르는 경우에는 망치를 사용하여 타격하는 것이 더 빠르게 작업하는 방법이다(p.64).

작업대에서 작업할 때에는 공구 위로 어깨를 올려 공구에 힘이 전해지도록 한다. 다시 말하면, 앞손을 사용하여 끌질 위치를 정하고 뒷손으로 끌을 조정한다. 기준선 뒤에서 작업하고 끌을 기준선에 놓기 전에 기준선에서 얇게 조금만 남기고 대부분의 자투리들을 먼저 제거한다.

타격끌 기술

망치로 타격하여 끌질을 할 때에는, 끌을 제어하는 것이 핵심이다. 끌자루를 잡는 것보다 날끝 근처에서 끌날을 잡는 것이 낫다. 엄지손가락과 나머지 손가락 사이에 날을 잡고 작업물의 표면에 손을 올려 놓는다(1). 이렇게 낮게 잡는 방법을 사용하면 끌을 더 정확하게 배치할 수 있으며, 끌이 작업물을 벗어나서 작업대에 닿는 일이 생기지 않도록 손이 브레이크 역할을 할 수 있다.

밀끌로 작업할 때와 마찬가지로 얇게 잘라낸다. 약 1mm 정도 남을 때까지 기준선 쪽으로 작업한다. 그런 다음 끌을 기준선에 놓고 최종 끌질을 위해 약간 앞으로 기울인다(2). 이렇게 의도적인 언더컷(undercut)은 결구가 단단히 결합되는 데 도움이 된다. 이때, 나무 두께의 중간에서 끌질을 멈추고 작업물을 뒤집은 다음 반대쪽 기준선에서 나머지 절반의 끌질을 마쳐야 한다.

반턱주먹장의 경우, 끌질 전에 드릴로 나란한 구멍을 뚫어 결들을 최대한 많이 끊어놓는 것이 좋다. 구멍의 가장 넓은 부분에서 수직으로 타격한 후에(3) 수평방향에서 제거할 나무를 따낸다(4). 조금만 남을 때까지 기준선(5)을 향해 계속 작업한 다음 최종 끌질을 위해 기준선에 끌을 올려놓는다(6).

이러한 방식으로 작업을 해보면 힘이 얼마나 덜 드는지, 작업방법이 얼마나 잘 조절되고 정밀하게 되는지 알게 될 것이다.

4
5
6

장붓구멍: 먼저 마구리부분을 작업한다

끌을 집기 전에 가능한 한 많은 부분을 드릴로 제거한다. 그 후 첫
번째 작업은 항상 장붓구멍(위)의 마구리부분 턱을 만드는 것이
다. 이 섬유질은 장붓구멍의 측면에 있는 긴결의 섬유질보다 절단
하기가 훨씬 더 어렵다. 일단 끝부분이 만들어지면 장붓구멍의 가
운데에서 시작하여 양끝 기준선을 향해 얇게 끌질하면서 작업한
다. 드릴 구멍과 구멍 사이에 남아있는 것들은 똑바로 밀끌질하기
위한 가이드가 되어준다(오른쪽).

블록 플레인으로 모서리 다듬기

당시 4살 아이였던 내 딸이 가끔 공방에 왔었다. 보통은 자투리 나무에 못을 박거나 접착제를 발라 서로 붙여 이런저런 모양을 만들고는 했다. 그러다가 어느 날엔가 내가 판재 모서리를 다듬기 위해 블록 플레인을 들고 있는 것을 보자 자기가 직접 해보겠다고 달려든 일이 있다. 분명히 블록 플레인은 이처럼 사용하기 어렵지 않다. 다만, 몇 가지 기술을 연습한다면 더 나은 작업을 얻을 수 있다.

나는 주로 판재 모서리를 모따기할 때 블록 플레인을 사용한다. 목표는 판재의 모서리를 따라 일정한 깊이의 45° 모따기를 하는 것이다. 이 요령을 익히기 위해서는 모서리 양쪽으로 연필선을 먼저 표시해야 한다. 선에 잘 닿을 때까지 모따기를 한다. 나는 넓은 모따기의 경우에는 여전히 이렇게 레이아웃 선을 사용하는 습관을 가지고 있지만, 6mm 이하의 경우에는 내 눈과 기술을 믿고 선을 그리지 않은 채로 작업을 하곤 한다.

일정한 모따기

모따기를 일정하게 대패질하는 것은 자주 사용하게 될 기술이다. 그러므로 초기에 요령을 익히는 것이 중요하다. 각각의 모따기면에 대한 기준선을 연필로 미리 그려 놓는 것이 이 기술을 익힐 때 진행 상황을 확인하는 좋은 방법이다. 복합자나 스크라이빙 게이지(케가키), 그무개 등을 사용하여 판재 옆면과 평면에 대략 3mm의 선을 그린다(1).

모따기를 하려면 두껍게 자를 수 있도록 대팻날을 조정하고 결 방향으로 가고 있는지 확인한다. 일정한 모따기의 핵심은 대패의 앞부분이 목재와 잘 닿는 것부터이다(2). 끝부분 꼭지점에서부터 대패질을 시작해야 한다. 그렇지 않으면 경사진 테이퍼 모따기로 끝나버린다.

몇 번 대패질을 해본 후 진행 상황을 확인한다(3). 한쪽 선에 다른 선보다 더 가깝게 대패질이 되어 있으면 선에 너무 가까워지기 전에 대패의 각도를 수정한다. 길이 방향을 따라 너비가 일정하고 기준선에 딱맞는 모따기면을 얻기 위해서는 약간의 노력이 필요하다. 이러한 노력이 주는 보상은 사소해 보이지만 중요하다. 깨끗한 모따기 면은 빛이 작업물에 닿았을 때 선명하고 일정한 하이라이트를 만들어 줄 것이고, 전체 작품에 날렵한 멋을 더해줄 것이다.

마구리면 모따기

판재의 끝부분을 모따기할 때에는 모서리가 뜯기지 않게 하는 것이 중요하다. 대패를 기울이고 바른 방향으로 작업하는 것이 도움이 된다. 먼저 그무개를 사용하여 판재의 끝부분 모서리 주위로 각각의 면들과 마구리면에 3mm의 선을 그어놓는다. 실제 작업물의 경우, 그무개를 사용하면 모따기가 완료된 후에도 그무개의 칼날 자국이 남아 있기 때문에, 나는 주로 연필을 사용한다. 판재 끝 마구리의 네 모서리에 모두 모따기하는 연습을 할 때에는 그무개의 칼날선이 목표점을 더 명확하게 보여주어 좋다.

판재를 바이스로 단단히 고정하고 첫 번째 옆면 모서리를 모따기한다(**1**). 블록 플레인을 비스듬하게 잡고 아래쪽에서 위쪽으로 대패질한다. 완성된 모따기는 각 기준선에 닿는 단일 면이어야 한다. 판재를 돌리고 다른 쪽 끝을 모따기한다. 옆면 모서리를 먼저 모따기하면 평면 모서리를 대패할 때 뜯기는 것을 막을 수 있다. 옆면 모따기가 완료되면 긴 평면 모서리의 모따기를 시작한다(**2**). 마지막 대패질로는 기준선에 고르게 닿도록 주의한다. 뜯기는 것을 막으려면 모서리에 평행하게 대패질할 때 대패를 비스듬하게 돌려서 잡는다. 모따기를 마칠 때 평면 모따기 경사면이 먼저 가공해놓은 옆면 경사면보다 깊어지지 않도록 주의한다. 그렇지 않으면 뜯길 수가 있다. 모든 모따기는 모서리에서 정확히 만나야 한다(**3**).

이제 판재를 뒤집고 다른 쪽 끝에서 연습을 반복한다. 이번에는 기준선을 그리지 않고 해본다. 결과가 완벽하지 않을 수는 있지만, 모서리에 정렬되는 깨끗한 경사면에 집중하면서 작업해보라. 선을 긋는 데 많은 시간을 쓰지 않고도 꽤 멋지게 보이는 작업물을 얻을 수 있을 것이다.

예리한 대팻날과 깨끗한 가공

날을 연마하는 것은 얇게 깎으려고 하는 것이다. 너무 두껍게 시작하면 작업을 힘든 일로 만들어버린다. 대팻날 깊이를 조정하기 위해서는 먼저 날을 바닥면 안으로 완전히 집어넣는다. 그런 다음 양쪽 모서리에서 손가락으로 대팻날을 느끼면서 천천히 전진시킨다(1). 한쪽 모서리가 먼저 나오는 것이 느껴지면 날을 대패바닥과 수평이 될 때까지 횡조절 레버를 높은 모서리 쪽으로 밀어서 조정한다(2). 그런 다음 두 손가락으로 느낄 수 있을 때까지 대팻날을 전진시킨다. 아직 대패질이 되지는 않겠지만, 이 상태가 시작하기에 좋은 위치이다.

판재 위에 여러 번 대패를 밀어보면서, 대팻날이 나무와 만나며 들려주는 대패질의 은근한 속삭임이 들릴 때까지 날깊이를 천천히 조정한다. 대팻날 중앙에서 대패질이 되는지 계속 확인하고, 그렇지 않은 경우 횡조절 레버를 다시 조절해서 중앙에서 대패질이 되도록 한다. 이제 대팻날을 약간만 더 전진시키고 작업을 시작하면 된다. 처음에 대패질이 잘 안 되고 어긋나더라도 걱정할 필요는 없다. 판재가 평평해짐에 따라 전체적으로 대패질을 해야한다(3). 적절하게 모접기가 된 날을 사용하면 대팻날의 거의 전체 너비에 해당하는 얇은 대패질을 할 수 있다(4). 작업할 때 대패를 약간 비틀어서 비스듬히(skew) 대패질을 하면 나무를 슬라이스로 저며내는 것과 같은 동작이 되어 대패질이 덜거덕거리는 것을 막는 데 도움이 된다.

순결방향으로 바르게 대패질을 하고 있는데도 여전히 뜯기는 일이 생긴다면 대팻밥을 살펴봐야 한다(5). 대팻밥은 가볍고 푹신하며, 움켜쥐어보면 부들부들해야 한다. 마치 마른 잎사귀처럼 구겨지고 있다면, 잘리는 부분이 너무 두꺼워서 뜯김의 원인이 되고 있는 것이다.

손대패로 작업하기

목공에 대패가 절대적으로 필요한 것은 아니지만 나무 표면에서 빠르게 기계 자국을 제거하고 마감할 준비가 된 상태로 만드는 데에는 대패만한 것이 없다.

내가 아는 대부분의 목공인들은 손대패에 대해 안 좋은 기억을 가지고 있고, 물론 나도 예외는 아니다. 무뎌진 손대패를 가지고 일찍이 시련을 겪은 후, 나는 대패를 포기하고 많은 샌딩 작업에 몸을 맡겨왔다. 몇 년 후 내가 예리하고 잘 조정된 대패를 갖게 되었을 때, 판재를 종이처럼 얇게 깎아내는 대패질의 즐거움을 비로소 발견했다. 목공에 대패가 절대적으로 필요한 것은 아니지만 나무 표면에서 빠르게 기계 자국을 제거하고 마감할 준비가 된 상태로 만드는 데에는 대패만한 것이 없다(또는 아주 고운 사포로 몇 번만 더 추가로 문질러주면 된다). 지금까지 언급된 모든 공구 중에서 날의 예리함이 성능에 가장 중요한 것이 대패다. 날이 예리할수록 더 얇게 가공할 수 있고, 결과적으로 더 나은 표면을 얻을 수 있다. 대패의 두 가지 기본 작업은 옆면 대패질(jointing, 판재의 옆면을 곧고 직각으로 만들기)과 판재의 표면을 매끄럽게 하는 평면 대패질이다. 성공의 첫 번째 열쇠는 대팻날을 얇게 깎도록 조정하는 것과 바닥과 수평을 맞추는 것이다. 그 후, 대패를 왕복하며 대패질을 할 때 대패의 앞쪽에서 뒤쪽으로 적절하게 무게 이동하는 방법을 배우면 멋진 대패질을 할 수 있을 것이다.

중심 이동 배우기

효과적인 대패질을 하려면 대패의 바닥을 목재에 평평하게 유지하면서 대패질하는 동안 앞에서 뒤로 점진적으로 무게중심을 이동해야 한다. 다음은 이에 대한 느낌을 얻을 수 있는 빠른 연습 방법이다. 약 150mm 정도를 판재를 옆면이 위로 오도록 세운다. 앞쪽 끝이 밀리지 않도록 멈춤 장치를 해놓고 길이 전체를 대패질한다. 판재가 넘어지거나 작업대에서 들리지 않고 대패질이 되도록 하려면 몸을 이동하면서 체중을 옮겨야 하고 판재 중심을 잘 유지해야 한다. 연습하다보면 금세 몸에 익을 것이다.

카드 스크레이퍼가 구해줄거야

카드 스크레이퍼는
매력이 부족해 보여도
준비가 쉽고
나무가 뜯길 위험 없이
사용이 간편하다.

군가 수공구 작업을 생각할 때, 대단치 않아 보이는 이 카드 스크레이퍼라는 공구가 가장 먼저 떠오르지는 않을 것이다. 그러나 이 공구는 매력이 조금 부족해보여도 준비가 쉽고 나무가 뜯길 위험 없이 사용이 간편하다. 손대패를 사용하든 사용하지 않든 스크레이퍼는 수압대패나 자동대패에서 뜯겨진 부분과 손대패가 처리할 수 없는 까다로운 결을 다루기 위한 필수 공구이다. 당신이 손대패로 자꾸만 손이 가려 해도 일단 스크레이퍼를 시작해보자. 스크레이퍼를 사용하는 것은 간단하다. 제대로 연마하기만 하면 된다.

이 강철 조각을 공구로 바꾸는 것은 가장자리에 있는 후크(hook), 갈고리로, 종종 "버(burr)"라고 잘못 알려져 있다. 후크를 만드는 것이 좋은 성능을 내는 핵심이지만 후크를 만드는 버니싱을 할 때 몇 가지 흔한 실수로 인해 대부분의 목공인들이 그들의 스크레이퍼를 최대로 활용하지 못하게 된다. 간단히 말해서, 후크를 만들 때 쇠에 주름이 지지 않도록 압력을 가볍게 유지하고, 스크레이퍼가 더 적극적으로 작용할 수 있도록 낮은 각도로 만들어줘야 한다.

후크가 핵심이다

스크레이퍼에 날을 만드는 과정을 버니싱이라 하는데, 버니싱 전에 먼저 면과 모서리를 연마해야 한다. 나는 DMT 양면 다이아몬드 숫돌을 사용하지만 사포도 쓸 수 있다. #400번 사포로 시작하여 #600번 사포로 마무리한다.

면은 끌이나 대팻날의 뒷면 연마와 마찬가지로 작업한 다음 모서리를 연마한다. 첫 번째 단계는 줄(file)로 직각을 만드는 것이다. 사용했었던 스크레이퍼에는 특히 이것이 중요하다. 톱으로 톱길을 낸 나무 블록에 스크레이퍼를 밀어넣고 바이스로 조인다(1). 스크레이퍼를 아주 약간만 나오게 해놓으면 직각을 쉽게 만들 수 있다(2).

줄로 다듬은 모서리를 매끄럽게 하려면 다이아몬드 숫돌이나 사포로 다시 작업한다(3). 이 시점에서 모서리를 따라 약간의 버(burr)가 남아 있을 수 있다. 버를 제거하려면 표면과 모서리를 번갈아 연마한다. 결과물이 매끄럽고 날카로운 모서리가 되어야한다.

후크를 만들려면 먼저 스크레이퍼를 평평하게 놓고 기존 후크날을 눌러 없앤다. 버니셔를 평평하게 유지하되 모서리에 압력을 가하고 모서리에서 날을 없애도록 각도를 조정한다(4). 이번엔 새로운 후크를 만들기 위해서 스크레이퍼를 약간 돌출되도록 블록에 다시 넣는다. 버니셔를 1~2° 정도 기울이고 가볍게 몇 번 문지른다(5). 안쪽 모서리에 두 번만 밀어주면 된다. 이렇게 만들어진 후크가 작고 약하게 깎아낸다고 생각할 수도 있지만, 당신 마음에 들만큼 충분히 강력할 것이다.

모서리가 무뎌지면 모서리를 위로 들어올리고 다시 후크를 만들면 된다. 두 번, 세 번 시간이 더 지날수록 강철이 점점 더 단단해지기 때문에 후크 사용시간이 더 늘어나게 될 것이다. 물론 결국에 강철은 부서지기 쉽기에, 나중엔 모서리를 줄로 다듬고 다시 시작해야한다.

각종 공구로 주먹장 가공하기

주먹장이 가공하기에
어려운 결구는 아니다.
그럼에도 불구하고,
많은 목공인들에게
스트레스를 일으키고 있는
것도 사실이다.

이제는 시간을 내어 주먹장을 만들어보자. 이미 수공구 사용을 연습해왔다면 이 앞에까진 거의 다 온 것이다. 주먹장맞춤은 꽤 자주 쓰이고, 알아두어야 할 유용한 결구이며, 가공하기 어려운 것도 아니다. 그럼에도 불구하고 많은 목공인들에게 스트레스를 일으키는 것도 사실이다. 이것이 아마도 라우터 주먹장 지그 시장이 존재하는 유일한 이유일 것이다. 만약, 수작업으로 주먹장을 가공하는 것에 대한 두려움이 당신을 극단으로 이끌고 있다면 지금 당장 없애보도록 하자.

내가 처음 기타를 배울 때 F-코드는 나의 천적이었다. F-코드가 나오는 노래는 피할 정도로 나에게는 도전이었다. 피할 수가 없었을 때에는, 곡이 진행되는 내내 F-코드가 나오는 지점에 집중할 수밖에 없었다. 그로 인해 연주의 즐거움이 심하게 망가진 것은 말할 필요도 없다. 주먹장이 당신에게 있어 F-코드와 같은 것이라면, 주먹장에 더 빨리 익숙해질수록 목공예를 더 즐기게 될 것이다. 얼마 전 누군가가 내 작업에 주먹장이 자주 등장하는 것을 보며 내가 주먹장 가공을 즐기고 있을 것이라 말한 적이 있다. 사실은 나는 아무 생각도 하지 않는다. 어떤 작품의 멜로디에 결구가 중요한 경우라면 다른 모든 음표들과 함께 연주하면 된다. 주먹장에 대한 가장 큰 걱정은 톱질인 것 같지만, 실제로는 등대기톱으로 짧은 길이를 비교적 직선으로 자르는 것뿐이다. 일단 충분히 습득하고 나면 시간이 오래 걸리지도 않을 것이다. 실제로 문제는 올바른 위치를 표시하는 것이다. 선에 딱 맞게 톱질을 잘 하더라도 선이 제 위치에 있지 않으면 결국 골치 아픈 문제가 되기 때문이다. 그래서 내 팁의 대부분은 배치, 레이아웃과 금긋기의 문제와 관련이 있다.

1단계: 테일 가공

핀부터 가공하는 사람들이 많긴 하지만, 나는 항상 테일부터 시작한다. 나에게는 이것이 가장 빠르고 정확한 방법이다. (주먹장 가공에 대한 내 팁은 이 접근 방식에만 해당하므로 핀을 먼저 가공하는 방법에 만족하고 있다면 건너뛰어도 좋다. 하지만 이 대화에 계속 함께 해보자)

테일을 자르기 전에 먼저 그무개로 모든 부재에 기준선을 그어야 한다(**1**). 예를 들어, 서랍 측면에 주먹장이 표면과 같은 높이가 되도록 하고 싶다면 그무개를 옆판의 두께로 설정한다. 약간 튀어나오게 하려면 그무개를 부재 두께보다 약간 넓게 설정하면 된다.

주먹장 가공 각도는 일반적으로 비율로 표시하는데, 소프트우드의 경우 보통 1:6, 하드우드의 경우 1:8의 비율로 표시한다. 나는 더 날씬해 보이는 1:8 비율을 좋아하기 때문에 항상 그 비율을 사용한다. 테일의 간격은 더 심미적인 문제이지만 시각적으로 균일하게 하려고 노력한다. 대부분의 경우 눈짐작으로 간격을 설정하는데, 상자를 만드는 작업에서 노출되는 주먹장의 경우 치수를 측정하여 작업하는 편이다. 각각의 핀 위치에 표시를 하고 자유각도자를 사용하여 연필로 각도를 그린다(**2**).

테일을 자를 때 정확히 어디에서 시작하고 어떤 각도로 자르는지는 스트레스를 받을 만큼 중요하지 않다. 선에 정확히 맞추는 것이 목표이지만 걱정할 필요는 없다(**3**). 중요한 것은 부재의 평면에 직각으로 톱질하는 것이다. 이것이 나중에 결구를 얼마나 쉽게 맞출 수 있는지에 큰 영향을 미친다.

기준선에 맞게 끌질을 하기 전에 버릴 곳 대부분을 먼저 제거한다. 약간 두꺼운 실톱인 코핑쏘가 두꺼운 나무와 하드우드에 적합하지만, 나는 가능하면 더 얇은 실톱인 프렛쏘를 사용하는 편이다. 실톱(프렛쏘)의 얇은 톱날은 등대기톱으로 잘라놓은 톱길을 따라 들어갈 수 있으며, 이를 통해 기준선을 따라 똑바로 톱질할 수 있으므로 끌로 제거할 잔여물이 거의 남지 않는다(**4**). 그런 다음 옆면에서는 톱으로 잘라낸다(**5**). 남은 부분을 제거하려면 양쪽면에서 절반씩 끌질을 한다(**6**). 이렇게 하면, 결구 사이에 남아있는 잔여물들이 아무것도 없도록 약간의 언더컷(undercut)으로, 즉 어깨면이 직각보다 약간 안쪽으로 더 들어가도록 가공되게 도와준다.

테일을 자를 때
정확히 어디에서
시작하고 어떤 각도로
자르는지는 스트레스를
받을 만큼 중요하지
않다. 선에 정확히
맞추는 것이 목표이지만
걱정할 필요는 없다.

2단계: 선긋기

테일을 가공하고나면 다음 작업으로 이어갈 수 있다. 다음 단계인 '테일 위치를 핀 부재로 옮기기'는 가장 중요하다. 내가 도구에 집착하는 사람은 아니지만, 레이아웃을 제 위치에 잘 표시할 수 있도록 도와주는 몇 가지 보조 도구는 가지고 있다.

핀 부재의 끝 부분 마구리에 파란색 마스킹 테이프를 붙이는 과정이 그 시작이다(1). 튀어나온 테이프는 옆으로 접어 붙이지 말고 칼로 잘라내야 한다(2). 칼로 선을 그은 후에는 톱질을 위한 명확한 가이드로 삼기 위해 잘라낼 곳의 테이프를 떼어낸다. 이 간단한 기술은 나뿐만 아니라 학생들의 주먹장 가공에서도 놀라운 효과를 보였다.

선을 그을 때에는 테일 판재가 도중에 움직이지 않도록 하는 것이 중요하다. 선이 엉뚱한 위치에 그어지기 때문이다. 나는 부재들 위치를 쉽게 맞추기 위해 핀 부재 높이를 작업대 위로 설정할 수 있는 턱이 있는 보조 지그를 만들어 사용한다(3). 사진에서 보는 것과 같이 사각형의 블록 한 쪽에 6mm 두께의 단판을 붙여 턱을 만든 간단한 보조 도구이다.

보조 블록 외에도 정렬을 더 쉽게 하기 위해 테일의 기준선을 따라 지그를 클램프로 고정해둔다. 테일 부재는 세 가지 측면에서 정확하게 위치해야 한다. 핀 부재에 직각이어야 하고, 좌우로 정렬되어야 하며, 결구가 잘 맞도록 앞뒤로 정확하게 위치해야 한다. 지그는 이러한 일들을 모두 잘 해결해준다. 소나무 각재 한 면에 길게 홈을 파고 6mm 두께의 작은 직사각형 MDF를 홈에 끼워 붙여놓은 간단한 지그이다. 소나무 각재의 끝은 MDF보다 더 길게 나와 있어야 한다.

이 지그를 사용하려면 지그를 테일에 맞추고 스프링 클램프로 고정한다(4). 지그의 옆면을 핀 보드에 붙이고 지그의 펜스(소나무 각재)가 핀 부재 한쪽 끝과 딱 맞아 평평하게 될 때까지 좌우로 움직인다. 이 상태의 지그는 여전히 주의를 기울이지 않으면 제 위치를 벗어날 수 있는 상태이므로 조심히 다뤄야 한다. 선을 긋기 위해서, 핀 부재와 지지 블록 사이의 중간에서 테일 부재를 잘 눌러 제자리에 단단히 고정한다(5). 각 테일의 벽을 따라 칼을 잡고 칼금이 벽에 단단히 고정되어 있는지 확인해야 한다. 톱질해야 할 곳을 명확히 하기 위해, 잘라내야 하는 부분의 테이프를 떼어낸다(6). 그런 다음 마구리의 칼금선으로부터 평면에 수직선을 연필선으로 표시하여 톱질할 때나 나중에 끌로 정리할 때 잘 보이도록 해준다(7).

3

4

5

6

7

1

3단계: 핀 가공

핀 가공을 위한 톱질을 할 때에는 테이프에 근접해서 해야 한다(1). 일본식 당기는 톱과 서양식 미는 톱의 요령은 조금 다르지만 기본적인 주의사항은 비슷하다. 먼저 가볍게 톱질을 하여 톱길을 만들고, 위치를 제대로 맞춘 후에 본 톱질을 한다. 이것은 핀의 왼쪽을 톱질할 때 매우 중요한데, 자를 위치를 보려면 톱 위로 몸을 기울여야 하기 때문이다. 자르는 동안 그 위치를 유지하면 선이 표시에서 벗어날 수 있다. 따라서 톱질을 시작하기 위해 톱을 살짝 들여다 본 다음 나머지 부분을 톱질할 때에는 정상적인 자세로 다시 시작해야 한다. 톱질이 제대로 되고 있는지 볼 수는 없지만, 일단 톱길이 난 이후에는 볼 필요가 없다. 이때부터는 자신에 대한 신뢰가 특히 중요하다.

사진(2,3)과 같이 실톱과 끌로 버릴 부분을 처리하고 잘 맞는지 확인한다. 이상적으로는 적어도 결구의 일부분은 맞춰실 것이다. 연습할 때처럼 칼금 가공선에서 멀리 떨어져 톱질을 한다면 결구들 중 처음에 맞는 것이 하나도 없을 것이고, 결구를 틈새 없이 맞추려면 어디를 끌로 다듬어야 할지 알기 어렵다는 문제가 생긴다. 더 나아가기 전에 절단부가 수직인지, 결구의 상단 모서리부터 더 제거하지 않고도 옆면을 끌로 정리하기만 해서 맞출 수 있을지 확인한다. 그리고 테이프와 톱으로 잘라낸 곳 사이에 아직 남아 있는 것이 있는지 확인하고 테이프는 자르지 않도록 조심하면서 끌로 다듬는다(4). 그런 다음 결구 안쪽 모서리에 잘라내지 않은 것이나 잔여물들이 있는지 확인한다(5). 그것들은 아주 조금만 남아있어도 완벽한 결합을 방해한다.

금긋기를 위해 부재들을 잘 정렬하고, 테이프에 근접하게 톱질하고, 끌로 잘 정리했다면 결구는 제대로 맞춰질 가능성이 매우 높다(6). 주먹장끼리 끝까지 맞춰보고, 만약 완벽하게 들어가지 않는다면, 다시 두 부재를 분리하여 테일 부재의 테일과 테일 사이 핀이 들어가는 자리인 소켓 안쪽에 연필선을 그어놓는다. 다시 두 부재를 맞췄다가 분리하고 핀에 묻은 연필 자국을 보면서 끌로 정리한다.

리듬이 좋은 작업의 핵심이다

때때로, 하고 있는 작업에 대해 조금씩 스트레스가 솟고 머리 속에서 떠들어대는 목소리가 너무 커지면, 나는 스스로에게 그냥 닥치고, 긴장 풀고, 작업이 완료되는 것을 지켜보기나 하라고 말한다.

반복적인 작업에 대해 생각해보면, 그렇게 좋아 보이지 않는 게 당연하다. 하지만, 반복은 일관되고 정확하며 빠른 작업을 수행하는 열쇠인 것도 사실이다. 특히 수작업에 대해선 더욱 그렇다.

주먹장을 자르든 부재를 대패질하든 수작업에는 많은 반복이 따른다. 그리고 그 반복은 우리에게 작업의 효율성을 높일 수 있는 기회를 준다. 나는 서랍 하나를 만들면서 주먹장으로 가공하는 것을 정말 좋아하지 않는다. 내가 리듬을 찾고 칼금선에 정확히 맞도록 톱질을 하는 것에 대한 스트레스가 사라지기도 전에 이미 작업이 끝나버린다. 서랍은 그럭저럭 잘 만든 듯이 보이지만 실제로는 내게 들려주는 게 없다. 서랍장에 7개의 서랍을 만드는 것은 힘든 일이겠지만, 서랍에 주먹장을 만들다보면 리듬 속으로 들어가게 된다. 이 과정은 내가 부재들을 정리하고 깔끔하게 쌓도록 강요한다. 작업하면서 작업대에서 자연스러운 위치를 찾기 시작한다. 가장 중요한 것은, 각각의 단위 작업들에서 리듬을 찾기 시작하고 작업의 패턴이 보이기 시작한다는 것이다. 예를 들어, 잘라내기 위한 톱질의 횟수, 끌질의 타격 횟수 같은 것 말이다. 그래서 어느 정도 시간이 지난 후, 진행 상황을 확인하기 위해 멈추는 대신 작업이 마무리되고 있다고 신뢰하기 시작한다. 그렇게 함으로써 내가 작업에 몰입하고 있음을 알게 된다.

때때로, 하고 있는 작업에 대해 조금씩 스트레스가 솟고 머리 속에서 떠들어대는 목소리가 너무 커지면, 나는 스스로에게 그냥 닥치고, 긴장 풀고, 작업이 완료되는 것을 지켜보기나 하라고 말한다. 그렇게 해서, 항상 나를 운전하는 것처럼 보이는 말 많은 뇌가 실제로는 내가 원하는 결과를 얻는 데 역효과를 내기도 한다는 것을 깨닫게 된다. 마침내! 스트레스 없이 작업하는 방법을 알게 되었음을 깨닫기 시작한 것이다.

우리 작업에 리듬을 부여하는 것은 단위 작업들의 구체적인 결과뿐만 아니라 작품의 전반적인 감각에도 큰 영향을 미친다. 처음에 우리의 초점은 공구를 예리하게 연마하고 편안하게 사용하는 것이며, 그 후에는 프로세스 단계를 줄이는 데 중점을 둔다. 그 다음 도전은 그것들을 연속적인 율동으로 바꾸어가는 리듬을 찾는 것이다. 바로 이때부터 좋은 작업이 진정으로 시작된다.

제4장

캐비닛

벽걸이 캐비닛은 내가 가장 만들고 싶어하는 프로젝트이자 가장 가르치고 싶은 수업의 하나이다. 가장 기본이 되는 가구는 아니지만, 거의 모든 가구 제작 프로젝트에 필요한 DNA를 아주 많이 가지고 있다. 케이스 형태의 제작에 관한 훌륭한 과제이자 다양한 문, 서랍, 선반 등의 조합을 모색하는 완벽한 방법이라 할 수 있다. 디자인 가능성이 무궁무진하며, 목재를 많이 사용하지 않고도 많은 목공 작업을 해볼 수 있다. 주먹장 맞춤에서부터 관통 장부, 알판 구조의 문짝, 그리고 전통적인 반턱주먹장 서랍 구조에 이르기까지 벽걸이 수납장에는 가구 제작에 필요한 기본 기술의 90% 정도는 충분히 들어있다. 여기에서 문제는 이것들을 어떻게 배치하고 정렬하느냐 하는 것이다.

캐비닛은 아이디어를 탐색할 수 있는 훌륭한 캔버스이지만, 또한 다용도로 사용하고 맞출 수 있는 특성도 중요한 핵심이다. 집에 있는 벽의 거의 모든 부분에 맞도록 캐비닛의 크기를 조정할 수 있고, 잊혔던 공간을 그 벽의 멋진 해법으로써 마련해볼 수도 있다. 생각할 수 있는 서의 모든 내용물에 맞게 맞춤 제작할 수도 있으며, 가장 필요한 곳에 훌륭한 수납 공간을 제공할 수도 있다.

벽걸이 캐비닛 No.1

이 작은 캐비닛과 함께, 나만의 스타일을 찾아가면서도 서서히 빠져들어가고 오래도록 간직하고 싶어지는 작품을 만들기 위한 10년간의 여행을 시작했다. 물론, 그 길을 지금도 여전히 걷고 있으며, 앞으로도 오랫동안 걸을 수 있길 바란다. 그래서 이 캐비닛이 이번 챕터를 시작하기에 좋을 것이라 생각했다. 이것은 크게 고민할 필요도 없이, 단지 모서리를 주먹장으로 결합하고 선반을 관통 장부로 맞추어 빠르게 완성하는 프로젝트였다. 나는 외부 케이스를 짜기 위해 몇 개의 자투리를 썼고, 서랍 손잡이를 만들기 위해 보관해두었던 흑단을 꺼냈다. 주먹장과 장부는 튀어나온 부분을 잘라내지 않은 채 그대로 두었다. 그것은 단순함에도 불구하고 뭔가 마음을 울리는 것이 있었다. 어떤 면에서 특별한 디자인이 없는 작품이었기 때문에, 무언가가 되려고 하기보다는 그저 그 모습대로 존재하는 것이었다.

이 캐비닛을 만들기 전에는 셰이커(Shaker) 스타일과 아트앤크래프트(Arts and Crafts) 스타일에 여러 잡다한 것들을 조합한 작품들로 포트폴리오를 만들어왔다. 각각의 작품에는 비교적 만족했지만, 전체를 봤을 때 그것들이 들려주는 어떤 개성도 없다는 생각에 충격을 받았다. 나의 컬렉션에는 특색이 없었다. 그것들은 독특한 스타일이 없는 것이었으나 단순하지도 않았고, 더군다나 작업 결과물들과 가구 제작자로서 이끌어낸 나의 열정이 연결되지도 않았다. 그 당시 나는 거기에서 앞으로 나아가는 방법을 알지 못했고, 잠시 생각을 미뤄두어야 했다.

그러나 특별할 것 없는 이 단순한 캐비닛으로 나는 목공인들이 추구하고자 하는 바를 엿볼 수 있었다. 그러한 일별은 나에게 앞으로 나아갈 방향을 보여주었으며, 지금까지 여러 해 동안 걸어온 이 길로 인도해 주었다. 그렇다면, 의식적인 디자인에 대한 것이 아니라면 그 길은 무엇일까? 무엇보다 단순하게 만드는 것만으로 충분하다는 믿음을 갖는 것이다. 내 목표는 의식적인 미니멀리즘이나 엄격함이 아니라, 단순히 필요한 것보다 더 과하게 만들지 않으려는 것이다. 나는 목공예와 관련된 겸손을 배우는 데 시간이 꽤 걸렸다. 우리가 만드는 것은 그 자체가 목적이 아니며, 예술품처럼 전시장 받침대 위에 전시되어 칭송받을 것들이 아니라, 생활에 사용되는 무엇이어야 한다. 나는 내 가구가 쇼의 주인공이 되거나 관심을 끌기 위해 제 존재를 마구 드러내는 것을 바라지 않는다. 대신 그것이 놓여있는 주변으로 조용한 BGM을 더해주기를 기대한다.

그것은 단순함에도 불구하고
뭔가 마음을 울리는 것이 있었다.
어떤 면에서 특별한 디자인이 없는
작품이었기 때문에,
무언가가 되려고 하기보다는
그저 그 모습대로 존재하는 것이었다.

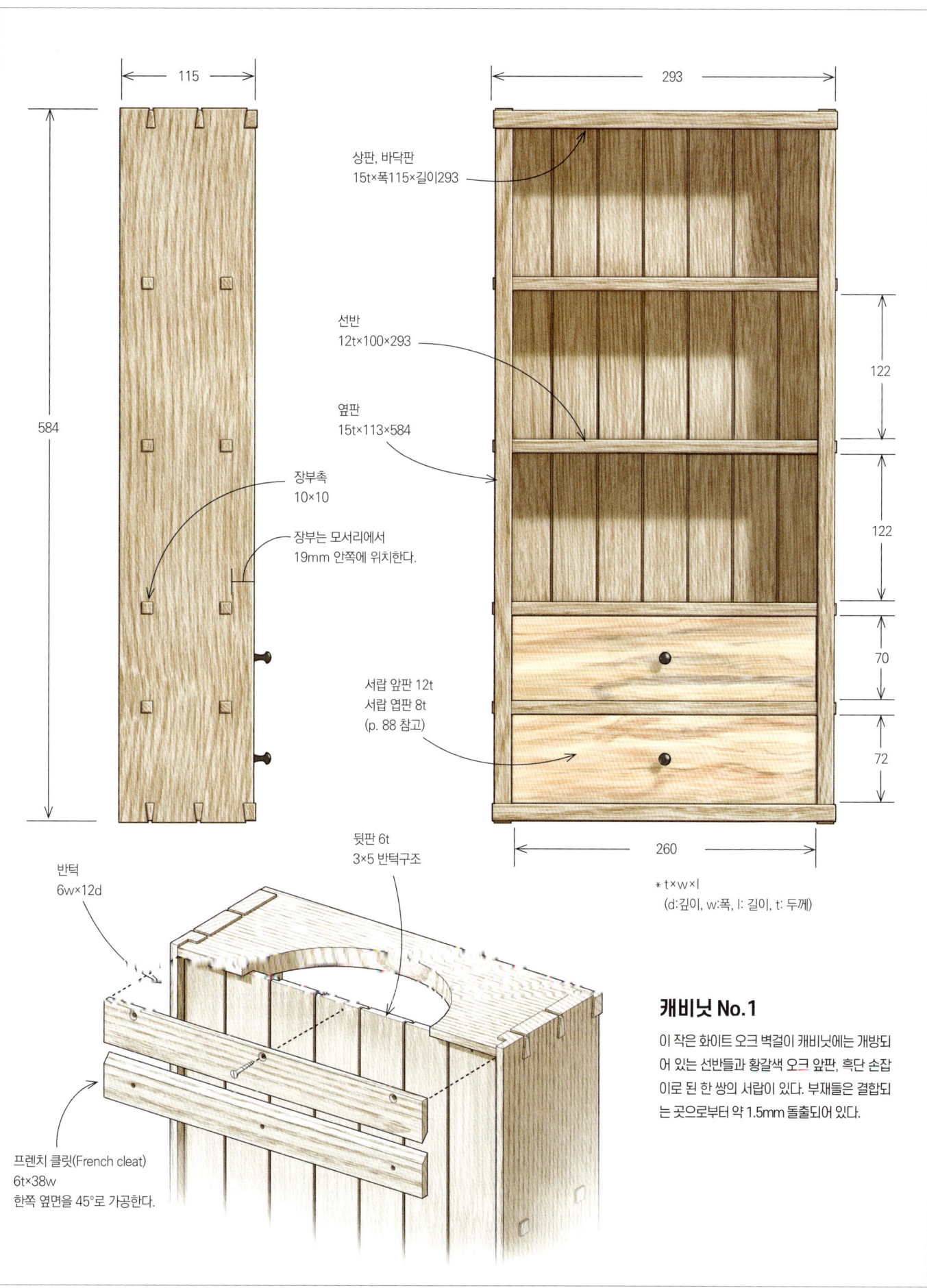

115

584

293

상판, 바닥판
15t×폭115×길이293

선반
12t×100×293

옆판
15t×113×584

장부촉
10×10

장부는 모서리에서
19mm 안쪽에 위치한다.

서랍 앞판 12t
서랍 엽판 8t
(p. 88 참고)

122

122

70

72

260

* t×w×l
(d:깊이, w:폭, l: 길이, t: 두께)

뒷판 6t
3×5 반턱구조

반턱
6w×12d

캐비닛 No.1

이 작은 화이트 오크 벽걸이 캐비닛에는 개방되
어 있는 선반들과 황갈색 오크 앞판, 흑단 손잡
이로 된 한 쌍의 서랍이 있다. 부재들은 결합되
는 곳으로부터 약 1.5mm 돌출되어 있다.

프렌치 클릿(French cleat)
6t×38w
한쪽 옆면을 45°로 가공한다.

1.5mm에 대한 탐구

이 캐비닛은 단순하지만 여전히 디자인에 대한 좋은 가르침을 주고 있다. 어떻게 꾸미지 않은 작품이 여전히 개성을 지닐 수 있는지, 어떻게 철학이 많은 디자인 결정을 주도할 수 있는지에 대한 가르침 같은 것이다.

내가 이 캐비닛을 '1.5mm에 대한 탐구'라고 부르는 이유는 두 부재가 만나는 곳마다 그것들이 대략 1.5mm가량 돌출되기 때문이다. 그 기원은 몇 년 전 딸을 위해 만든 셰이커 스타일 옷장으로 거슬러 올라간다. 그 작업의 주요 디테일 중 하나는 케이스 상단의 가장자리를 따라 노출시킨 주먹장이었다. 처음에는 그 부분을 완벽히 평평하게 만들었는데, 첫 번째 겨울을 나고 그곳을 만져보았을 때 약간씩 굴곡진 것을 느낄 수 있었다. 그 약간의 굴곡으로 인해 옷장은 더 이상 '완벽하지도' 않고 더 이상 '새 것'도 아니게 되었다. 몇 세대 동안은 사용할 수 있는 옷장을 만들었는데, 지금은 '낡은' 가구의 모습이 되어 수명이 다해가고 있는 것이다. 그게 나를 괴롭게 했다. 그래서 나는 결구를 평평하게 대패질하거나, 결구에 변형이 올 때마다 투덜거리는 대신, 평평한 결구라는 집착에서 벗어나기 시작했다.

돌출 결구는 내가 몇 년 동안 매료되어 온 아트앤크래프트 가구에서 흔히 볼 수 있는 디테일이므로 다른 작업에 추가하는 데 큰 무리가 아니다. 내가 아트앤크래프트 가구에 대해 좋아하는 것 중 하나는 세월을 잘 담아낸다는 것이며, 그 견고함은 돌출 결구에서 비롯된다는 것이다. 매끄럽게 다듬어진 결구는 언젠가는 변형이 오겠지만, 돌출 결구는 항상 돌출된 채로 남을 것이다.

내 관심은 시간이 지남에 따라 우아하게 나이 들어가는 가구를 만드는 것이다. 마감재가 약간 바래고, 부딪히고 긁힌 자국들로 세월의 흔적들이 쌓인 후에도 작품의 본질은 그대로 남아있을 것이다. 어떤 면에서, 나는 세월의 흔적과 사용하는 이들의 손길을 받으며, 그것에 대항하기보다 그 과정을 수용하는 디자인과 작업을 하고 있다.

나는 가구를 만드는 일에 대해 오랜 시간 견디는 가구의 관점으로 생각하곤 했다. 이제는 생명이 긴 가구를 만든다는 관점으로 생각하곤 한다. 이 차이는 미묘하지만 중요하다).

(p.90에서 계속)

> 몇 세대 동안은 사용할 수 있는 옷장을 만들었는데, 지금은 '낡은' 가구의 모습이 되어 수명이 다해가고 있는 것이다. 그게 나를 괴롭게 했다.

간결한 벽걸이 캐비닛

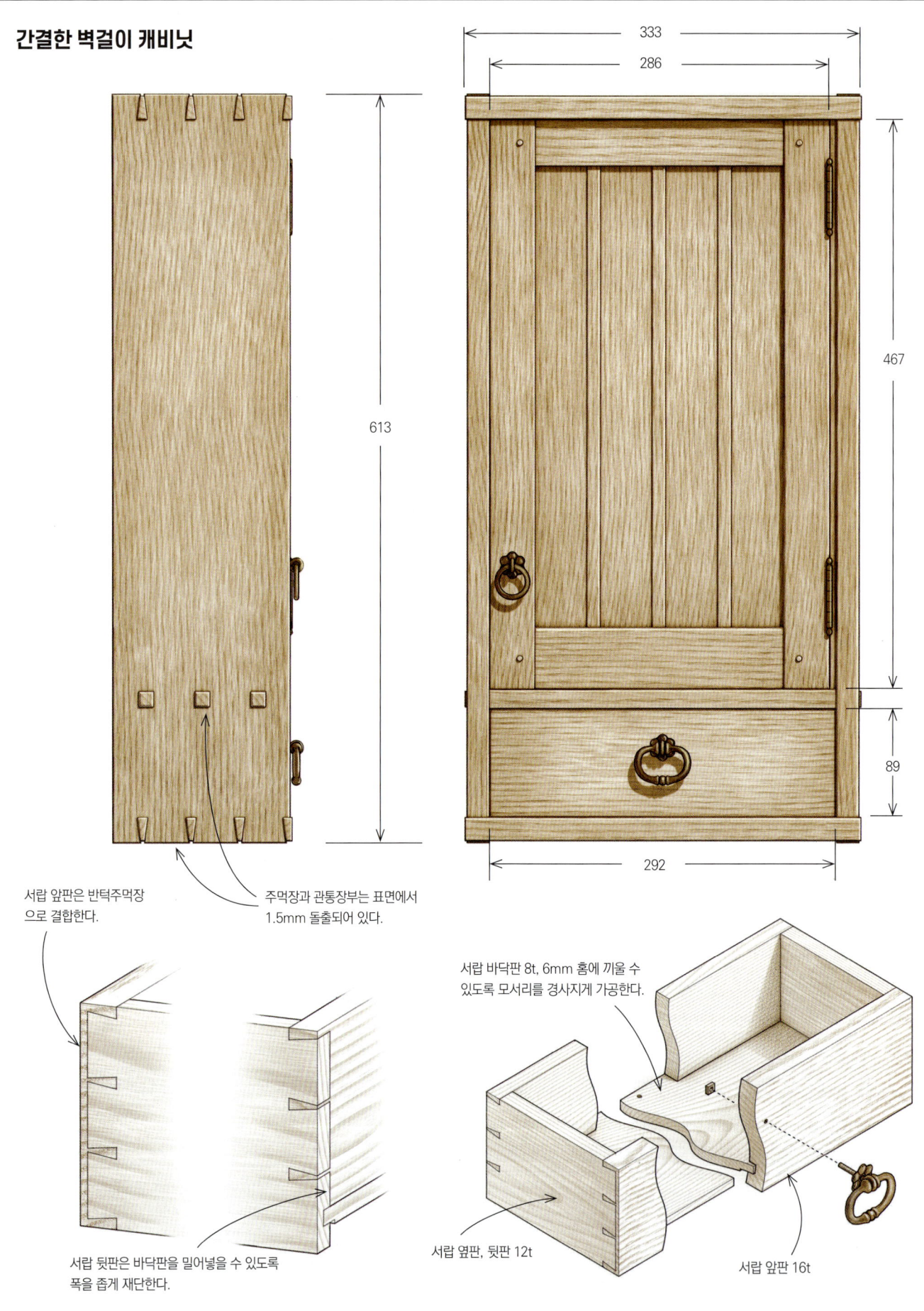

333

286

613

467

89

292

서랍 앞판은 반턱주먹장
으로 결합한다.

주먹장과 관통장부는 표면에서
1.5mm 돌출되어 있다.

서랍 바닥판 8t, 6mm 홈에 끼울 수
있도록 모서리를 경사지게 가공한다.

서랍 뒷판은 바닥판을 밀어넣을 수 있도록
폭을 좁게 재단한다.

서랍 옆판, 뒷판 12t

서랍 앞판 16t

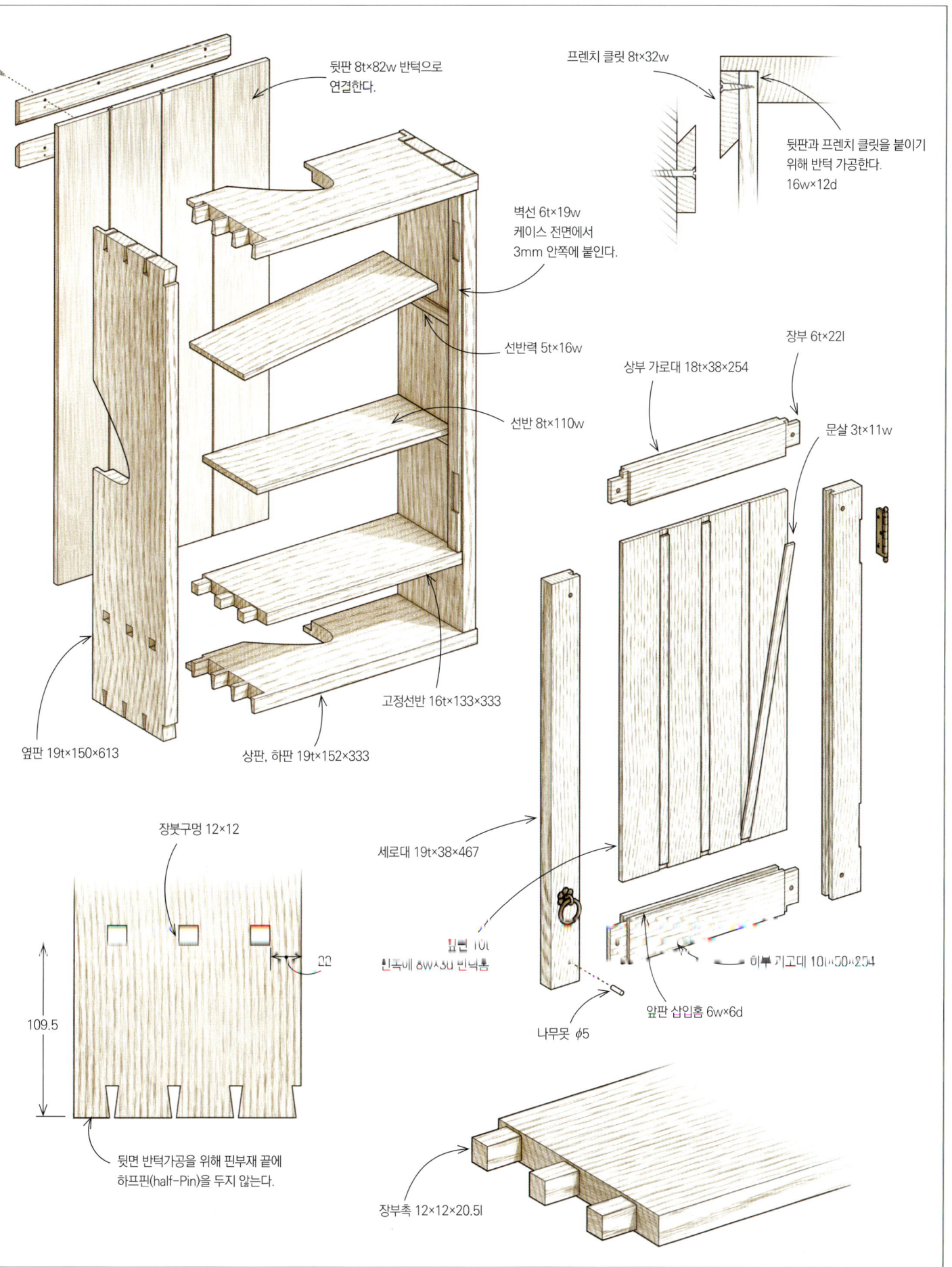

뒷판 8t×82w 반턱으로
연결한다.

프렌치 클릿 8t×32w

뒷판과 프렌치 클릿을 붙이기
위해 반턱 가공한다.
16w×12d

벽선 6t×19w
케이스 전면에서
3mm 안쪽에 붙인다.

상부 가로대 18t×38×254

장부 6t×22l

문살 3t×11w

선반력 5t×16w

선반 8t×110w

고정선반 16t×133×333

상판, 하판 19t×152×333

옆판 19t×150×613

세로대 19t×38×467

장붓구멍 12×12

109.5

22

뒷면 반턱가공을 위해 핀부재 끝에
하프핀(half-Pin)을 두지 않는다.

밑판 10t
안쪽에 8w×3d 반턱홈

하부 가로대 10t×50×254

앞판 삽입홈 6w×6d

나무못 φ5

장부촉 12×12×20.5l

문과 서랍을 맞추는 것도 충분히 어려운 일이긴 하지만, 그것을 직각이 맞지 않는 외부 케이스에 맞추는 일은 더 악몽과도 같은 일이다. 케이스를 만들면서 결구의 틈새들, 원하던 것에 맞지 않는 나뭇결 등과 같은 여러 가지에 스트레스를 받곤 한다. 하지만 일단 클램프로 조이고 난 후 모서리가 직각으로 잘 맞추어지면 모든 것이 용서된다.

나는 내가 만든 가구가 골동품으로 여겨질 만큼 오래도록 남겨지기보다, 누군가에게 사용되고, 잊히기도 했다가, 나중에 다시 사용하기 위해 발견되기도 하는 그런 것이기를 바란다. 나는 누군가가 벼룩시장에서 서명이나 출처도 없는 가구를 우연히 발견하고 "아, 이건 현관에 두면 좋겠네"라고 생각하는 장면을 떠올려본다.

그렇게, 내 작업에서 결구는 조금씩 튀어나오는 경향을 가지게 되었다. 두 부재가 만나서 합쳐지는 것을 볼 수 있으면, 손으로도 그것들이 합쳐지는 것을 느낄 수 있어야 한다는 생각이다. 이것은 중요하다. 왜냐하면 우리는 눈뿐만 아니라 손으로도 가구를 경험하기 때문이다. 우리는 가구와 상호작용한다. 의자에 앉고, 테이블에서 먹고, 문과 서랍을 연다. 그래서 가구를 사용하는 것은 시각적인 경험일 뿐만 아니라 촉각적인 경험이기도 하다. 그러면 눈뿐만이 아니라 손에 미치는 영향까지도 예상하는 것이 이치에 맞는다. 이것이 내가 작품을 디자인하는 두 번째 철학이다.

부재들이 결합되는 결구부위를 약간 돌출시키는 또 다른 효과는 그것에 의해 생성되는 미묘한 그림자와 빛의 하이라이트이다. 조각이나 장식 몰딩이 빛을 받도록 디자인된 것과 같은 방식으로, '미완성'인 듯해 보이는 작은 이 부분도 마찬가지이다. 이 돌출 장부의 놀라운 점은 빛이 닿는 방식에 따라 작품

(p.94에서 계속)

반턱맞춤과 주먹장

전통적인 주먹장에 약간 변형을 주는 이 방식은 캐비닛을 위한 훌륭한 결구법이 되며, 일반적으로 접착을 한 후에야 라우터로 반턱가공하는 어려운 과정을 줄여준다. 가공하는 것이 어렵지 않으며 뒤에 반턱이 있는 모든 캐비닛에 적용할 수 있는 훌륭한 방법이다. 뒷면 가장자리의 하프 핀을 건너뛰고 케이스 측면에 테일을 배치한다. 핀을 자르지 않고 반턱을 가공할 수 있도록 마지막 핀 뒤에 충분한 공간을 남겨두어야 한다. 테일을 가공한 후, 케이스를 이루는 모든 부재에 반턱을 가공한다(1). 그 후에 일반적인 순서대로 핀을 옮겨 그린다(2). 앞서 소개한 대로 나는 핀 부재 마구리에 마스킹 테이프를 붙이고, 가이드를 사용하여 테일 판재를 올바른 위치에 배치한다. 이제 핀을 가공한다. 뒤쪽 모서리에 남아있는 부분이 있어 현재 상태에서 두 부재가 조립되지는 않는다. 반턱에 맞게 선을 긋고 잘라내야 한다(3). 기준선이나 반턱 부분에 틈이 없이 두 부재가 완전하게 맞을 때까지 조심스럽게 조정하며 가조립한다(4).

관통 장부맞춤을 위한 간격재

틈새 없이 맞추기 위해서는 레이아웃 표시가 정확해야 한다. 관통 장부의 문제는 부재의 양면에서 구멍의 위치가 정확히 일치해야 한다는 것이다. 또한 장부촉이 장붓구멍과 일치해야 한다. 그 골치 아픈 문제(실은 도전과제이다!)를 해결하기 위해 간격재와 그무개를 사용하여 장부 위치를 그린다(더 적은 측정으로 더 나은 작업을 수행하는 또 다른 예이다).

먼저 간격재를 만들고 간격재 폭과 일치하도록 부재 전체 폭에서 장부 두께만큼을 자른다. 그 다음엔 간격재를 사용하여 다른 부재의 측면에 장붓구멍과 장부의 너비를 그릴 수 있다. 이제 간격재를 사용하여 짝이 되는 부재에 장붓구멍과 장부의 너비를 그릴 수 있다.

관통 장부를 그릴 때, 나는 먼저 마스킹 테이프를 장부 위치에 붙여 놓는다. 테이프에 칼금을 긋고 잘라낼 곳의 테이프를 떼어내면 톱질과 끌질을 위한 깨끗하고 명확한 가이드가 만들어진다.

장붓구멍 위쪽과 아래쪽의 대략적인 위치를 연필로 그린다. 나중에 칼금을 정확히 표시하겠지만, 이렇게 하면 칼금을 긋기 위한 시작점, 끝점을 더 쉽게 알수 있게 된다.

6 **7**

8

그무개를 사진처럼 바깥 장붓구멍의 안쪽 벽에 맞게 설정하고 부재 양면에 선을 긋는다(2). 맞춰놓은 그무개로 장부촉을 그리는 부재에서 마찬가지로 장부촉 위치를 긋는다. 이제 간격재를 부재 옆면에 대어놓고 그무개를 사용하여 장붓구멍의 바깥쪽 벽 위치를 긋는다(3). 동일한 방법으로 간격재를 장부촉 부재 옆면에 대고 금을 긋는다(4).

그무개를 조정하여 중앙 장붓구멍의 한쪽 벽 위치의 선을 긋는다. 부재를 돌리고 반대쪽 옆면에서 중앙 장붓구멍의 다른 쪽 벽 위치 선을 긋는다. 장부촉 부재에서 똑같이 가운데 장부촉을 그린다. 이제 장붓구멍의 상단과 하단을 금긋는 일만이 남아 있다.

부재 아래쪽 모서리에 그무개를 대고 장붓구멍의 윗부분 선을 긋고, 간격재를 댄 후에 아래쪽 선을 긋는다(5). 그무개로 금을 모두 그었으면 잘라낼 곳의 테이프를 떼어낸다. 힘든 부분은 모두 끝났다. 이제는 장부를 가공해야할 시간이다.

장붓구멍의 경우 노답도 기번은 내이 제끼할 곳의 디ᅟᅮ보을 먼저 뚫메니니. 그선 나님 발날 시낭히어 누채 잎위민에서 씰반씩 칼금선에 맞추어 나머지 남은 곳들을 깔끔하게 제거한다(6). 등대기둥을 사용하여 장부속 칼금선늘 따라 자른다. 장부 촉과 촉 사이 잘라낼 곳은 실톱을 사용하여 대부분 제거한 다음 기준선에 맞게 끌로 제거한다(7). 부재의 양쪽 면에서 두께의 절반씩 작업하면서 어깨면을 약간 안쪽으로 언더컷이 되도록 가공한다. 이렇게 하면 장부를 완벽하게 맞출 때 방해가 되는 잔여물들이 확연히 적은 가공이 된다(8).

문짝 달기

이 캐비닛의 문은 전통적인 알판 구조이다. 이번엔 프레임 안쪽의 알판을 꾸미기 위해 수직 문살을 추가했다. 문을 접착하기 전에 각 문살 위치에 알판 판재 표면에 얕은 홈을 가공한다(1). 문짝을 조립한 후 문살 홈에 얇은 단판을 붙인다(2). 마지막으로, 각 모서리 결구부에서 핀으로 고정하고 핀 1.5mm는 남겨두어 표면에서 돌출되게 한다.

다른 많은 프로젝트와 마찬가지로, 이 프로젝트에서도 문짝을 캐비닛 전면에서 인셋(inset)형으로 삽입하기로 결정했다. 이것은 약간 까다로운 작업이긴 하지만, 벽선(hinge strip), 즉 경첩부착용 단판을 써서 해결한다. 경첩을 달기 위해 케이스 옆면에 홈을 파내기보다는 경첩 부착용으로 얇은 벽선을 준비하고 그곳에 경첩 삽입 홈을 파낸 후 케이스 안쪽 면에 부착한다(3). 케이스 본체보다 벽선에 홈을 파는 일이 훨씬 쉬울 뿐 아니라, 벽선을 배치하는 위치에 따라 문짝의 삽입 위치를 결정할 수도 있다. 벽선을 붙이기 전에 먼저 케이스에서 셸락을 긁어낸다. 벽선에 접착제를 한 방울 정도 살짝 바르고, 복합자를 사용하여 케이스의 전면 가장자리에 위치를 잘 맞춘다(4). 클램핑하는 동안 벽선부재가 움직이지 않도록 하기 위해 각 경첩 위치에 실타카 핀(23 - gauge pin)으로 고정하기도 한다. 문짝을 케이스에 잘 맞도록 다듬은 후, 수직으로 중앙에 오도록 아래쪽에 얇은 심을 끼워 위치를 맞추고, 벽선에서 문짝으로 경첩 위치를 옮겨 그린다(5).

의 특성을 바꿀 수 있다는 것이다. 창가에 있는 벽걸이 캐비닛은 저녁과 아침에 각기 다른 개성을 가지며, 8월의 부드러운 그림자와 2월의 날카로운 겨울 햇살에 서로 다른 모습을 보인다. 그것은 살아있는 것이며, 시계가 되기도 하고, 해시계가 되기도 하고, 달력이 되기도 한다.

캐비닛을 만들 때 핵심은 제작과정이 복잡해지지 않도록 너비나 두께들의 편차를 다루는 전략을 세우는 것이다. 어떤 차이는 결구를 가공할 때 만들어지기도 하고, 또 어떤 차이는 결구를 가공한 후 부재들을 다듬는 동안 만들어지기도 한다. 돌출 결구는 단순히 부재의 두께보다 넓게 설정된 그무개의 기능에 의한 것일 뿐이다. 그무개를 넓게 할수록 결구가 더 많이 튀어나온다. 나는 일반적으로 부재보다 1.5mm 정도 넓게 맞추어 작업한다. 작을수록 오래간다는 것을 알게 되었다.

케이스는 세 가지 다른 너비의 다섯 개 부재로 구성되어 있지만 모두 같은 너비로 시작한다. 이렇게 하면 주먹장과 관통 장부를 표시할 때 부재들을 서로 맞추기가 훨씬 쉬워진다. 문짝 프레임은 두께가 다르지만 처음엔 같은 두께로 시작한다. 프레임의 장부를 먼저 가공하고나면 문짝 삽입을 위한 부재들의 두께 조정 작업이 쉬워진다. 마지막으로 케이스 전면 안쪽에 문짝을 쉽게 넣을 수 있도록 벽선을 붙인다. 이러한 모든 차이나는 것들을 다루기 위한 전략은 섬세한 효과를 가지고 있지만, 제작하기 전에 확실하게 계획을 세우지 않으면 만들어내기 어렵다. 대신 미리 계획해놓으면 프로세스가 전반적으로 순조롭게 진행되고 작업 흐름에 정확성이 깃들게 된다.

캐비닛을 만들 때 핵심은 제작과정이 복잡해지지 않도록 너비나 두께들의 편차를 다루는 전략을 세우는 것이다.

3

4

5

이 캐비닛은 최소한의 측정으로 정확한 작업을 수행한다는 또 다른 교훈도 주었다. 처음엔 이상하고 부족해 보일 수 있지만, 자와 연필 대신 그무개와 간격재 등을 사용하여 결구를 배치하는 방식에 익숙해질수록 더 빠르고 즐겁게 작업할 수 있게 된다. 프로젝트의 실제 치수는 일반적으로 그렇게 중요하지 않다. 훨씬 더 중요한 것은 동일한 부재들을 동일한 길이로 재단하는 것이다. 그 때문에 나는 재단을 할 때 줄자보다 간격재에 더 의존하는 편이다. 마지막으로, 프로젝트를 위한 모든 부재들을 한번에 재단하고 싶다해도, 케이스 본체 부재부터 먼저 하고, 문짝이나 서랍의 부재들은 나중에 하는 것이 좋다. 이런 맞춤 제작 기술은 중도 변경이 가능하도록 해주며, 처음부터 정확한 치수로 만들어야 한다는 스트레스를 없애준다.

> 이 맞춤 제작 기술은 중도 변경이 가능하도록 해주며, 처음부터 정확한 치수로 만들어야 한다는 스트레스를 없애준다.

돌출 결구 가공하기

돌출 결구로 작업을 하면 조립 후 부재들을 평평하게 후가공할 필요가 없다는 점에서 일을 더 쉽게 할 수 있다. 그러나 이 방법은 부재 형상을 다듬거나 밀려나온 접착제를 처리해야 한다는 측면에서는 문제를 안고 있다. 접착하기 전에 이 두 가지 문제를 모두 처리하는 것이 좋다. 부재들이 아직 분리되어 있는 동안 장부와 주먹장을 모따기하는 것이 더 쉽다. 모따기 너비를 조정하기 위해 선반의 장부에 블록 플레인으로 가볍게 모따기를 하고 선반을 가조립해본 다음 진행 상황을 점검한다. 나는 이러한 모따기를 케이스 측면 전체로 확장하는 편이지만, 결구 안에도 모따기가 되지 않도록 조심한다. 이 경우에는 결합부에 틈이 생기므로 실수가 되는 것이다. 원하는 너비가 나오면 해당 장부를 나머지 선반 장부와 주먹장을 모따기하기 위한 가이드로 사용한다. 주먹장의 테일 사이를 블록 플레인으로 모따기하는 것은 어렵다. 그곳은 샌딩 블록으로 처리한다. 그리고 결합 후 접착제가 빠져나올 것을 대비하기 위해 셸락 워시코트로 미리 마감하곤 한다(p.212 참조). 셸락은 접착제가 표면에 달라붙는 것을 방지하고 마구리면을 보호한다. 나는 셸락 희석비율 1파운드컷(1-lb. cut)을 사용하며, 셸락이 건조된 후 부재를 샌딩한다. 셸락은 결을 일으키고 밀봉하는 추가 이점이 있다. 매끄럽게 샌딩해주면 최종 마감이 더 빠르게 잘 진행된다.

부드럽게 열리는 서랍

주먹장을 가공할 수 있다면 주먹장 서랍도 만들 수 있다. 과정은 매우 간단하지만, 흔들리거나 긁히지 않고 서랍이 부드럽게 움직일 수 있는 몇 가지 요령이 있다.

가장 중요한 작업은 서랍 전면의 크기를 적절하게 조정하는 것이다. 서랍이 좌우로 더 밀착되듯 맞을수록 더 부드럽게 열린다. 서랍을 열 때 걸리거나 하면 입구에 비해서 너무 좁은 것이다. 나는 우선 테이블쏘로 크기를 딱 맞게 자른 후에 슈팅보드에서 대패로 미세하게 깎아 정밀하게 맞춰준다(1). 케이스가 직각이 약간 안 맞는 경우에는 서랍 앞판의 끝을 대패로 다듬어 맞춰준다. 서랍 앞판은 입구에 딱 맞아야 한다(2). 서랍 높이는 계절에 따른 수축팽창에 대비해 약간 움직일 수 있도록 대패질해서 맞춰준다.

설치를 가정하고 난 후에는 서랍 앞판의 아랫면을 몇 번 더 대패질해서 서랍을 열고 닫을 때 케이스가 긁히지 않도록 조치한다(3). 조립할 때 서랍 옆판이 앞판 아래로 약 0.8mm 정도 더 나오도록 조정해준다(4).

주제에 의한 변주

좋은 디자인은 번뜩이는 영감이 아니라, 제작과정의 끊임없는 대화와 성찰이다.

가끔은 똑같은 것을 반복해서 만들고 있다는 느낌이 들 때가 있다. 그것은 의식적인 결정이 아니라 일종의 강박에 가깝다. 나는 언제나 같은 목표를 세우는데, 어떤 것을 화려하고 인상적이거나 중요하고 독창적인 것 이상으로 만들어야 한다는 유혹을 이겨내고, 대신에 가능한 한 겸허하게 그것의 본질에 충실한 것을 만들고자 하는 것이다. 그러나 내 의도가 항상 같더라도 완전히 같아지는 것은 없다. 우리가 원재료를 유용한 물건으로 만들고 변형하는 동안 우리 자신도 그 과정에서 변화된다. 우리의 기술과 인식 모두 변화하고 성장하는 것이다.

지금 가공하고 있는 주먹장은 미래의 주먹장에 대해 알려준다. 우리가 만드는 모든 작품들도 마찬가지다. 우리가 겪는 도전과 좌절, 실패와 성공은 우리를 앞으로 나아가게 한다. 그래서 우리는 항상 완벽을 위해 노력하지만, 우리 마음에 있는 완벽에 대한 정의는 끊임없이 변화하는 목표다. 우리 작업의 변화는 열심히 노력하지 않을 때 훨씬 더 효과적이고 실질적이다. "나는 이렇게 만들었다. 그리고나서 이렇게 만들기로 결정했다…" 우리 뇌의 논리 영역에서 하는 일은 과녁을 겨냥하지만 중심을 맞추지 못하고 그 주변을 잔뜩 둘러싸고 만다. 논리 영역은 청구서를 지불하기, 제 시간에 출근하기, 규칙적으로 양치질하기 같은 일에는 적합하지만, 아이디어를 실현하기 위해 필요한 직관이 부족하다.

대신, 다음과 같은 생각에 귀를 기울이자. "나는 보통 참나무를 주로 이용하지만, 물푸레나무가 자꾸 마음 속에서 떠돌더라. 그래서 결국 물푸레나무를 사용해 봤더니 주먹장을 만들 때 돌출장부가 되려 하

캐비닛의 진화. "그래서 그 캐비 닛을 쿠미코 패널로 만드는 데 얼 마나 걸렸어요?" 한편으로는 약 3일 정도 소요됐다. 다른 한편으 로는 이 캐비닛이 만들어지기 전 에 다른 모든 캐비닛들이 만들어 졌어야 했기에 약 5년이 걸렸다 고 할 수도 있다.

질 않는 거야. 그리고 서랍 앞판은 더 어두운 색이 되길 원하는 게 느껴져. 그리고 나는 소나무로 뒷판을 만들고 소나무가 참나무를 보완해주는 방식을 좋아하거든. 그런데 물푸레나무와는 어울리려 하지 않 는 거야. 아직은 어떻게 해야 할지 잘 모르겠어 정말."

좋은 디자인은 번뜩이는 영감이 아니라, 제작과정의 끊임없는 대화와 성찰이다. 당신이 그 과정에 서 있다면, 프로젝트 스스로 목적지가 어디인지 말하는 것에 귀 기울여보자. 그런 식으로 단지 익숙한 경로를 따라가다 보면, 여러분은 한 번도 가본 적 없는 곳으로 가게 될지도 모른다. 그것은 이미 쏟았던 ㄴ 녘에ㄴ 북구하ㄱ 시행 상황에 내한 이식, 열린 마음, 명확한 시각을 필요로 한다. 그리고 약간의 두려 움노 ㅂㅛ하나, 〈Fine Woodworking〉 샵시에서 ㅛㅗ 아ㄷ 니렉ㄴㅗ 처음 일를 시ㄱ 했을 때 기사 데이ㅎㅣ 웃을 원래 생각했던 것과 다른 방향으로 하는 것이 두려웠다. 당시 잡지의 아트 디렉터인 밥 굿펠로우 (Bob Goodfellow)는 때때로 그 길을 따라가서 그것이 어디로 가는지 바라봐야 한다고 밀해주있다. 물론, 그는 미소를 지으며 "막다른 골목이라 할지라도"라고 덧붙였지만. 가끔은 그냥 거기까지 가봐야 하는 경우도 있다.

주제에 의한 변주 **99**

쿠미코 캐비닛

그 아이디어는 계속
이어졌고, 작은 캐비닛은
그것을 시도하기에
적합한 작업이었다.

나는 벽걸이 캐비닛 수업을 정기적으로 하고 있는데, 보통 수업과정 중에 그것을 프로젝트로 만들고 있다. 그런 캐비닛 중에 알판 구조로 된 문짝이 무언가 마음에 들지 않았고, 일단 공방으로 가져와 다시 만들기로 하였다. 그리고 일본 건축에서 쇼지(shoji)라고 부르는 문이나 창 등에 자주 쓰이는 격자 형식인 쿠미코(kumiko)를 만들어 적용해보기로 하였다. 쿠미코는 매사추세츠에 있는 가구제작자인 존 리드 폭스(John Reed Fox)의 가구에 사용된 것을 처음 보았고, 그 이후로 나 역시 그것을 시도해 보고 싶었다.

새 문에는 알판 위쪽에 빈 공간을 남겨두고 쿠미코로 채웠다. 이 기술은 생각보다 쉬웠고 그 과정도 즐거웠다. 처음에는 쿠미코의 섬세한 모습이 내 작업의 투박하고 무거운 요소와 충돌하지 않을까 걱정했다. 어쨌든 나에게 쿠미코는 그러한 요소에 대한 좋은 대응책으로 여겨졌고 약간의 신선함을 추가할 수 있었다. 그러나 그런 직접적인 효과를 넘어서, 내가 걸어온 다소 느리고 구불구불한 디자인의 경로를 따라 자연스럽게 한 걸음 더 나아간 것 같은 느낌이었다. 나는 작품을 어지럽히는 임의의 디자인 요소들을 추가하지 않으려고 노력해왔지만, 이 아이디어는 계속 이어졌고, 작은 캐비닛은 그것을 시도하기에 적합한 작업이었다.

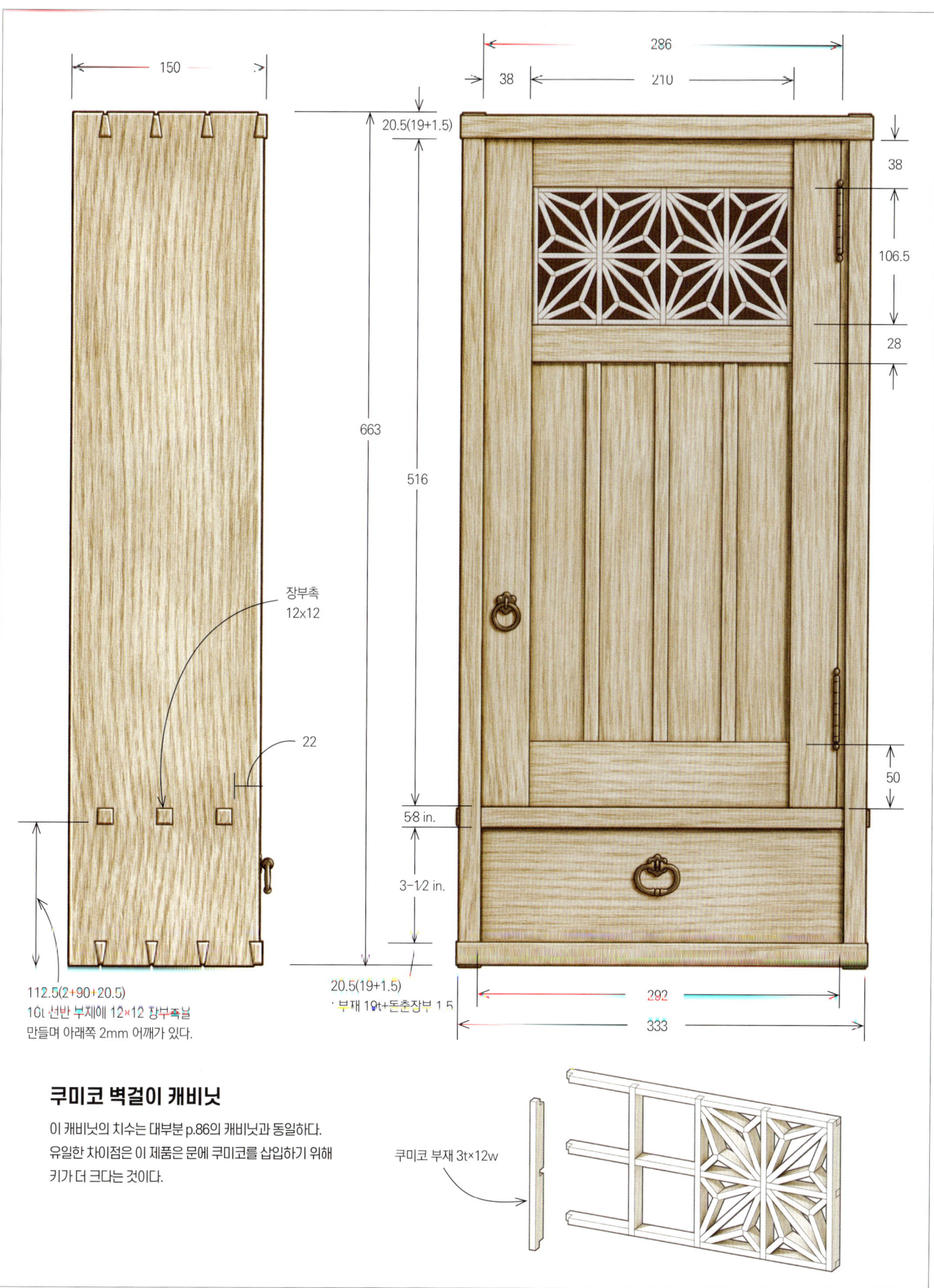

150

20.5(19+1.5)

663

516

장부촉
12x12

22

112.5(2+90+20.5)
10t 선반 부제에 12×12 장부족날
만들며 아래쪽 2mm 어깨가 있다.

286

38

210

38

106.5

28

50

5/8 in.

3-1/2 in.

20.5(19+1.5)
· 부재 19t+돈춘장부 1.5

292

333

쿠미코 벽걸이 캐비닛

이 캐비닛의 치수는 대부분 p.86의 캐비닛과 동일하다.
유일한 차이점은 이 제품은 문에 쿠미코를 삽입하기 위해
키가 더 크다는 것이다.

쿠미코 부재 3t×12w

쿠미코를 만들기 위해서는 정밀한 작업이 필요하지만 재미없거나 지루하지는 않다. 실제로 나는 제작에 필요한 조용한 작업 시간을 항상 고대하고 있으며, 그 결과물은 변함없이 프로젝트에 멋지게 더해진다.

그 이후로 작은 상자부터 캐비닛까지 여러 케이스 작업에 이 기술을 사용했으며, 그 시간 동안 내 작업방법은 발전해왔다. 나 자신이 이 기술의 전문가라고 부르고 싶지는 않지만, 내가 사용하는 방법은 간단하면서도 좋은 결과를 가져다준다(내가 가르치는 학생들에게도 마찬가지다). 나는 테이블쏘를 이용하여 쿠미코의 기본 재료를 만들고 예리한 끌과 미리 각도를 만들어놓은 한 쌍의 가이드 블록으로 나머지 작업을 처리한다.

단순한 디자인부터 시작하자

다양한 쿠미코 문양이 있지만 내 작업은 아사노바(asa-no-ba)라 불리는 삼잎 문양에 초점을 맞추고 있다. 이것은 정사각형 격자를 형성하기 위해 연결되는 반턱홈이 나 있는 얇은 부재를 만드는 것으로 시작한다. 그런 다음 사각형에 맞게 추가 부재들에 각도를 주어 패턴을 만든다. 테이블쏘 썰매에 고정된 지그를 사용하여 격자용 단판을 만든다("격자부터 만든다" 참조). 지그의 가이드 핀과 톱날 사이의 거리는 격자의 간격을 결정한다. 패널의 크기를 문에 맞출 때, 프레임에 꼭 맞는 격자를 만들기 위해 지그를 조정한다. 또한 이 간격은 격자의 높이와 중앙 레일의 위치를 결정한다. 나는 일반적으로 6mm 또는 12mm 너비의 배스우드(basswood, 참피나무)나 소나무를 이용하여 막대를 만든다. 먼저 두 개의 목재를 같은 두께로 마름질하여 준비한다. 그런 다음 각각의 막대들로 자르기 전에 먼저 반턱홈을 만든다.

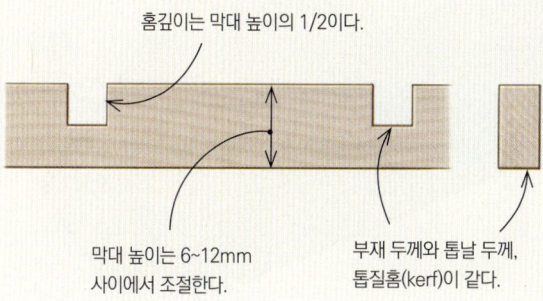

홈깊이는 막대 높이의 1/2이다.

막대 높이는 6~12mm 사이에서 조절한다.

부재 두께와 톱날 두께, 톱질홈(kerf)이 같다.

격자부터 만든다

첫 번째 단계는 격자로 쓸 반턱홈이 나 있는 막대를 만드는 것이다. 간단한 지그로 홈 가공 작업을 빠르게 할 수 있다. 지그를 만들려면 MDF 판에 홈을 만들고, 홈 폭에 맞는 크기의 가이드 핀을 붙인다. 그런 다음 지그를 테이블쏘 썰매에 고정한다. 핀과 톱날 사이의 거리는 격자의 간격을 결정한다(1). 판재에 홈을 가공한 후, 다음 홈을 가공하기 위해서는 판재를 들어 가공한 홈을 가이드 핀에 끼운 후 계속 작업한다(2). 홈이 모두 가공된 판재를 개별 막대로 켠다(3). 막대의 두께는 홈과 일치해야 한다. 많은 막대를 얻기 위해서는 되도록 얇은 톱날을 사용하고, 필요에 따라 판재 옆면을 대패질하여 빗면날 살 낮시히노여 한다. 쑥시를 소립하려면 막내를 실이에 맞게 자르고, 각 교차점에 접착제를 한 점씩 발라준다. 평평한 작업대에서 작업하고 막대들이 원전히 끼워졌는지 확인한다(4).

각도 지그가 핵심이다

길이 조절이 가능한 멈춤장치가 있는 한 쌍의 각도 지그는 각 부재들을 길이에 맞게 자르고 각도 가공을 하는 데 사용된다. 멈춤장치가 부재들을 일정한 크기로 만드는 핵심이다. 일단 제 위치를 잡고 나면 나머지 부재들을 모두 정확한 크기로 자를 수 있다.

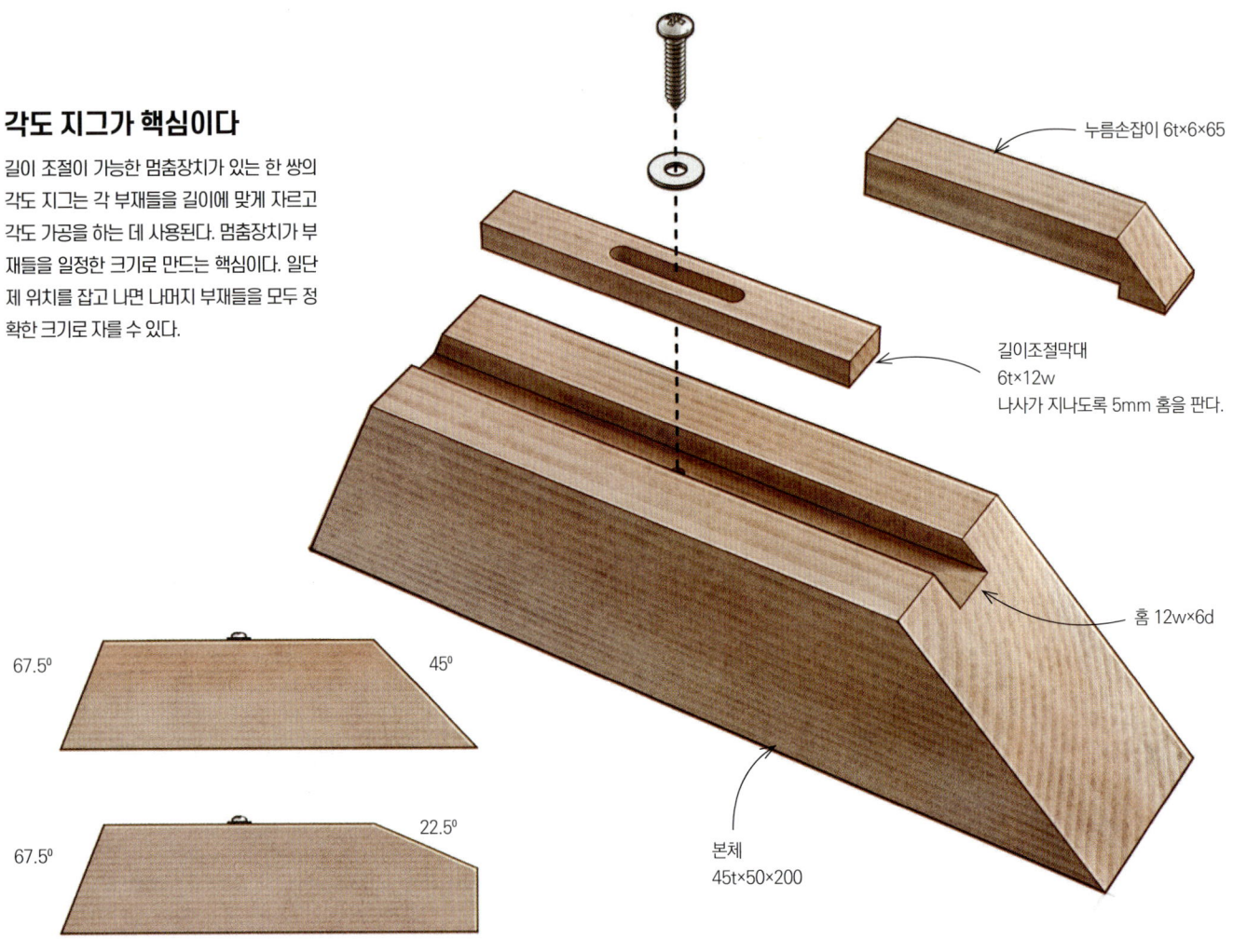

누름손잡이 6t×6×65

길이조절막대
6t×12w
나사가 지나도록 5mm 홈을 판다.

홈 12w×6d

67.5°   45°

67.5°   22.5°

본체
45t×50×200

디자인이 복잡해 보이지만 쿠미코는 단지 일정한 크기의 부재 3개로 구성되어 있다. 핵심은 그것들을 만들 때의 반복성이다.

막대는 홈에 꼭 맞아야 한다. 예전에는 막대를 최종 두께로 대패질을 해서 맞추기도 했었다. 하지만, 그 후에 예리하고 얇은 톱날을 사용하면 샌딩이나 대패질이 필요 없는 깨끗한 표면을 얻을 수 있다는 것을 알게 되었다.

정확한 끌 작업을 위한 각도 지그

디자인이 복잡해 보이지만 쿠미코는 단지 일정한 크기의 부재 3개로 구성되어 있다. 핵심은 그것들을 만들 때의 반복성이다. 각 부재의 끝부분은 특정 각도로 경사지게 가공되어야 하고 부재의 길이는 일정해야 한다. 이 작업을 수행하기 위해 미리 해당 각도로 가공한 한 쌍의 경사 가이드 블록을 지그로 만들어 사용한다. 상단에 있는 홈은 부재를 고정하고 조정 가능한 멈춤장치는 각 부재의 길이를 맞춰준다. 나는 각도지그의 45° 부분을 사용하여 각각의 정사각형 안에 들어가는 긴 대각선 부재를 만드는 것부터 시작한다. 정확한 맞춤을 위해 네 개의 부재에 더해 시험용으로 몇 개 더 준비한다. 부재를 약간 길게 자르고 필요하다고 생각하는 것보다 약간 더 길게 멈춤장치를 설정한다. 예리한 끌을 사용하여 첫 번째 각도를 만든 다음 부재를 뒤집고 다시 한번 각도를 만들어 뾰족한 형상을 만든다. 반대쪽 끝부분에 각도를 만들려면 부재를 돌려서 먼저 가공한 곳을 반대 방향으로 놓는다. 격자에 정확히 맞는지 확인하고 필요에 따라 멈춤장치를 조정한다. 정확히 맞도록 잘 조정해야 한다.

다음은 대각선 양쪽의 날개를 만든다. 이 부분이 가장 복잡하고 수량도 많다. 디자인을 완성하려면 총 16개의 부재가 필요하다. 맞춤 시험을 위해 최소 4개 이상의 추가 부재를 만들어놓는 것이 좋다.

대각선 먼저 만든다

정사각형 격자마다 양쪽 끝이 45°로 각도가공된 하나의 대각선이 필요하다. 정확한 맞춤을 위해 몇 개의 추가 부재를 준비해둔다. 이것은 꼭 맞게 만들어야 하지만 격자가 밀리며 정사각형을 벗어날 정도로 너무 빡빡하지는 않아야 한다. 소심해서 부드럽게 맞춰보아야 한다. 대각선 부재를 필요한 것보다 약간 더 길게 자르도록 멈춤장치를 설정한다(1). 멈춤장치에 부재를 놓고 끌을 사용하여 한쪽 끝에 각도를 가공한다(2). 부재를 뒤집고 반대면도 각도를 주어 뾰족한 형상으로 만든다. 부재를 돌려서 반대쪽 끝부분도 각도 가공을 한다. 부재가 잘 맞아들어가는지 확인한다(3).

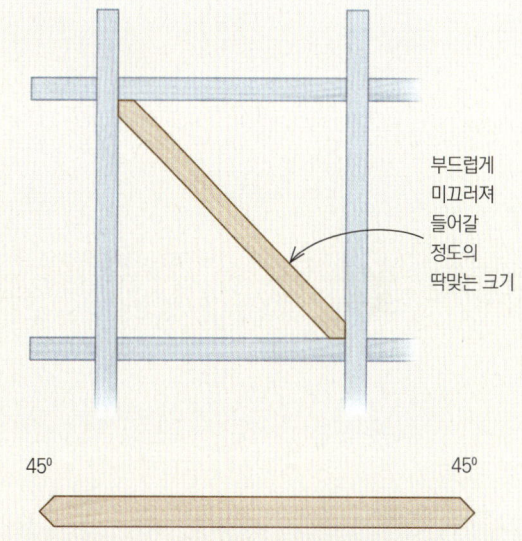

부드럽게
미끄러져
들어갈
정도의
딱맞는 크기

45°　　　　　　　45°

날개를 추가한다

날개의 끝부분은 여러 각도로 되어 있다. 멈춤장치를 약간 다르게 설정한 한 쌍의 각도지그를 사용하여 모든 부재들을 중심에서 벗어난 67.5° 각도로 자른다(1). 그런 다음 반대쪽 끝에서 22.5° 각도로 자른다(2). 날개들을 모아 조립했을 때 부재들이 모두 모서리에 완전히 안착되도록 멈춤장치를 조정한다(3).

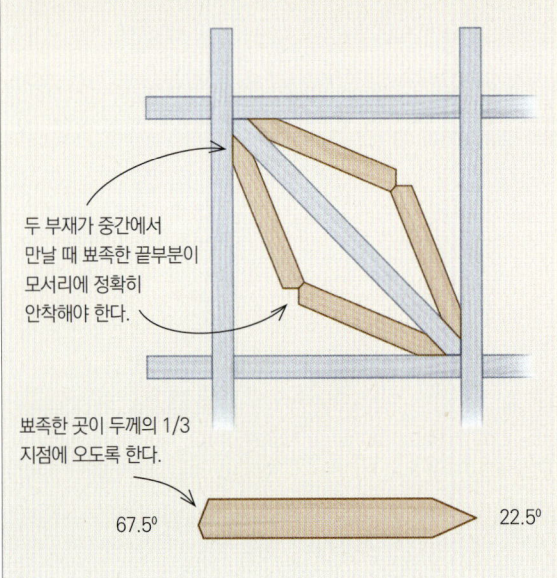

두 부재가 중간에서 만날 때 뾰족한 끝부분이 모서리에 정확히 안착해야 한다.

뾰족한 곳이 두께의 1/3 지점에 오도록 한다.

67.5°   22.5°

1

날개는 바깥쪽 끝이 중심에서 22.5° 각도로 되어 있고, 부재들이 만나는 부분은 중심에서 벗어난 67.5° 각도로 되어 있다. 먼저 각도지그의 67.5° 부분을 사용하여 중심에서 벗어난 각도를 만든다. 다시 말하지만, 약간 긴 부재로 시작해야 한다. 한쪽 끝에 각도를 가공하기 위해 멈춤장치를 설정한다. 그런 다음 두 번째 각도지그의 길이를 설정하여 부재 두께의 약 1/3인 지점에서 뾰족한 부분이 나오도록 더 짧은 쪽 각도를 가공한다.

22.5° 각도지그를 사용하여 반대쪽 끝을 뾰족하게 만들기 전에 모든 부재의 한쪽 끝을 이 방법으로 각도 가공한다. 올바른 길이를 결정하려면 두 부재를 만들어 끝이 만나도록 제자리에 맞춰본다. 그런 다음 반대쪽 끝이 어떻게 자리잡는지 살펴본다. 그것들이 정사각형의 모서리에 정확하게 맞아야 한다. 결합부 바닥에 틈이 있으면 조각이 너무 긴 것이다. 상단의 틈은 너무 짧다는 것을 의미한다.

날개를 제자리에 고정하는 짧은 대각선 부재로 디자인을 완성하게 된다. 결합된 것들을 가조립 상태로 그대로 놔둘 수도 있지만, 문이나 상자 뚜껑과 같이 많은 동작이 필요한 부분에 사용되는 경우에는 접착제로 고정한다. 접착제로 고정하기 위해 부재들의 방향을 유지하면서 부재를 한번에 한 칸씩 밀어낸다. 그런 다음 같은 순서로 다시 조립하는데, 뾰족한 막대를 사용하여 각 접착부위에 접착제 한 방울씩 떨어뜨려 준다. 접착제가 마르면 밖으로 튀어나온 여분의 틀을 잘라내고 #220번 사포로 문질러 작품의 수평을 맞춰준다. 나는 쿠미코를 마감하지 않은 상태로 둔다.

키스톤(keystone)으로 제자리에 고정한다

사각형마다 두 개의 짧은 대각선 부재가 필요하다. 각 끝은 45°로 각도가공이 되며, 정확하게 맞아야 한다. 정사각형의 모든 부재들을 고정하고 잠그기에 키스톤(keystone)이라고 부르기로 한다.

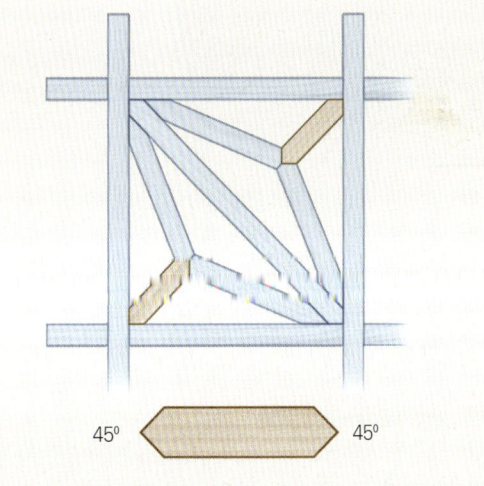

45°   45°

중간 선반에 무언가 해주기

마감전문가, 조각가, 목선반전문가, 기계공, 집짓는 목수 등 내가 되지 못한 많은 역할들이 있지만, 목공을 하려면 이따금씩 이 역할들을 해야 할 때도 있다. 칩카빙이라 부르는 조각작업에 관해서도 나는 전문가가 아니다. 그렇지만, 작품에 약간의 흥미를 더해주는 아주 간단한 디테일들을 조각하는 방법을 알려주고자 한다.

내가 칩카빙을 즐겨 사용하는 곳은 벽걸이 캐비닛 중간 선반의 옆면이다. 캐비닛에서 간과되곤 하는 요소를 쇼의 주인공으로 바꿔준다. 다이아몬드 패턴은 옆면을 따라 역삼각형을 조각하여 만들어지며 다이아몬드만 남게 된다. 작업과정은 두 번의 경계선 타격끌질과 그 다음 남은 삼각형을 따내기 위한 밀끌질로 이루어진다. 핵심은 정확하게 선을 긋는 것이다. 그렇지 않으면 모든 것이 조금씩 이상해 보이기 시작한다.

나는 복합자를 사용하여 옆면을 따라 패턴을 그린다. 유일한 요령이라면 패턴이 길이 방향을 따라 중앙에 있는지 확인하는 것이다. 패턴이 끝에서 정확히 끝나는 경우는 드물기 때문에 일반적으로 선을 짧게 하고 각각의 끝에 약간 틈을 준다. 중심만 잘 맞으면 처음부터 그렇게 계획한 것처럼 보일 것이다.

조각 작업은 빠르게 할 수 있으며, 단 하나의 공구만 있으면 된다. 다른 시험용 판재에서 먼저 시험을 해보면 금세 요령을 터득할 것이다. 그리고 얼마 지나지 않아, 일관된 패턴을 생성하는 자신만의 리듬을 찾을 수 있을 것이다.

간단한 칩카빙

접시머리나사는 마치 그무개처럼 사용하여 목재에 패턴의 가장자리 문양을 설정하는 데 좋은 팁이 된다 (1). 중앙에서 패턴을 배치하기 시작하여 양쪽 끝을 향해 작업한다(2). 그런 다음 예리한 끌로 선이 교차하는 지점에서 시작하여 대각선을 따라 비스듬히 자른다(3). 끌을 기울여 중심 기준으로 깊이 약 1.5mm, 바깥쪽 모서리에서 깊이 0이 되도록 한다. 삼각형 모양으로 깎아내기 위해 얕은 각도로 끌질을 한다(4). 핵심은 끌의 각도와 나결의 힘 모두에서 일관성을 유지하는 것이다. 완료되면 모서리를 둥글게 만들어 비느(bead) 모양을 완성한다(5).

미완성 캐비닛

목공을 처음 시작했을 때, 나는 '만들기'라는 것이 무엇인가를 만드는 것이라는 생각을 아무런 의심없이 받아들였다. 명확하지 않은가? 물건에 초점을 맞추고 원하는 바에 도달하면 당신이 할 일도 끝나고, 작업물도 끝났고, 다 완료된 것이다. 그러나 불행히도 항상 그런 느낌이 드는 것은 아니었다. 작품이 마무리된 것일 수도 있지만, 여전히 미완성의 느낌이 들었다. 해야 할 일이 남아 있다는 의미에서 미완성이 아니라, 무언가가 빠져 있다는 점에서 미완성인 것이다. 사용하려는 물건을 만들 때 우리는 빈 서랍이나 상자, 맨 선반이나 탁자 상판 등의 비어있는 공간을 남긴다. 그리고 그 빈 공간과 맨 표면에는 우리가 만드는 것의 불완전함이 있다. 우리가 만든 작품을 사용할 때, 저장이나 보호 또는 전시하려는 물건이 함께 하게 될 때에야 마침내 완성되는 것이다. 그때야말로 작품이 살아나고 본연의 모습을 취할 수 있게 되는 것이다.

내가 좋아하다는 것을 깨닫기 시작한 "미완성"의 또 다른 개념이 있다. 그 기원은 먹 캐비닛 1번(오른쪽)으로 거슬러 올라간다. 이 캐비닛은 그 자체로 충분히 멋지지만, 나에게 정말 생생을 지닌 듯 살아있게 다가온 것은 사진을 찍을 때 중앙 선반에 두기로 결정한 작은 찻주전자 덕분이었다. 캐비닛이나 찻주전자만으로는 각각의 조용한 허밍 정도였다면, 두 개의 음들이 합쳐져서는 공명하는 화음이 되었다. 그렇게 물건에 들어있는 내용물, 콘텐츠가 물건 자체의 아름다움을 높일 수 있다는 것에 눈을 뜨게 됐다.

평범한 벽 선반 위에 무언가를 올려 놓으면 비로소 전체 배경과 하나가 된다. 문으로 완전히 둘러싸

*열린 선반과
서랍 한두 개, 그리고
작은 문이 있는 캐비닛은
서로 상호작용하며
새로운 화음을 만든다.*

인 캐비닛은 그 안에 들어있는 내용물들과 전혀 상호 작용을 하지 않는 반면, 열린 선반과 서랍 한두 개, 그리고 작은 문이 있는 캐비닛은 서로 상호작용하며 새로운 화음을 만든다.

이 캐비닛은 그러한 것에 속한다. 서랍과 문이 있어 약간은 감추는 부분도 있지만, 내용물들을 주인공으로 만드는 열린 선반 공간도 많이 있다. 이것은 계속 늘어나는 도자기 컬렉션을 정리하기 위해 만들었으며, 선반이 채워질수록 캐비닛이 더 마음에 들었다.

이전까지는 주로 오크만으로 비슷한 캐비닛을 만들어왔지만, 이 캐비닛은 애쉬(ash), 물푸레나무로 만든 것이다. 나는 보통 더 밝은 애쉬 판재를 찾는데, 특히 애쉬와 오크를 함께 쓸 때 더 그렇다. 하지만 어둡고 고른 톤의 판재를 발견하고 이 캐비닛에 사용하기로 결정했다. 서랍 앞판은 화이트 오크를 사용하려 했으나 짙은 애쉬와 대비가 안 될 것 같아 브라운 오크를 사용했다. 브라운 오크는 초콜릿 브라운 색상과 화이트 오크보다 약간 더 고운 결을 가진 환상적인 목재이다. 불행히도, 내가 사는 곳에서는 비싸고 찾기도 힘들었다. 그래도 특별한 경우를 위해 약간 비축해둔 것이 있었는데, 이 작업을 위해 그중 일부를 쓸 수 있게 되어 기뻤다. 문에는 쿠미코를 써보았다.

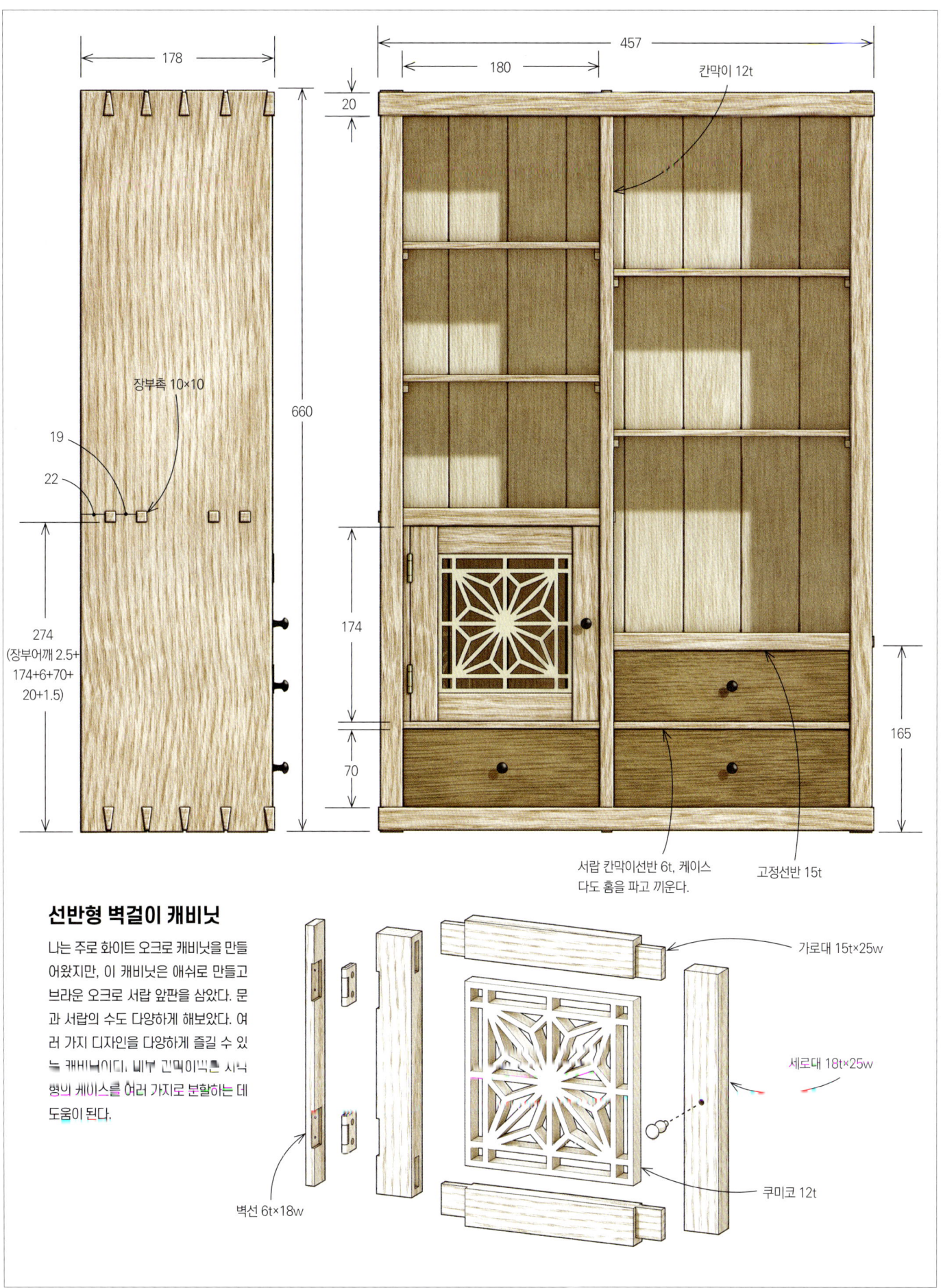

178

457

180

칸막이 12t

20

장부촉 10×10

660

19

22

274
(장부어깨 2.5+
174+6+70+
20+1.5)

174

70

165

서랍 칸막이선반 6t, 케이스
다도 홈을 파고 끼운다.

고정선반 15t

선반형 벽걸이 캐비닛

나는 주로 화이트 오크로 캐비닛을 만들
어왔지만, 이 캐비닛은 애쉬로 만들고
브라운 오크로 서랍 앞판을 삼았다. 문
과 서랍의 수도 다양하게 해보았다. 여
러 가지 디자인을 다양하게 즐길 수 있
는 캐비닛이다. 내부 칸막이벽은 서랍
형의 케이스를 여러 가지로 분할하는 데
도움이 된다.

가로대 15t×25w

세로대 18t×25w

쿠미코 12t

벽선 6t×18w

투박한 모양 피하기

수직과 수평을 나누는 칸막이나 선반은 캐비닛 전면에 많은 흥미로운 요소를 더해준다. 구조감을 살리면서 가능한 한 외관을 가볍게 보이도록 하려면, 각 부재들의 두께를 여러 가지로 하는 것이 중요하다.

나의 노하우라 한다면 캐비닛 외부에 두꺼운 재료를 사용하여 프레임을 구성한 다음, 내부 부재는 점차 얇아지도록 사용하여 너무 무거워 보이지 않도록 하는 것이다. 섬세하면서도 견고한 가구를 만드는 버몬트 주의 가구 제작자 가렛 해크(Garrett Hack)에게서 배운 교훈은, 우리가 생각하는 것보다 훨씬 더 얇은 부재로 작업할 수 있고, 그럼에도 충분한 강도를 얻을 수 있다는 것이다. 예를 들어, 짧은 길이의 캐비닛 선반은 6mm 두께로 하여도 처질 우려 없이 쓸 수 있다.

다양한 두께의 목재를 마름질하고 결구를 가공할 때 이를 고려하는 데 약간의 작업이 더 필요하지만, 전체가 19mm 두께로 일정하게 만들어진 캐비닛과 비교해보면 그만한 가치가 있다. 이 캐비닛은 이러한 방식에 대한 좋은 교보재가 된다. 실은 내가 만드는 거의 모든 작품들은 어느 정도 이 방법을 사용한다. 이 책 전체에 걸쳐 있는 도면들의 치수를 살펴보면 이러한 내용을 발견할 수 있을 것이다. 작품이 단순할수록 디테일이 더 중요하다.

당신이 생각하는 것보다 훨씬 더 얇은 부재로 작업할 수 있고, 그럼에도 충분한 강도를 얻을 수 있다.

제5장

상자와 함(函)

목공을 시작하는 사람들에게 무엇을 만들고 있는지 물어볼 때마다, "아, 별거 아니에요, 상자 몇 개 정도요. 저는 기계를 사거나 공방을 차려서 큰 물건들을 만들 건 아니니까요"라는 비슷한 대답을 듣는다. 상자는 공예에 입문하는 가장 흔한 방법인 것 같지만, 작기 때문에 더 쉽게 만들 수 있다는 생각은 맞지 않다. 첫째, 상자는 우리가 바짝 다가서서 만지곤 하는 것이다. 우리는 상자를 집어들고 뚜껑을 연다. 그것을 가까이에서 보기 때문에, 어떤 부정확한 것이든 큰 가구보다 상자에서는 더 잘 보인다. 둘째, 상자의 크기가 작아서 작은 틈이라도 전체 크기에 비해 상대적으로 크다. 또한, 나무 선택이 매우 중요하며, 만약 자투리를 이용해 만들고자 한다면, 시작으로서 매우 힘든 방법이다.

그래서 만약 여러분이 "아, 나는 상자조차 제대로 못 만드는구나" 하며 낙담하고 있다면, 실은 당신 혼자 그러는 것도 아니며, 아마도 보이는 것보다 더 나은 것을 만든 것일 수도 있다고 말해주고 싶다. 그렇다고 상자를 만드는 것이 즐겁지 않다는 것은 아니다. 상자는 그 사이 평생 배우고도 남는 종류의 목공 작업을 제공해주고, 여러분은 그것들을 빼 빠르게 가져갈 수 있다. 때문에 장인정신과 디자인 두 가지 모두 빠르게 학습해 나아갈 수 있다. 자, 이제 여러분이 상자 쪽으로 다가가서 상자에 문과 서랍을 추가하기 시작한다면, 목공 여행이 정말 시작되는 것이다.

빨리 만드는 상자가 나쁜 것은 아니다

비교적 저렴한 가격에
판매될 수 있는 좋은
품질의 목제품을 만드는
것은 정말 어려운 일이다.

나는 아마도 다른 모든 작품들을 합친 것보다 더 많은 수의 연귀맞춤 상자를 만들었을 것이다. 어느 해, 아내 레이첼은 휴일 공예품 박람회에서 팔려고 냅킨과 앞치마를 바느질하고 있었다. 그녀는 내가 그것들과 함께 나무로 만든 '무언가'를 가지고 갈 수 있는지 물었다. 비교적 저렴한 가격에 판매될 수 있는 좋은 품질의 목제품을 만드는 것은 정말 어려운 일이다. 주먹장 맞춤으로 짜맞춤한다면 확실히 불가능하지만, 집성해서 만든 도마나 테이블쏘로 가공할 수 있는 연귀 맞춤 상자라면 가지고 갈 수 있지 않을까 생각했다. 하지만 대량으로 만들 수 있는 것이라 해서 아무 생각 없이 실행할 수 있는 것은 아니다. 미리 연습해보는 것은 실제로 좋은 학습이자 경험이다. 깨끗하고 정확한 작업에 대한 귀중한 통찰력을 얻을 수 있다. 결국, 나는 두 가지 스타일의 상자를 만들었다. 소금을 담을 수 있는 반턱가공을 한 뚜껑이 있는 작은 상자와, 톱으로 잘라내고 내부 벽을 넣어 차 꾸러미를 담을 수 있는 좀 더 큰 상자이다.

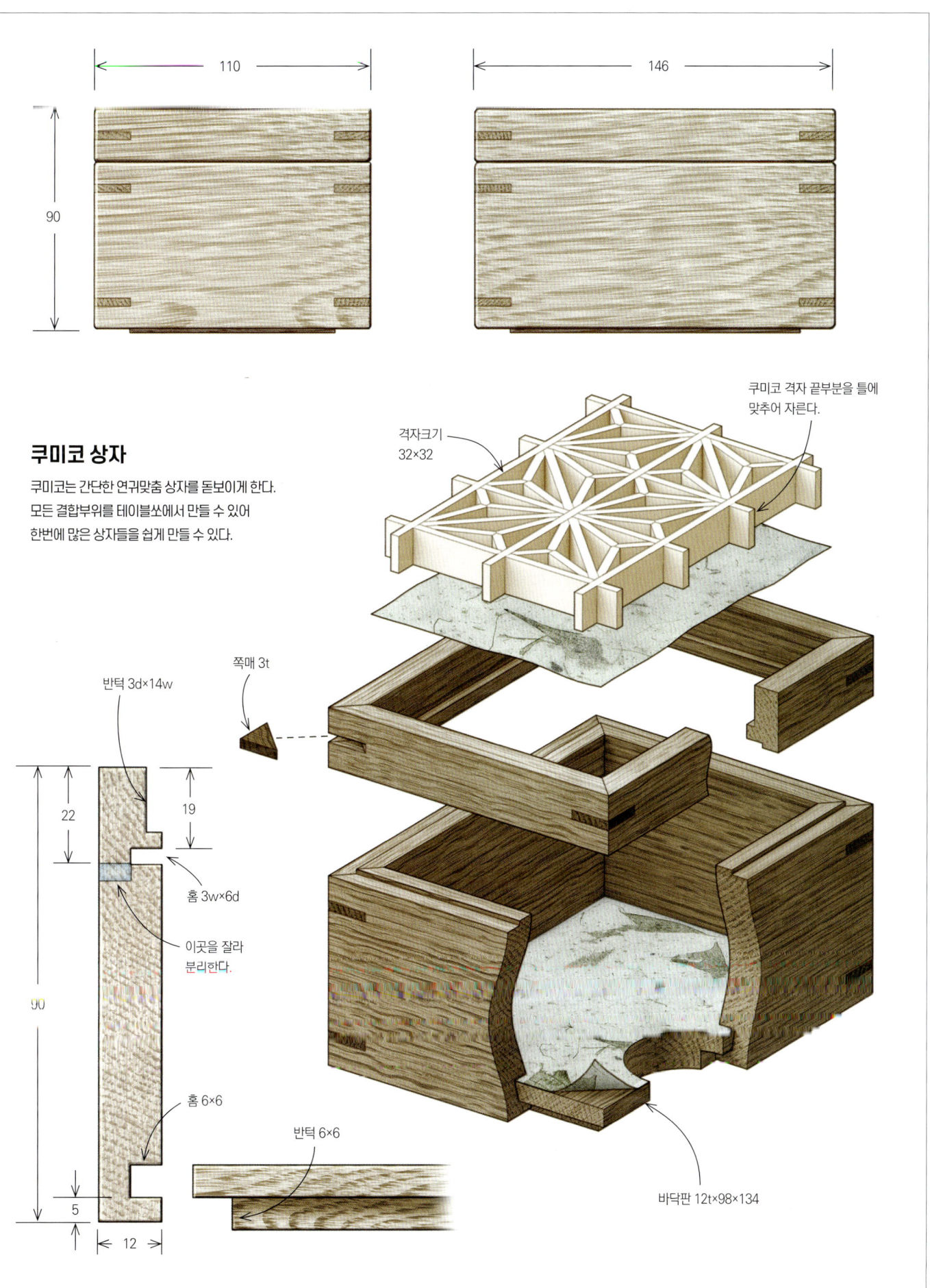

110

146

90

쿠미코 상자

쿠미코는 간단한 연귀맞춤 상자를 돋보이게 한다.
모든 결합부위를 테이블쏘에서 만들 수 있어
한번에 많은 상자들을 쉽게 만들 수 있다.

쿠미코 격자 끝부분을 틀에
맞추어 자른다.

격자크기
32×32

쪽매 3t

반턱 3d×14w

22

19

홈 3w×6d

이곳을 잘라
분리한다.

90

홈 6×6

반턱 6×6

바닥판 12t×98×134

5

12

완벽하지 않은 것은
무엇이든 버리겠다는
의지와 반복작업이 있었기에,
내가 그냥 뚝딱거리고
있다고 여겼던 작은
상자가 믿을 수 없을
정도로 깨끗하고
정확해졌다.

처음에는 저렴하게 판매할 수 있는 빠른 제품을 만드는 데 중점을 두었다. 하지만, 상자를 만든다는 것이 수제품을 좋아하긴 해도 더 큰 제품을 살 여유가 없는 사람들에게 다가설 수 있는 기회를 준다는 것을 깨달았다. 이러한 이해를 바탕으로, 큰 프로젝트를 할 때처럼 상자를 만들면서도 최선의 노력을 기울이도록 점검했다. 즉, 한 번에 20~30개의 상자를 만들어야 하는 경우에는 효율성에 중점을 두었다. 나는 여유있게 재료를 마름질하여 준비했고 부재에 결함이 있으면 주저없이 버렸다. 또한 제작과정의 각 단계에서 부재당 몇 초의 시간 절약이 시간당 수입에 상당한 영향을 미치기 때문에 경제적인 행동에 초점을 맞췄다.

이러한 것에 대해 미리 생각해 보았다면, 이 부분이 반드시 높은 품질은 아니지만 일관성 있는 솜씨로 이어질 것이라고 말했을 것이다. 그 반대의 경우가 실제로 밝혀졌다. 완벽하지 않은 것은 무엇이든 버리겠다는 의지와 반복작업이 있었기에, 내가 그냥 뚝딱거리고 있다고 여겼던 작은 상자가 믿을 수 없을 정도로 깨끗하고 정확해졌으며, 내 모든 작업에서 바라는 수준의 솜씨를 가지게 되었다. 그러나 한 가지 경고는 해야겠다. 이런 상자를 만들고 판매하기 시작하면 더 만들어 달라는 끝없는 요청이 있을 것

홈을 먼저 파고, 그 다음에 자른다

연귀맞춤 상자를 만들 때 가장 좋은 장점 부재를 자르기 전에 아직 긴 부재인 상태에서 홈과 반턱 등을 가공할 수 있다는 것이다. 이 상자의 경우 바닥판을 삽입하기 위한 홈, 쿠미코 패널용 반턱, 뚜껑을 자르고 나서 끼움턱이 될 두 번째 홈이 있다(1). 나는 마이터 게이지에 나사로 고정하는 간단한 지그를 사용하여 연귀를 자른다. 고정 장치와 한 쌍의 경첩이 달린 멈춤 장치가 있어 정지 위치를 변경할 필요 없이 상자의 네 면을 모두 자를 수 있다. 지그를 사용할 때마다 톱날이 깨끗한 가장자리를 자르도록 약간 밀어 넣는다. 먼저 부재의 한쪽 끝을 45° 높인 톱날로 연귀로 자른다(2). 그런 다음 연귀 끝을 정지점으로 돌려놓고 반대쪽 끝도 연귀로 자른다(3).

마이터 지그

만들기 쉬운 이 썰매는 마이터 게이지에 나사로 조인다. 알루미늄 T 트랙과 하드웨어는 Rockler.com(부품 번호: 24063)에서 구입할 수 있다.

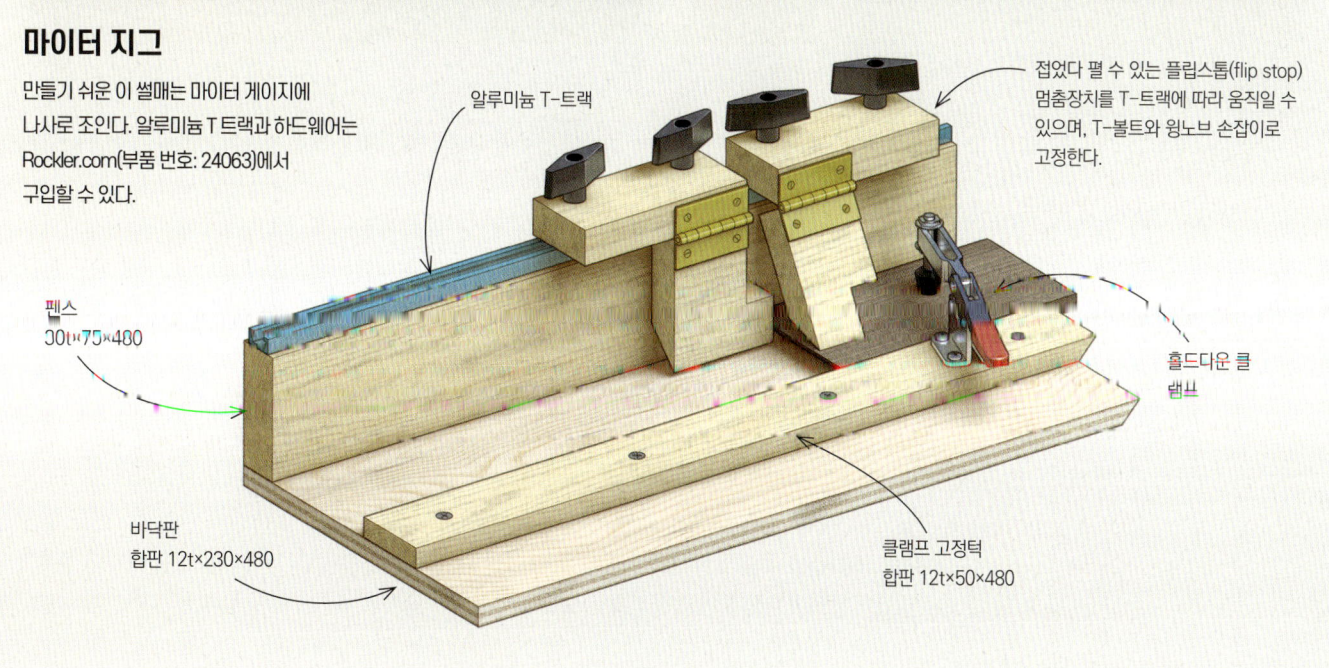

알루미늄 T-트랙

접었다 펼 수 있는 플립스톱(flip stop) 멈춤장치를 T-트랙에 따라 움직일 수 있으며, T-볼트와 윙노브 손잡이로 고정한다.

펜스
30t×75×480

홀드다운 클램프

바닥판
합판 12t×230×480

클램프 고정턱
합판 12t×50×480

쪽매 끼우기

나는 수제 종이를 상자 바닥에 까는 것을 좋아한다. 대부분의 미술용품점에서 다양한 색상으로 구할 수 있다. 상자 바닥과 종이 위에 스프레이 접착제를 뿌리고 옆부분을 잘라주는 방법이 가장 쉽다(1). 다음 단계는 바닥판을 제자리에 끼우고 상자를 접착하는 것이다. 삐져나온 접착제가 들러붙는 것을 방지하기 위해 안쪽 면에 셸락을 얇게 바르면 좋다. 작업대에 옆면을 순서대로 정렬하고 테이프를 팽팽하게 당겨 붙여준다. 그것들을 뒤집고 바닥판이 제자리에 끼워지도록 맞추며 모든 면들을 말아서 붙이고 잘 맞는지 확인한다(2). 붙여본 것들을 다시 펼치고 접착제를 발라 최종 조립한다. 모서리에 틈이 생기지 않도록 테이프를 팽팽하게 잡아 당겨준다(3).

접착제가 굳으면 45°로 상자를 잡아주는 지그를 사용하여 테이블쏘에서 쪽매를 끼울 홈을 가공한다(4). 톱날 높이는 상자 측면의 홈 길이를 결정한다. 홈을 가공할 때 상자 내부까지 잘리지 않도록 주의한다. 그런 다음 쪽매를 홈에 끼워 접착한다(5). 접착제가 굳으면 고정식 벨트 샌더를 사용하여 모든 면을 평평하게 샌딩한다.

1

비록 상자 한두 개만 만들고 있다고 해도, 상자를 만들기 위한 재료들을 추가로 많이 만들어두는 것이 좋다. 일단 가지고 있다보면, 다른 상자들을 꽤 빠르게 만들어낼 수 있게 된다.

이다. 상자를 갖고 있거나 특별한 선물이나 집들이 선물을 찾고 있는 모든 친구와 가족들이 전화를 걸어올 것이다. 그러니, 도마는 시작하지도 마시길…

상자가 작기 때문에 자투리를 사용하는 좋은 방법이라는 생각은 대량으로 생산해야 하는 상황에서 무너지고 만다. 재료 준비는 나머지 프로세스가 순조롭게 진행되는 데 매우 중요하다. 비록 상자 한 두 개만 만들고 있다고 해도, 상자를 만들기 위한 재료들을 추가로 많이 만들어두는 것이 좋다. 일단 가지고 있다보면, 다른 상자들을 꽤 빠르게 만들어낼 수 있게 된다.

연귀맞춤 상자의 좋은 점은 연귀를 절단하기 전에 다른 모든 기계 가공 작업을 완료할 수 있어 작업이 빠르게 진행된다는 것이다. 연귀를 자르기 위해 나무 블럭을 한 쌍의 경첩으로 붙인 멈춤 장치가 장착된 테이블쏘용 썰매를 만들었다(p.121 "홈을 먼저 파고, 그 다음에 자른다" 참조). 이 썰매를 이용하여 양 옆면과 양 끝면을 차례로 – 길게, 짧게, 길게, 짧게 – 절단하여 결이 좌우로 끊김 없이 계속 이어지도록 할 수 있었다. 연귀를 잘맞게 결합하는 것이 중요하며, 이를 위한 가장 좋은 방법은 4개의 조각을 연귀로 절단한 후에 뒷면에 테이프를 붙이고 사진에서 보듯 감아돌려서 마지막 연귀 부분이 잘 맞는지 확인하는 것이다. 소중한 나무들을 자르기 전에 먼저 시간을 내어 잘 만들어질지 살펴보자.

내가 요즘 만들고 가르치는 상자는 상단 가장자리를 따라 반턱을 만들고 거기에 쿠미코 패널을 끼워

넣는 스타일이다. 또한 돌출되어 있는 반턱으로 뚜껑을 닫을 때 상단과 하단이 서로 맞물리게 한다. 나는 연귀절단이나 접착을 하기 전에 상자 부재 안쪽 면을 따라 나무 두께의 절반 깊이로 홈을 내어서 반턱을 만든다. 뚜껑을 분리하기 위해 테이블쏘에서 가공할 때 다시 칼날을 나무 두께의 반으로 설정하고 바깥쪽 홈이 안쪽 홈보다 톱날두께만큼 떨어지도록 펜스를 조정한다. 이렇게 해서 뚜껑을 자르면 반턱이 자동으로 만들어진다.

하지만, 뚜껑을 자르기 전에 먼저 상자 모서리에 쪽매용 홈을 가공해야 한다. 쪽매는 연귀 접합부를 더 단단하게 결합시키고 상자 외관에 약간의 멋을 더해준다. 나는 테이블쏘에서 쪽매홈을 자르기 위해 상자를 45°로 유지하는 간단한 지그를 만들어 사용한다. 톱날 끝부분이 평평한 플랫탑(flat-top) 톱날은 쪽매가 들어갈 직각 바닥면을 만들어준다.

상자의 바닥판은 옆면의 홈에 맞도록 반턱으로 가공한다. 바닥판을 끼우기 전에 멋진 수제 종이를 먼저 붙여주면 훨씬 좋다. 나는 쿠미코 패널을 뚜껑에 넣기 전에도 종이를 먼저 붙여준다.

뚜껑을 분리하고 쿠미코 패널을 추가하기

뚜껑을 자르려면 톱날을 나무 두께이 절반으로 설정하고 상자 내부에 인서 밀어여 촉에서 될 두께만큼 아래로 펜스를 조정한다. 위치가 일정하도록 펜스를 잘 고정한 후에 끝에서부터 절단을 시작하며 상자가 펜스에 잘 밀착되어 움직이도록 주의한다(1). 결합부를 약간 정리해야 하지만 톱으로 턱이 있는 뚜껑을 분리하게된다(2). 나는 쿠미코를 넣기 전에 종이를 먼저 깔아놓는 방식을 좋아한다(3). 반턱가공 부위에 맞게 쿠미코 패널의 끝부분을 자른다(4). 꼭 맞게 되도록 결합하는 것이 좋지만, 약간 헐렁하게 된 경우에는 끝부분에 접착제 한 방울만 발라주면 제자리에 고정된다.

굴과 진주를 떠올린 차 상자

나는 항상 상자에 대해 무엇을 담을 것인지, 어떻게 담을 것인지, 누가 잡을 것인지에 대해 생각해본다. 그렇지 않으면 비어있는 채로 있거나 이런저런 거스름돈, 영화 티켓 반쪽, 골프 티로 채워지고 만다. 내용물에 대해 생각할 때 보호의 개념도 떠오른다. 비바람으로부터 보호하거나, 여행 도중의 손상으로부터 보호하거나, 일상의 다른 측면과의 분리일 수도 있을 것이다. 상자는 또한 놀라움의 기회를 제공하기도 한다. 이 상자에 대한 영감을 얻기 위해 나는 굴에 대해 생각했다. 그렇게 거칠고 단단한 껍질이 어떻게 섬세한 내용물을 (아마도 그 안에 기다리고 있는 진주까지) 보호하는지에 대해서 말이다. 보호, 놀라움, 그 안에 보물을 숨기고 있는 거친 외양, 어딘지 모르게 그림의 초점이 맞춰지고 있었다. 외부, 내부, 내용물, 사용자 반응: 상자는 즐길 수 있는 다양한 퍼즐 조각 같은 것을 안겨준다.

외부, 내부, 내용물, 사용자 반응: 상자는 즐길 수 있는 다양한 퍼즐 조각 같은 것을 안겨준다.

내가 만드는 거의 모든 것과 마찬가지로 이 차 상자는 그 이전에 만들었던 많은 상자와 프로젝트 속에서 오랫동안 숙성되어왔다. 나는 돌출 주먹장이나 연귀맞춤으로 만드는 내부 상자를 특징으로 하는 몇 개의 상자를 만들었지만, 어떤 상자들에서 보인 설계 결함은 다시 수정이라는 이름으로 새로운 요소를 도입하기 위한 기회가 되기도 했다. 뚜껑을 잘 닫히게 하기 위한 내부상자의 반턱이 살짝 올라오는 대신, 시각적 즐거움을 위해 옆판 위로 연장할까 하는 아이디어도 있었다.

그렇게 해보는 것이 큰 문제는 아니었다. 상자를 아래쪽에서 톱질해 뚜껑을 분리하자 내부 상자가 더 많이 노출되었다. 설계상의 결함이라면, 뚜껑이 깊어 한 손으로 상자를 들기가 어렵다는 점이었다. 양손 상자를 만들고 싶지는 않았기에, 운반하는 동안 뚜껑을 제자리에 유지하되 목적지에 도착하면 쉽게 제거할 수 있는 방법을 찾아야 했다. 어떤 종류의 실이나 끈이 떠오르기도 했지만, 찾고자 하는 것이 위

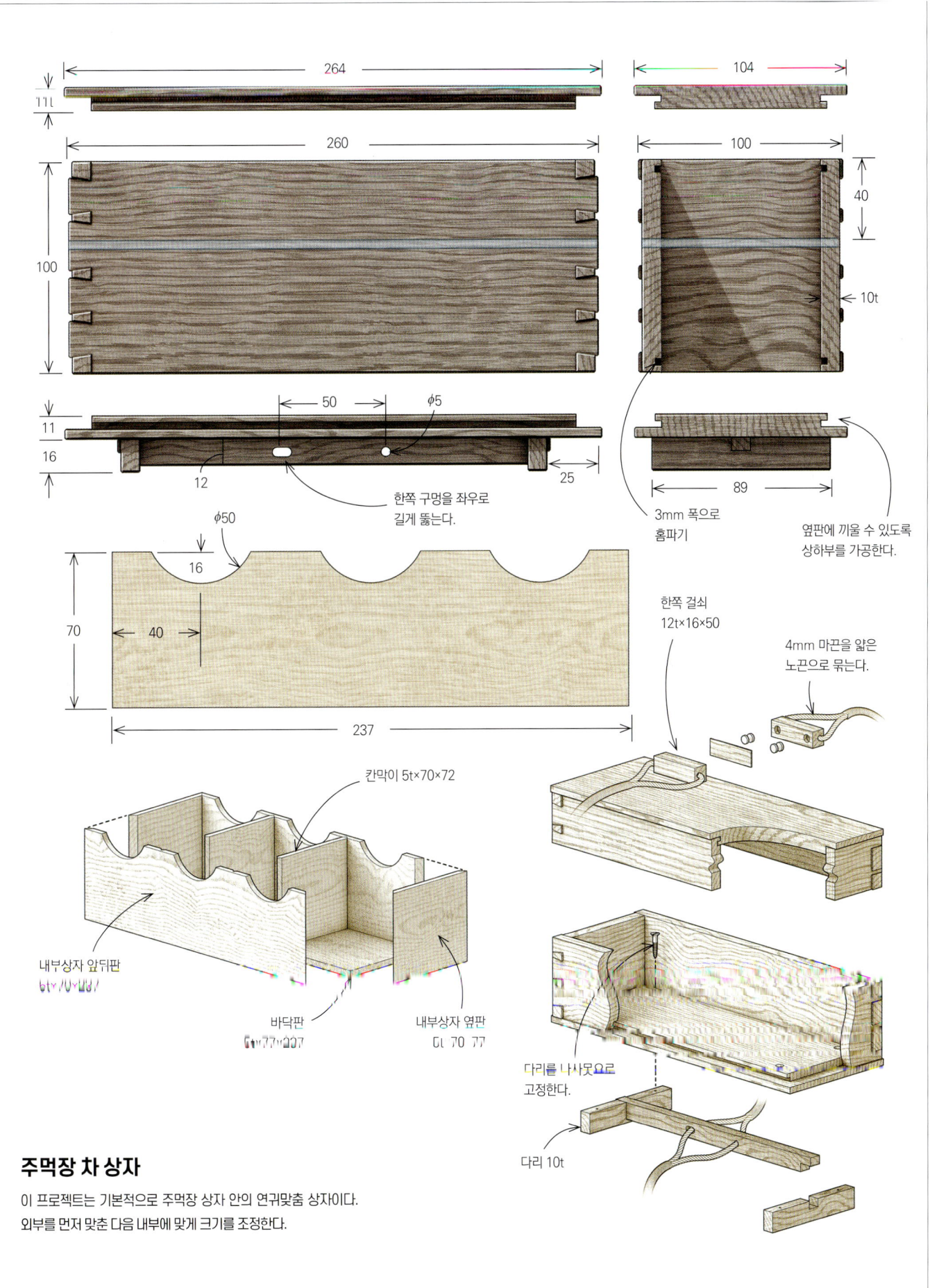

264

111

104

260

100

40

100

10t

11

16

50

φ5

한쪽 구멍을 좌우로
길게 뚫는다.

12

25

89

3mm 폭으로
홈파기

옆판에 끼울 수 있도록
상하부를 가공한다.

φ50

16

70

40

237

한쪽 걸쇠
12t×16×50

4mm 마끈을 얇은
노끈으로 묶는다.

칸막이 5t×70×72

내부상자 앞뒤판
5t×70×237

바닥판
5t×77×237

내부상자 옆판
5t×70×77

다리를 나사못으로
고정한다.

다리 10t

주먹장 차 상자

이 프로젝트는 기본적으로 주먹장 상자 안의 연귀맞춤 상자이다.
외부를 먼저 맞춘 다음 내부에 맞게 크기를 조정한다.

가벼운 느낌으로 만들기

상자는 주의를 기울여 만들지 않으면 투박해 보이기
쉽다. 나는 가능한 한 얇은 목재로 시작하는 방법을 주
로 따른다. 이것만으로 충분하지 않을 경우에는, 다음
단계로 부재들 두께가 실제로는 그렇지 않은 경우에도
얇게 보이도록 만드는 것이다. 이 상자의 상판과 바닥
판이 좋은 예이다. 상자 부재의 두께는 10mm로, 옆판
을 너무 약하게 만들지 않고 홈을 파낼 만한 두께였다.
나는 돌출되어 보이는 얇은 상판을 원했지만, 부착하
기도 어려웠고 시간이 지남에 따라 뒤틀릴지도 모른다
고 생각이 되었다. 해결책은 옆판과 상판에 홈을 두어
함께 잠길 수 있도록 하고(1) 옆판 위로 얇은 판이 돌출
되어 보이게 만드는 것이었다(2). 이렇게 하면 상판이
더 얇게 보일 뿐만 아니라 옆판의 두께도 가려진다.

결을 돋보이게 하고 웬지(wenge wood)에 질감을 더
해주기 위해 와이어 브러시로 문지르고, 상자를 접착
하기 전에 셀락을 칠한다(3). 상자의 상판과 바닥판을
제자리에 접착하고(4), 그런 다음 밴드쏘로 상자의 뚜
껑을 잘라 분리한다(5).

> 나는 다양한 나무로
> 비슷한 상자를 만들어
> 왔지만, 웬지 자투리를
> 써보기로 맘먹었을 때에
> 그 모든 것이 하나로
> 합쳐지는 것처럼
> 느껴졌다.

에서 묶는 매듭은 아니었다. 그리고 구슬이나 매듭 같은 것은 조금 투박하게 여겨졌다.

그때 아내의 빈티지 핸드백 걸쇠를 보면서 끈으로 절반을 함께 묶는 잠금 장치의 아이디어를 떠올렸
다. 초기에 나는 띠열장(sliding dovetail)으로 잠금 장치를 만들었다. 그것은 우아한 해결방안이지만, 만드
는 데에는 정밀한 기계 가공이 필요했고, 이러한 방식은 내가 공방에서 시간을 보내고 싶은 방식이 아니
었다. 그래서 자석을 삽입하여 붙이는 더 간단한 방식을 선택하게 되었다. 그리고 끈이 아래로 감쌀 수
있는 공간을 만들고, 끝부분을 고정할 수 있도록 상자에 다리를 추가했다. 끈은 걸쇠 한쪽과 다리에 있
는 두 개의 구멍을 통해 연결된다. 걸쇠가 중앙에 있고 적절한 양의 장력이 가해지면 모든 것을 제자리
에 잘 맞추기 위해 다리의 구멍에서 끈을 쐐기로 고정한다.

나는 다양한 나무로 비슷한 상자를 만들어왔지만, 옆에 놓여 있던 웬지 자투리를 사용하기로 결정했
을 때 모든 것이 하나로 합쳐지는 것처럼 보였다. (그리고 주먹장의 칼금선을 보기 위해 판재 끝 부분에 테이프를 붙이기
시작한 것이 이 상자였다) 어둡고 단단한 나무인 웬지의 모양은 마음에 들지만, 약간 평범하고 지문이 잘 묻는
경향이 있다. 나는 즉흥적으로 와이어 브러시를 꺼내 상자를 열심히 문질러보았다. 열심히 문질러줌에
따라 환상적인 질감이 나오며 굴 껍질이 다시금 생각났다.

내부 상자인 라이너의 경우 조개 안의 진주와 같은 느낌을 살려 타이거 메이플을 사용했다. 그 이후
로 버드아이와 스팔트 메이플도 잘 사용하고 있다. 걸쇠는 흑단으로 만들었다. 하지만 흑단의 상어 눈
처럼 차가운 검은 색 표면이 어울리지 않는 것 같았다. 나는 호흡을 가다듬고는 걸쇠를 밴드쏘에 올리고
표면에 질감을 주기 위해 가볍게 밀어 표면에 톱날자국을 만들었다. 스틸 울과 왁스를 사용해 단단한 광

삽입되는 연귀 상자가 내부
를 완성하며, 뚜껑을 열 때마
다 즐거움을 안겨준다. 각 부
재들은 상자에 꼭 맞도록 재
단한 후 접착하여 별도의 상
지로 만들이진다(p.130 위
귀신사 만들기 참조).

택도 주었다. 이렇게 해서 갑자기 이 상자는 정말 흥미로운 텍스쳐들의 교향곡이 되었다. 걸쇠에 나 있는 밴드쏘의 거친 톱날 자국, 웬지의 큰 기공들, 거친 마끈 등이 모두 조합되어 질감, 텍스쳐가 만들어줄 수 있는 가능성에 대해 눈을 뜨게 되었다.

끈과 걸쇠를 추가하려는 첫 번째 시도에서는 코드의 두 가닥이 상자 측면에 나란히 놓여있는 것이었는데, 정렬이 잘 안 되는 경향이 있어 신경이 쓰였다. 사무실에 상자를 가지고 와서 살짝 보여주려고 하자 당시 상사는 그것을 보더니 "뭘 하려는지는 알겠지만 아직 완성된 것 같지는 않네"라고 말을 했다. 나는 논쟁하고 싶었지만 그가 옳았다는 것을 알았다.

나는 그것을 가만히 쳐다보면서, 왜 양쪽에 있는 한 쌍의 끈을 함께 묶지 않았을까 하는 생각이 문득 들었다. 끈을 묶는 데 사용한 얇은 노끈은 더 작은 규모로 또 다른 질감을 만들어냈고, 두꺼운 끈만 묶는 것보다 상자 크기에 더 잘 어울리는 것 같았다. 끈을 묶어보니 걸쇠 바깥에서 서로를 향해 비스듬한 각도로 모여 사진과 같이 상단을 가로질러 예상치 못한 한 쌍의 삼각형이 만들어졌다. 처음에는 묶는 지점을 대략적으로 추측하곤 했다. 하지만 이제는 양쪽에 빵끈(twist tie)을 먼저 감아서 시작하고 멈출 때 가이드로 사용한다. 마끈은 얇은 노끈으로 감을 때 약간 꼬이곤 하기 때문에 계속 펴주며 작업을 한다.

걸쇠에 나 있는 밴드쏘의 거친 톱날 자국, 웬지의 큰 기공들, 거친 마끈 등이 모두 조합되어 질감, 텍스쳐가 만들어줄 수 있는 가능성에 대해 눈을 뜨게 되었다.

마끈과 흑단 걸쇠

걸쇠 자체는 만들기 쉽다. 마끈과 자석을 삽입하기 위해 흑단에 구멍을 뚫는다. 6mm 자석을 각 구멍에 넣고 얇은 흑단 조각으로 표면을 덮는다(1). 걸쇠와 상자 바닥에 끈을 끼운다. 상자 측면의 상단과 하단에서 마끈에 빵끈을 먼저 묶어 노끈을 감는 시작과 끝을 표시한다(2). 마끈이 느슨하지 않고 모든 것이 준비되면 바닥의 구멍에 쐐기를 끼워 끈 끝을 고정한다(3). 마끈을 더 얇은 노끈으로 감아준다(4 & 5)(끝에서 노끈을 고정하는 방법은 p.189의 재봉 테이블을 참조).

달 보석함

문이 케이스의 한 쪽에서 다른 쪽으로 움직일수록 점점 더 어두운 월넛 서랍이 드러나고 전체적인 효과는 달의 위상이 바뀌는 것과 같았다. 그래서 그것은 '달 보석함'이 되었다.

나는 주먹장 가공을 시연할 일이 있으면 그때 여러 개를 만들어두곤 한다. 그동안 얼마나 많이 주먹장맞춤을 보아왔든, 앞으로도 여간해서 질릴 일은 없을 것이다. 나는 각종 결구들의 샘플을 한 꾸러미 가득 들고 다니는 대신에, 차라리 어떤 상자나 함들에 쓸 수 있는 주먹장을 만들기 위해 판재 마름질을 하는 걸 더 좋아한다. 나는 작업공간 여기저기에 주먹장으로 맞춘 판재들을 놓아둔다. 그것들은 자리를 차지하고 먼지를 뒤집어쓰고 있지만 항상 내 시야를 벗어나지 않고 있다. 그것들은 어떻게든 내 마음에 들어와야 한다. 그래야 결국 그것들로 무엇을 해야 할지 알게 될 것이기 때문이다.

그러한 사각틀 중 하나가 '달 보석 상자'가 되었다. 한 번쯤 미닫이문을 직접 만들어볼 수 있는 기회를 주는 긴 형상이었다. 한 쌍의 문을 서로 겹치게 열고 닫을 수 있도록 할만큼 깊이가 깊지는 않아서, 반너비의 문 하나만 만들었다. 나는 열린 곳과 닫힌 곳이 함께 있기를 원했고, 그래서 내가 생각해낸 해결책은 전체 케이스를 만든 화이트 오크로 서랍의 절반을 만드는 것이었다. 나머지 절반은 월넛으로 만들었다. 그 아이디어는 전체 케이스와 문짝, 서랍이 모두 화이트오크로 같기 때문에, 오크 서랍이 노출되는 것이 문이 닫힌 위치에 있는 것이다. 문을 밀어서 월넛 서랍이 드러났을 때, 그것은 케이스의 내부를 나타내는 것이다.

이것은 잘 만들어진 것처럼 보였지만, 사실 몇 가지 과제가 남아있었다. 첫 번째는 문이 높이보다 옆으로 더 넓어서 투박해 보인다는 것이었다. 그 문제를 해결하기 위해 문짝의 알판을 여러 개의 수직 문살로 나누었다. 이 작은 널조각들은 옆으로 넓은 문의 모양을 상쇄시키는 강한 수직적 요소를 만들어주었다. 두 번째 과제는 서랍 손잡이의 모양을 찾는 것이었다. 서랍은 미닫이 문 바로 뒤에 바짝 붙어 있었고, 일반적인 손잡이를 위한 충분한 공간이 없었다. 손가락이 들어갈 정도의 구멍을 서랍 앞판에 뚫는 것도 생각해보았지만, 너무 조잡해 보였다. 결국 두 가지 사이의 방법으로 접근하여, 얕은 홈을 조각하고 중앙에 손잡이를 다는 방식으로 만들었다. 이렇게 해서 손잡이가 너무 많이 튀어나오지 않게 하면서도, 손잡이를 잡을 수 있게 되었다. 마침내 모두 완성되었을 때, 그것은 전체 케이스의 전면을 가로지르는 달의 분화구처럼 보였다. 문이 케이스의 한쪽에서 다른 쪽으로 움직일수록 점점 더 어두운 월넛 서랍이 드러나고 전체적인 효과는 달의 위상이 바뀌는 것과 같았다. 그래서 그것은 '달 보석함'이 되었다.

나는 그것을 어떤 문제를 우연하게 푼 것과 같은 것이라고 생각하지 않는다. 주먹장 맞춤의 상자는 우리에게 이미 충분히 익숙하지만, 이 프로젝트는 이후의 작품에 적용될 몇 가지 새로운 요소를 이끌었

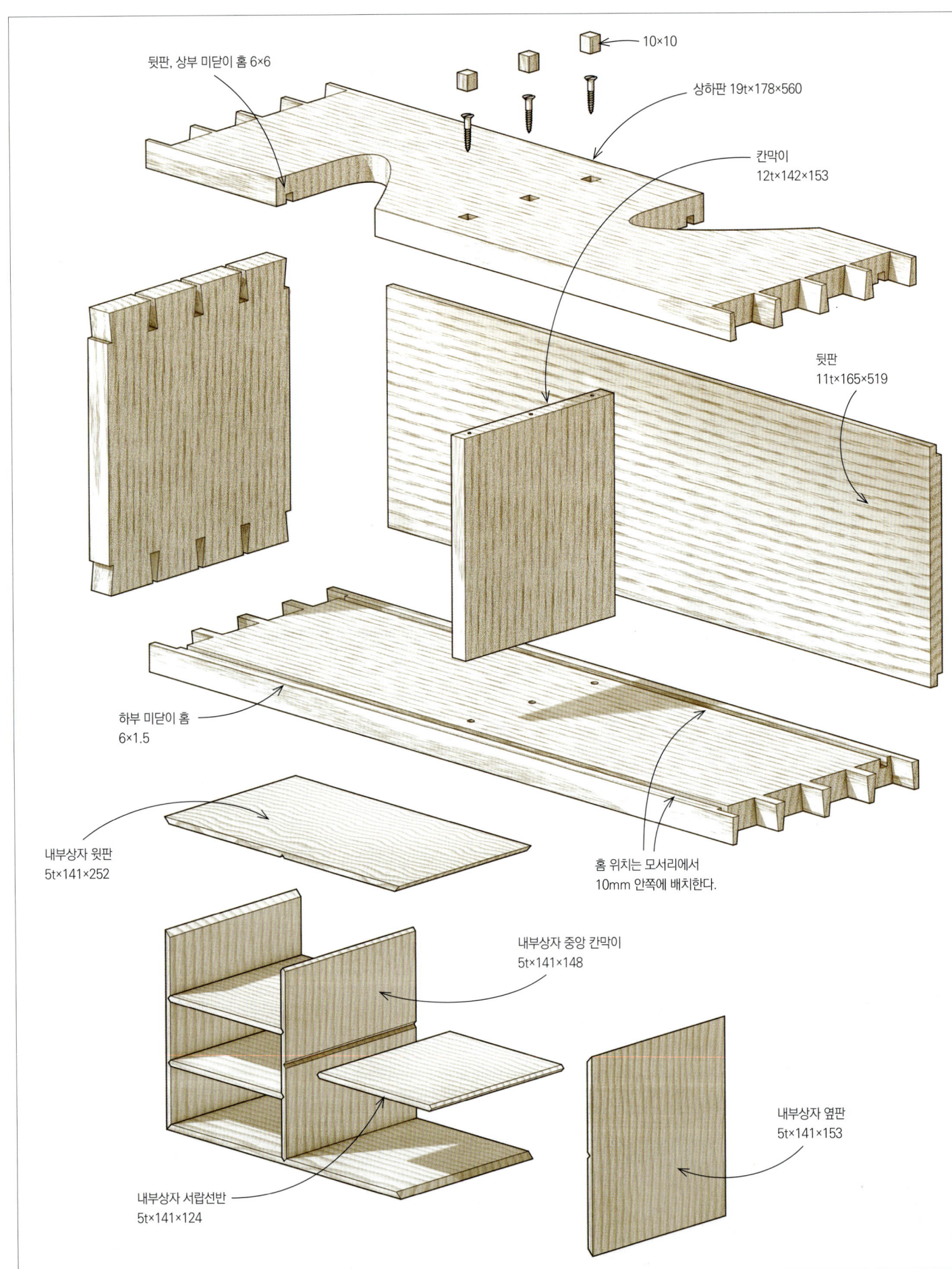

뒷판, 상부 미닫이 홈 6×6

10×10

상하판 19t×178×560

칸막이
12t×142×153

뒷판
11t×165×519

하부 미닫이 홈
6×1.5

내부상자 윗판
5t×141×252

홈 위치는 모서리에서
10mm 안쪽에 배치한다.

내부상자 중앙 칸막이
5t×141×148

내부상자 옆판
5t×141×153

내부상자 서랍선반
5t×141×124

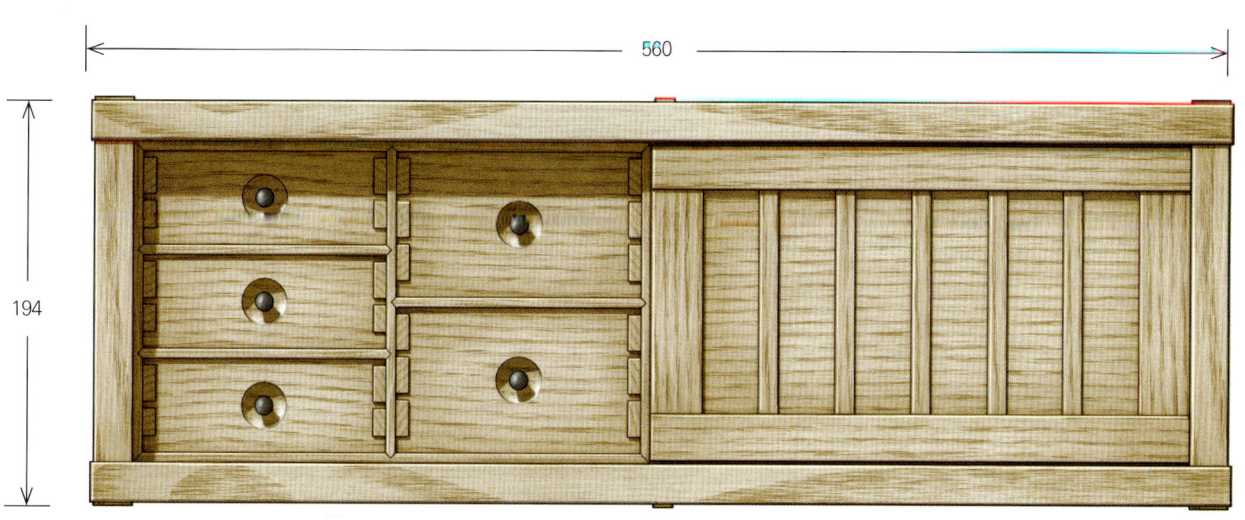

560

194

달 보석함

문짝 부재와 칸막이들의 길이가 도면에 지정되어 있지만,
전체 외부 케이스가 완성될 때까지 기다렸다가 최종 길이로 절단한다.
긴 외부 케이스가 휘는 것을 막기 위해 중앙 칸막이가 나사못으로 고정된다.

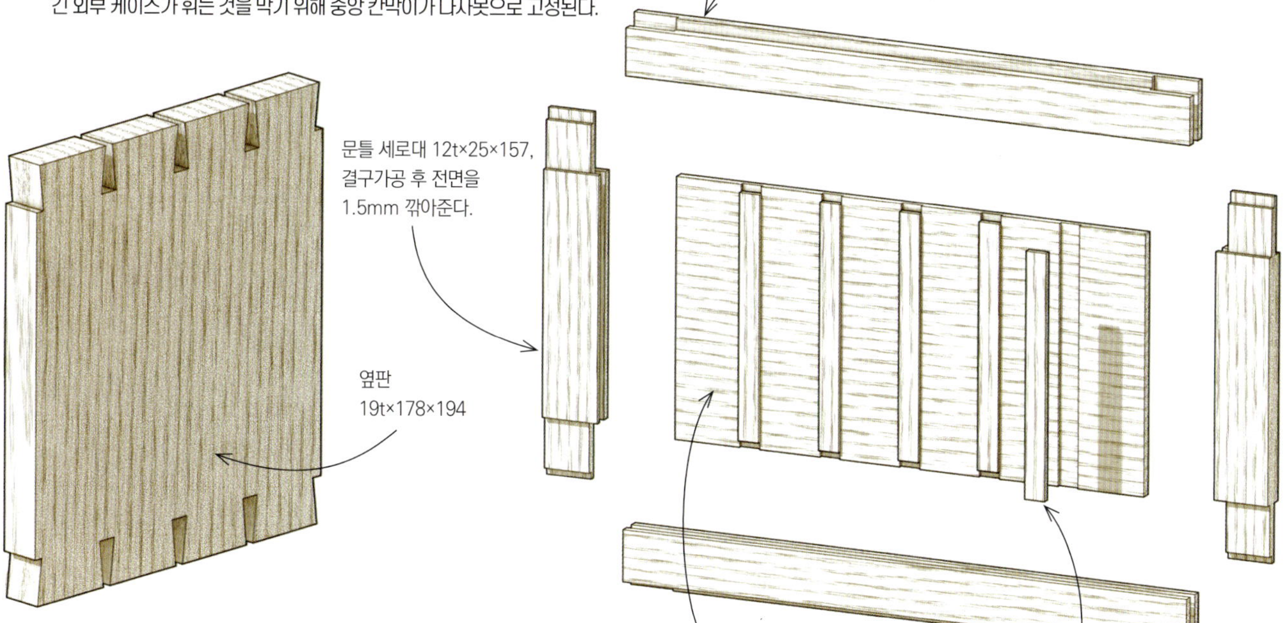

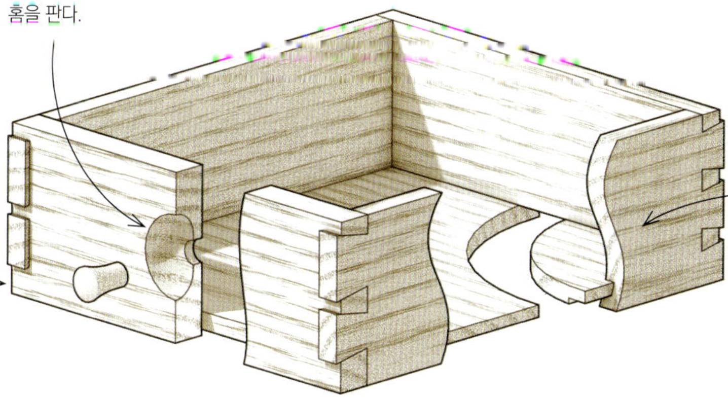

문틀 가로대
12t×25×267

문틀 세로대 12t×25×157,
결구가공 후 전면을
1.5mm 깎아준다.

옆판
19t×178×194

알판
0t×110×224

몸널 3t×10w
알판에 1.5mm 길이로 홈파기를
먼서 해놓고 분쌰 소립 후에 삽입한다

서랍손 사이를 날시 위해 여기여기로
홈을 판다.

서랍 앞판 10t

서랍 옆판 6t

내부 상자 만들기

연귀맞춤으로 연결하는 내부상자인 '라이닝'은 외부 케이스에 의해 지지되므로 얇은 판재로 만들 수 있으며, 그래도 강도는 충분하다. 나는 보통 5mm 두께를 주로 사용한다. 모서리는 연귀로 결합하고, 칸막이는 V 홈에 맞도록 경사지게 가공한다. 모든 결합부들을 처리하기 위한 좋은 방법은 라우터 테이블에서 V-홈 비트를 사용하는 것이다. 처음엔 부재를 길이에 맞게 직각으로 재단한다. 옆판들의 크기는 외부 케이스의 안쪽으로 끝과 끝이 꼭 맞아야한다. 칸막이 크기는 옆판 하나를 외부 케이스 안쪽에 붙이고 그 내부 사이즈로 정한다. 이렇게 하면 옆판 두께의 중간에서 V홈에 맞는 길이가 된다.

옆판을 연귀가공하려면 라우터 비트를 부재보다 높게 설정하고 펜스 안쪽에 위치하도록 세팅하여, 부재의 길이를 줄이지 않고 연귀를 절단할 수 있도록 해야 한다(1). 칸막이들의 끝부분을 경사지게 가공하려면 부재 두께의 절반을 절단하도록 비트 높이를 낮춰준다. 한쪽을 가공한 후 뒤집어서 반대쪽도 가공하면 홈에 맞는 경사면 가공이 된다. V 홈의 경우 비트 높이를 부재 두께의 절반으로 설정한다. 푸시블럭을 사용하여 부재를 테이블에 대고 일정한 깊이의 홈을 만든다(2). 모든 부재를 한 번에 설치하려고 하면 잘 맞지 않을 가능성이 높다. 이런 경우에는 45° 슈팅 보드에서 대패를 사용하여 미세조정한다(3). 옆판부터 시작하여 칸막이까지 케이스에 모두 꼭 맞을 때까지 계속 다듬어주며 맞추어간다(4). 모든 부재들이 정확한 크기로 가공이 되고나면, 연귀 상자 조립 방식처럼 테이프를 붙인 후 펼쳐서 접착제를 바르고 조립을 한다(5). 틈이 없도록 하기 위해 칸막이에 클램핑을 해야하는 경우도 있다. 마지막으로 양쪽 내부 상자를 설치하고 (6), 그 사이에 외부 케이스의 중앙 칸막이를 삽입한다.

전통적인 조미료 상자에서 서랍을 감싸기 위한 연귀 칸막이 조립 아이디어를 얻었다.

다. 나는 문짝 알판을 분할하기 위해 세로 문살을 자주 사용했다. 미닫이 문과 오목한 손잡이도 여러 작품에서 작업을 해왔다. 개성있는 스타일을 향해 작업한다는 것은 프로젝트 간에 일관된 스타일을 만드는 디자인 요소들을 조립하는 것이라고 설명할 수 있다. 하지만, 나는 이를 문제 해결 도구들을 조합하는 것으로 생각하는 경향이 있다. 내 디자인은 주로 나를 괴롭히는 것들을 가능한 한 많이 제거하는 방향으로 향하며, 독특하게 보이게 만드는 데에 전념하지는 않는다. 다행스러운 한 가지는 위험 부담이 없는 환경에서 이러한 모든 솔루션을 시도해볼 수 있었다는 것이다. 그것은 내 작업장 구석구석에 먼지를 이고 있던 주먹장 샘플 상자들에서 온 것이다. 걱정해야 할 고객도 수업도 독자도 없었다. 재료비에 큰 투자를 하지도 않았다. 실수해도 안전한 곳, 놀기에 안전한 곳이었다.

전통적인 조미료 상자에서 서랍을 감싸기 위한 연귀 칸막이 조립 아이디어를 얻었다. 이 방식이 정말 마음에 들었던 이유는 외부 케이스를 만든 후 내부 공간을 완성할 수 있다는 점이다. 기본적으로 나는

3

4

5

6

미닫이문 크기 정하기

케이스에 미닫이 문을 설치하는 것은 어렵지는 않지만 미리 계획을 잘 세워야 한다. 실제 크기의 도면인 현치도를 그리면 홈을 배치할 때 도움이 된다. 또한, 시험 가공을 미리 해보면 실제 문을 다듬기 전에 문 크기를 조정하는 데 도움이 된다. 첫 번째 단계는 접착하기 전에 케이스의 미닫이 홈을 가공하는 것이다. 아래쪽 홈은 가능한 한 얕게, 깊이는 1.5mm 이하로 만들고, 위쪽 홈은 문짝을 제자리에 기울일 수 있을 만큼 깊게, 보통 6mm 깊이로 만든다(1). 이렇게 하면 문의 아래쪽 짧은 턱이 홈에 놓일 때, 위쪽에 있는 더 긴 턱이 홈에 잘 들어맞게 된다. 이 홈 가공 작업은 테이블쏘나 라우터 테이블을 이용한다(2).

다음으로 문 크기를 정하기 위한 시험용 목재를 준비한다. 실제 부재로 곧바로 작업을 하면 자칫 문이 너무 좁거나 크기가 잘못된 문짝이 될 수도 있다. 막대 부재를 대략적인 길이로 자르고 끝에 촉을 만들고 케이스 홈에 맞춘다. 촉의 두께는 홈 너비보다 약간 작아야 한다. 하단 촉을 3mm 길이로 만든다. 이렇게 하면 문의 아래쪽에 1.5mm의 그림자 선이 만들어진다. 상단의 촉을 약 5~6mm 길이로 자르고 뒤쪽 모서리를 경사지게 하여 제자리에 기울어지도록 한다(3). 제자리에 기울여서 끼울 수 있을만큼 짧아야 하지만, 설치된 후 홈에서 빠지지 않을만큼 충분히 길어야 한다(4). 문이 상단에 가능한 한 작은 틈으로 딱 맞게 끼워지도록 약간의 시행 착오가 필요하다. 시험용 부재를 사용하여 실제 문의 크기를 결정하면 상하부 부재의 너비나 촉 길이를 잘 조정할 수 있다.

관통 주먹장을 적용하기로 해서 결구를 만드는 일이 좀 더 쉬워졌지만, 서랍 10개는 여전히 많다.

가로 세로 칸막이를 만들 수 있는 상자에는 내부 상자를 만든다. 6mm 이하로 매우 얇게 할 수 있으므로 모양이 너무 무거워지지도 않는다.

칸막이들을 조립하는 것은 연귀맞춤 상자의 경우와 비슷하다. 하지만 부재가 일반적인 연귀맞춤 상자보다 훨씬 얇기 때문에, 이전에 연귀맞춤 차 상자에 사용했던 테이블쏘 마이터지그 대신 V-홈 라우터 비트를 사용하여 연귀를 가공한다(p. 121 참조). 칸막이들은 V자 홈에 테두리를 제비촉맞춤처럼 끼워서 서로 연결한다. 홈과 연귀 가공에 동일한 비트를 사용했다. 연귀 부분의 길이를 미세 조정하기 위해서는 간단한 슈팅보드를 만들었다. 끝부분을 대패질하기 위해 부재를 45° 각도로 어떻게 유지할까 고민하는 대신, 부재를 지그에 평평하게 놓고 45°로 각도진 펜스가 대패를 지지하여 가공하도록 했다. 일반적인 다도맞춤에 비해 이러한 결합방식의 장점은 칸막이 전면부가 깔끔하고, 부재 사이의 전환이 매끄럽다는 것이다. 부재를 정렬하고 모서리에 틈이 생기지 않도록 하기 위해 칸막이를 먼저 조립한 다음 케이스에 밀어넣는다. 칸막이가 제자리에 놓일 때까지 기다렸다가 서랍 크기를 결정한다. 관통 주먹장을 적용하기로 해서 결구를 만드는 일이 좀 더 쉬워졌지만 서랍 10개는 여전히 많다. 대신, 작업을 마치고 나면 주먹장 기술이 조금 더 나아지지 않을까?

서랍 손잡이 만들기

홈을 파고 손잡이를 만들면 문에 걸리지 않으면서도 충분히 잡을 수 있도록 할 수 있다. 각 손잡이 위치에 3개의 구멍을 뚫는다. 손잡이를 끼우기 위한 관통 구멍, 오목한 홈의 바닥을 설정하기 위해 관통 구멍보다 약간 더 큰 직경의 깊은 구멍, 그리고 홈 둘레를 설정하는 19~20mm 크기의 얕은 구멍(1). 외부 테두리에서 바닥 사이를 부드럽게 조각 가공하는 데는 몇 분 정도의 시간이면 된다(2). 홈 안에선 손에 걸리는 모서리들이 없도록 부드럽게 다듬어주는 것이 좋다(3).

한 걸음 앞으로 또는 옆으로

달 보석함과 마찬가지로 이 작품도 작업실 어딘가에 놓여있던 주먹장 예비품에서 시작됐다. 내 디자인 도구로 새로 추가된 라이브 에지(live-edge)와 함께 쿠미코(Kumiko)도 쓰였다. '달 보석함'처럼 이 작품에도 미닫이문을 달았지만, 두 프로젝트 사이에는 몇 가지 중요한 차이점이 있다. 내가 이 작품을 시작했을 때 쿠미코는 이미 내 작업들에 자주 쓰이는 요소가 되어 있었고, 나는 차와 찻주전자, 찻잔 등의 차 관련 용품 수납함을 만드는 데 관심을 갖기 시작했다. 하지만 이 작업을 시작하기 전에 먼저 어떤 유형의 항목을 보관해야 하는지를 알아야 했다. 해답이 그다지 쉽지는 않았다. 산지(産地), 차의 종류, 끓이는 방법에 따라 필요한 차용품들은 너무 다양해서 혼란스러울 정도였다. 처음에는 조금 답답하게 여겼지만, 결국 여러 가지 가능성들을 샅샅이 탐구하는 시간이라는 점에서 좋은 일이라고 생각했다.

다도(茶道)

이러한 일들 덕분에 나는 차를 마시는 일에 다시 익숙해져야 했다. 일본 녹차, 중국 홍차, 대만 우롱차 등. 이들의 공통점은 차를 내리는 일이 차를 마시는 것만큼 중요한 과정의 일부라는 것이다. 간단한 티백(tea bag)을 사용하는 경우에도 마찬가지이다. 차는 고유한 시간을 본질처럼 가지고 있어서, 차를 내리는 데 걸리는 몇 분의 시간은 일상의 혼돈에서 벗어날 수 있는 휴식을 안겨준다. 그렇기 때문에 차와 관련된 경험에는 의식(ritual)으로서의 특징이 있으며, 차 보관통, 대나무 스쿱, 찻주전자나 찻잔에 이르기까지 모든 차 용품들은 그 의식(ritual)과 경험을 전달한다.

또한 목공이 그 역할을 할 때도 있다. 그래서 차를 담는 통, 찻주전자와 찻잔을 담는 선반, 그리고 그것들을 테이블로 가져갈 상자 같은 것들은 모두 이러한 경험에 포함될 수 있는 것이다. 나무와 다른 소재를 결합할 수도 있다. 무쇠 찻주전자가 가진 검은 색 무광의 질감과 거칠게 빚어낸 찻잔의 광택이 대조를 이루며 목공예 작업을 놀랍도록 잘 보완해준다. 내가 내 작품들은 완벽하고 깨끗하게 만들려고 노력하는 데에 비해, 도자기는 말끔하지 않고 결함이 있어보이는 것들을 좋아한다는 것이 좀 이상해 보일 수는 있겠지만, 나는 그것들이 본질적으로 서로 다른 만큼 오히려 내 작업과 잘 어울리고, 또한 더 높은 수준으로 끌어올려준다는 것을 알게 되었다. 목공예품이 그 자체로 완벽할 필요는 없으며, 더 나은 조화를 이루는 데 필요한 역할을 하는 한 부분임을 깨달았다. 겸허해지기도 하며 안심이 되는 생각이었다.

애초부터 이 작품은 보석함이라기보다 차도구함이었다. 원래는 찻잔을 상자 안에 넣을 생각이었는데, 보이도록 진열하면 더 좋을 물건을 굳이 숨기려는 것이 조금 마음에 들지 않았다.

대신에 나는 긴 선반이나 바닥에 더 작은 상자를 놓으면 어떨까 하는 생각을 해보았다. 작업대 위에 있던 어떤 판재 하나에 주먹장 상자 하나를 올려놓았다가 새

세로대 분리하기

차도구함은 옆으로 넓은 구조이다. 그래서 쿠미코를 넣기 위한 정사각형 개구부를 만들면 가로대보다 세로대를 더 넓게 만들어야 하고, 문이 이상하고 투박해 보이게 된다. 넓은 세로대를 한 쌍의 좁은 세로대로 나누어서 이 문제를 해결했다. 이것은 넓은 세로대의 문제를 해결했을 뿐만 아니라 작품에 멋진 시각적 요소를 부여해주었다. 세로대는 가로대의 홈에 맞는 짧은 장부로 결합된다. 이렇게 하면 접착하는 동안 세로대를 쉽게 배치할 수 있다. 쿠미코를 직접 사용하여 안쪽 세로대 사이의 거리를 정하고, 안쪽 세로대와 바깥 세로대 사이에 심을 삽입하여 간격을 일정하게 맞추었다.

로운 아이디어가 스쳤다. 아이디어대로 이 함의 칸막이를 구상하기 위해 골판지에 서랍과 문을 그려서 케이스 전면에 넣어보았다. 그리고, 차도구들과 함의 크기 비율이 어떻게 되는지 감을 잡기 위해 부엌에서 냄비와 컵을 가지고 나왔다(오른쪽). 이런 과정은 천재적인 창조작업이 아니라 하나의 놀이이다. 그리고 재미있다. 요컨대, 이 프로세스는 오늘날 내 작

업을 이끌어가는 핵심이다. 놀이, 재미, 기발함, 발견, 번뜩이는 아이디어를 가지고 작품으로 완성할 때까지 밀고 나아가기. 친숙함과 낯선 발견의 감각을 동시에 가지고, 생각의 한 조각을 현실 세계로 가져와 누군가가 그것을 보고 "오!"하고 감탄하게 하는 것. 그것이 나를 매일 공방으로 달려가 날물을 연마하고 집진기를 비우게 하는 동력이다.

292

152

178

35

끼워 넣은 칸막이 6t

고정선반 10t

외부 케이스 12t

오른쪽은 비워 놓는다.

고정선반에는 미닫이문을
위해 홈을 파놓는다.

다리리 6t×12w
바닥판 아래쪽에
나사못으로 고정한다.

상부 가로대 12w

내부 세로대
10w

외부 세로대
19w

하부 가로대 19w

바닥판 19t×190~216×660

차도구함을 φ10 목봉으로
고정한다.

작은 차도구함

이 작품은 쿠미코로 장식한 미닫이 문과 그 아래에
전체 폭의 서랍을 가지고 있지만, 기본 구조는
'달 보석함'(p.132)과 같다.

상자로 위장한 함

선 반이 있는 함을 만들고 접이식 미닫이 문을 단 다음에 뒤집어 놓으면 어떻게 될까? 그리고, 줄로 만든 손잡이를 달고, 안에 차 봉지들을 채워보았다. 나는 원래 상자에 대한 섹션과 함에 대한 섹션을 나누어 다룰 계획이었다. 이것들은 내 마음 속에서는 다른 것들이었고, 다른 이유들로 각각 좋아했다. 하지만 각 섹션에 포함하고 싶은 내용들을 살펴보다보면, 작업물들이 어디에 속하는지 결정하기가 어려웠다.

다시 한 번 말하자면, 이 프로젝트는 여기저기 놓여있던 주먹장 샘플로부터 시작되었다. 어느 시점에서 그것을 에보나이징(ebonizing), 나무의 탄닌 성분을 이용하여 검게 채색하는 방법을 적용하려고 했었다. 그래서 그것을 원래의 나무색이 나올 때까지 사포질하였지만, 검은 흔적들은 여전히 주먹장 안에 남아있었다. 와이어 브러시로 표면을 문지르고, 다른 마감 없이 왁스를 칠해보았다. 그렇게 해서 여러 실험들이 마구 이루어진 것 같은 이상한 모양이 되었고, 난로 속에 장작으로 던져 넣지 않고 남겨놓았다는 것이 조금 의외일 정도였다. 처음 생각은 함을 만드는 것이었지만 비율적으로 너무 높고 좁아서, 대신 나는 그것을 평평하게 놓고 상자로 부르기로 했다.

뚜껑이 가장 큰 도전이었는데, 결국 그것이 이 작품의 특징이 되었다. 처음엔 경첩을 쓰지 않기로 했고(어쨌든 결국에는 경첩이 생겼다), 상자 위로 들어 올리는 큰 뚜껑도 원하지 않았다. 뚜껑은 항상 놓을 장소를 찾으려고 두리번거리기 때문이다. 한 쌍의 미닫이 뚜껑을 할만큼 깊지는 않았고, 미닫이 뚜껑 하나로는 별로 의미가 없었다. 그래서 경첩이 달린 미닫이 뚜껑이라는 아이디어가 자연스럽게 솟아났다. 상자 측면에는 전체 길이를 따라 홈이 있고, 두 개의 뚜껑 중 하나의 옆면에도 홈이 있다. 뚜껑의 홈에 쪽매를 길게 접착해 넣어 앞뒤로 미닫이문으로 사용할 수 있게 된다.

다른 뚜껑의 끝에는 손잡이를 만들어 상자 끝의 홈에 놓이도록 한다. 뚜껑 하나를 들어 올려 상자의 한쪽으로 당기고, 접힌 뚜껑을 위로 밀어 다른쪽 뚜껑 위로 덮는다. 월넛으로 만든 칸막이는 모든 것을 정리해준다. 놀랍게도 비율이 내용물들에 딱 맞았다. 나는 항상 무엇이든 줄로 만든 손잡이를 추가할 이유를 찾고 있었는데(설치 방법은 p.155 참조), 이 상자의 크기가 그 기회를 제공해주었다. 동료들을 위해 찬장에서 차 봉지가 들어 있는 종이 상자를 꺼내놓는 것도 좋지만, 핸드메이드 우든 박스, 손으로 직접 만든 멋진 나무상자를 테이블로 옮겨놓으면 멋진 티 파티의 무대가 되지 않겠나!

한 쌍의 미닫이 뚜껑을 할만큼 깊지는 않았고, 미닫이 뚜껑 하나로는 별로 의미가 없었다. 그래서 경첩이 달린 미닫이 뚜껑이라는 아이디어가 자연스럽게 솟아났다.

제6장

케이스워크

나는 바닥에 놓고 물건을 넣는 각종 케이스 작업물들에 대해 포괄적으로 케이스워크 (casework)라는 용어를 사용한다. 대부분 거기에 앉거나, 거기에서 먹거나 벽에 매달거나 하지 않는 종류들을 일컫는다. 이것엔 꽤 많은 것들이 포함되는데, 우리가 만들고, 우리들 집에 필요한 많은 것들이다. 찬장, 책장, 침실 서랍장. 선반, 문, 서랍 등등. 이 조합은 벽걸이 수납장의 경우보다 훨씬 더 다양하며 그 규모와 기능에 더 많은 다양성이 있다. 모든 가구 스타일에는 앤 여왕 하이보이(Queen Anne highboy), 연방 스타일 사이드보드(Federal serpentine sideboard), 아트앤크래프트 스타일 사이드보드(Arts and Crafts sideboard), 셰이커 스타일 컵보드(Shaker tall cupboard)와 같은 전형적인 케이스워크 작품이 있다. 가구를 만들고 싶다면 케이스 작업으로 시작하여 케이스 작업으로 끝낼 수 있으며 중간에 지루할 틈이 없다. 이 챕터에서는 솔리드 판재나 우드슬랩으로 결합하는 케이스와, 더 많은 도전을 요하는 동시에 더 다양한 기능을 제공하는 프레임-패널 알판구조의 케이스워크를 포함하여 케이스워크로 생각할 수 있는 넓은 형태를 찾을 수 있을 것이다. 그리고 마지막으로 내가 아주 좋아하는 형태 중 하나인 스탠드형 케이스를 빼놓을 수 없다.

하나의 신발장 벤치가 다른 것을 낳다

내 목공 여정에서 가장 중요한 이정표 중 하나는 〈Fine Woodworking〉 잡지에서 일을 시작하기 위해 아내와 어린 아들과 함께 코네티컷으로 이사했을 때 만든 소박하고 작은 작품이다(왼쪽 사진). 당시에 나는 수납이라는 문제에 직면해 있었다. 우리는 TV, VCR과 그 둘 다 들어가기에는 너무 작은 캐비닛을 하나 가지고 있었다. 나는 목재상으로 달려가 1×12 구조목 사이즈의 판재를 구하고, 이를 세 조각으로 자른 후, 조잡하게 튀어나온 주먹장으로 결합했다. 이 받침대를 캐비닛 위에 올리고, VCR은 아래에 넣고, TV는 위에 올려놓았다. 부재들을 접착하지는 않았다.

이것을 TV 선반으로 사용하다가 욕실로 옮겨서 우리 아이들 세면 대용 발판으로 사용했다. 아이들의 신발장 벤치 역할도 했다. 아이들이 성장한 후에는 지하실로 옮겨서 세탁기 옆에 세탁 바구니를 놓을 수 있는 받침대로도 사용했다. 지금은 다시 한번 지하실의 TV 아래로 옮겨 비디오 게임 콘솔을 두기 위한 용도로 쓸 수 있다고 생각한다. 마감을 전혀 해오지 않았기 때문에 결국 청태가 잔뜩 먹었다. 그래도 나이를 잘 먹어서 20년 동안 정상적으로 사용해왔다. 늘 오래 쓸 수 있는 견고한 가구를 만들려고 노력했지만, 이 작품을 통해 가구의 생애에 대해서도 눈을 뜨게 되었다. 이 기본 형태는 그 뒤를 이은 많은 사례에 영감을 주었고, 그 생명력이 조금이나마 전해졌으면 한다.

늘 오래 쓸 수 있는 견고한 가구를 만들려고 노력했지만, 이 작품을 통해 가구의 생애에 대해서도 눈을 뜨게 되었다.

신발장 벤치로 계속 이어지다

내가 만든 다음 신발장 벤치에는 선반을 추가하였으며, 판재의 결합은 역시나 동일하게 주먹장맞춤으로 하였다. 사용자와 상호작용하는 가구이기 때문에, 돌출 주먹장의 사용은 시각적인 디테일뿐만 아니라 촉각적인 디테일도 되었다. 이것이 미래의 작품을 알리기 시작한 아이디어의 시작이다. 벤치는 견고한 외관을 갖추기 위해 두꺼운 화이트 오크 판재로 만들었다(왼쪽). 선반의 아래쪽 모서리를 약간 아치형으로 모따기를 하면 작품의 느낌이 약간 가벼워지며 탄력감이 생긴다. 작품이 너무 직선적일 때 약간의 곡선만으로도 새로운 멋을 추가할 수 있다. 여기서 귀중한 교훈을 얻었고 내 디자인 도구 모음에 새로운 것이 추가되었다.

약간 투박하고 윗부분이
무거워 보이는 벤치로
보였다. 이 문제는 중앙
서랍을 낮은 2단 서랍으로
나누어 해결했다.

마지막으로 더 큰 신발장 벤치로 이 아이디어를 확장했다. 이전 벤치에서 기본 형태를 가져왔지만, 더 길고 높게 만들려고 했다. 그런 다음 윗부분을 겨울 모자와 장갑을 위한 서랍으로 계획했다. 나는 많은 수납을 위해 서랍을 멋지고 깊게 만들려고 했지만, 약간 투박하고 윗부분이 무거워 보이는 벤치로 보였다. 이 문제는 중앙 서랍을 낮은 2단 서랍으로 나누어 해결했다.

나는 그것이 꽤 잘한 일이라고 생각한다. 겨울용품을 정리하기 위한 서랍은 하나 줄었지만, 컴퓨터와 공책들을 위한 장소를 하나 가지게 되었다.

손잡이는 아트앤크래프트 작품에 사용한, 수제 철제 하드웨어로 선택했다. 하드웨어는 제대로 하기 어려운 것 중 하나이다. 특히나 나중에 하기 위해 미뤄두었다면 더욱 그렇다. 단순하든 화려하든 선택한 하드웨어는 작품의 모양에 큰 영향을 미친다. 나는 같은 스타일을 계속해서 사용하며, 하드웨어 선택에 있어서 상당히 보수적인 편이다. 다른 모든 것과 마찬가지로 무언가를 충분히 자주 사용하면 그 효과를 예상할 수 있고 이를 염두에 두고 디자인을 시작할 수 있다. p.152에 이어지는 책장의 경우, 구조는 매우 유사하지만 줄을 엮어 만든 손잡이가 다른 느낌을 자아낸다.

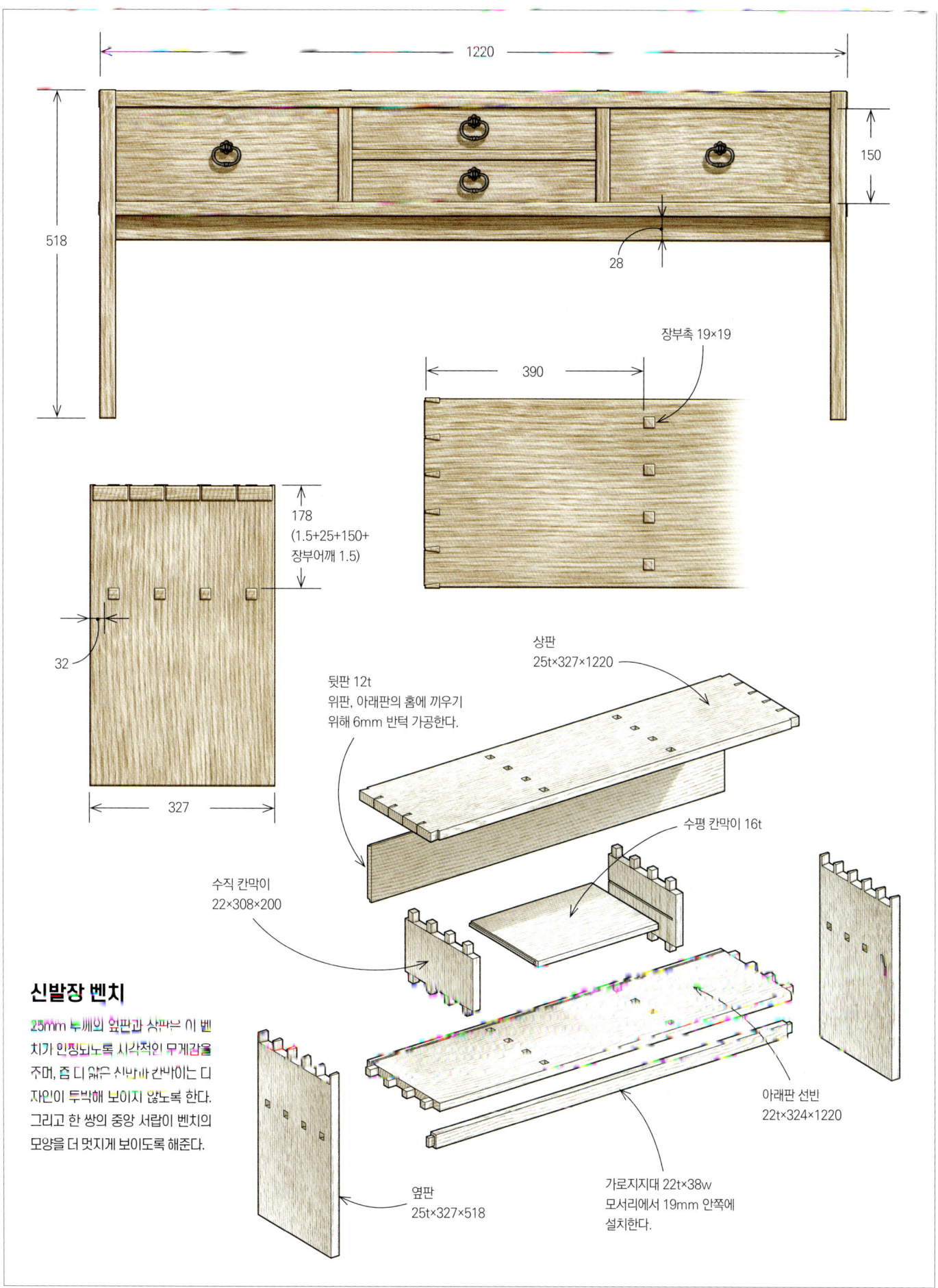

1220

518

150

28

장부촉 19×19

390

178
(1.5+25+150+
장부어깨 1.5)

32

327

뒷판 12t
위판, 아래판의 홈에 끼우기
위해 6mm 반턱 가공한다.

상판
25t×327×1220

수평 칸막이 16t

수직 칸막이
22×308×200

신발장 벤치

25mm 두께의 옆판과 상판은 이 벤치가 인정되노록 시각적인 무게감을 주며, 좀 더 얇은 신반과 칸막이는 디자인이 투박해 보이지 않노록 한다. 그리고 한 쌍의 중앙 서랍이 벤치의 모양을 더 멋지게 보이도록 해준다.

아래판 선반
22t×324×1220

옆판
25t×327×518

가로지지대 22t×38w
모서리에서 19mm 안쪽에
설치한다.

아쉬운 실수들을 버릴 필요는 없다

어떤 것이 그 기능을 잘 수행하면서도 주변 환경에 개성을 더해주고 있다면, 나쁜 것이라 할 수 없다.

브랜디를 담기 위한 캐비닛은 신발장 벤치 아이디어를 새로운 높이로 끌어올린 것이다(왼쪽 아래). 실제로는 이것에 탄산수나 남는 종이 냅킨 또는 쥐덫 같은 것들까지 들어가기도 했다. 부엌의 한쪽 구석에 놓여 있으니 확실히 그럴만했다. 하지만 이 캐비닛은 너무 얇은 목재로 만들었다는 치명적인 단점이 있다. 적어도 그것이 문제라고 생각했다.

마음에 들지 않는 작품과 함께 하는 것이 조금 속상했지만 계속 유지하고 싶었다. 그래서 이 결함을 해결하려고 아래쪽 선반에 커다란 방두산지 장부(tusk tenon)를 추가하였다. 이 아이디어는 얇은 부분이 가장 두드러져 보이는 캐비닛 하단에 약간의 시각적 질량감을 주려고 하는 것이었다. 불행히도 캐비닛에 너무 큰 산지를 추가한 것처럼 보인다. 방두산지 장부는 그 자체로 나쁘지는 않지만(나는 그것을 잘 활용하는 훌륭한 가구의 예를 보아왔다), 그것들은 고정장치로 생각하기보다는 조각같은 느낌으로 계획하는 것이어야 했다. 나중에는 발에 캡을 추가하기도 해보았다. 그것은 좀 나은 것 같았지만, 여전히 나와 맞지는 않았다.

이러한 유형의 아쉬운 실수들은 좌절감을 주기도 하지만, 매일 곁에 두고 지내다보면 '처음부터 세부 사항을 정확하게 해야 한다'는 교훈을 계속 상기시켜준다. 스스로 자책하지는 않지만, 캐비닛을 볼 때마다 미완성의 작업이라는 느낌이 든다. 이 작품을 고쳐야 하는 것은 아니지만, 그것이 의도했던 것에 어떻게든 경의를 표하기 위해 나는 이 작품의 교훈을 사용해보고자 한다. 이런 이야기가 마치 이 캐비닛을 모닥불에 장작으로 던져버릴 준비가 된 것처럼 들릴지 모르겠지만, 이것은 단점이 있음에도 불구하고 목적에 잘 맞는 작품이다. 그 자체로 우리가 만드는 것의 모든 측면에서 완벽을 위해 노력할 수 있는 한, 어떤 것이 그 기능을 잘 수행하면서 주변 환경에 개성을 더해주고 있다면, 나쁜 것이라 할 수 없다는 것을 상기시켜준다.

집안 여기저기에 단점들이 더 나은 노력으로 이어진 여러 작품이 있다. 각각의 경우에 나는 최선을 다했고, 이후에 나온 작품도 초기의 노력 덕분이었다. 더 나은 내일을 위해 오늘 최선을 다하자는 자세로 항상 돌아오는 것 같다.

두 번째 기회를 제공한 책장

이 작은 책장에는 브랜디 캐비닛에서 배운 교훈들이 녹아들어 있다. 이것은 TV방에 있는 내 모리스 의자 옆에 있고, 위쪽 선반은 리모컨 등을 놓을 수 있는 안성맞춤한 자리가 되었다. 모서리에 잘 맞는 작은 작품이다.

이번에는 더 두꺼운 목재로 작업했다. 크기는 일반적인 책장보다 약간 작게 조정했다. 이 선택의 결과로 압도하는 느낌이 없으면서도 작고 튼튼한 책장이 되었다. 브랜디 캐비닛에 있는 것과 같이 아래 선반을 위로 들어올리는 대신, 책장의 낮은 선반을 바닥의 가로대 바로 위에 두어 작품이 바닥에 앉는 데 도움이 되도록 했다. 그러나 세부 사항들 이상으로 두 작품 사이에는 또 다른 차이점이 있다. 브랜디 캐비닛을 만들 때에 나는 전체 제작 과정에서 내가 원하는 작품이 무엇인지 이해하기 위해 고군분투했다. 빠르게 목업을 만들었지만 실제로 그것이 해결되기 전에 먼저 제작에 뛰어들었다. 그래서 잘 안 될 때는 어느 방향으로 가야 하는지도 모른 채 여러 가지 수정작업을 시도했다.

반면에 책장은 무엇을 하고자 하는 프로젝트인지 훨씬 더 명확한 아이디어로 시작했다. 그래서 스케일이나 나무 두께, 서랍 손잡이를 결정할 때 더 보기 좋게 만들었는지 더 나쁘게 만들었는지가 아니라, 목표에 더 가까워졌는지에 초점을

맞췄다. 결승선이 어디에 있는지 더 잘 알고 있었기 때문에 그렇게 할 수 있었다. 그 이유 중 하나는 여분의 목재가 있었기 때문이다. 내 공방은 장기간 목재를 보관할 만한 공간이 별로 없는 작은 작업장이다. 그래서 디자인을 먼저 하고 디자인에 맞는 목재를 구매하는 편이다. 하지만 다가오는 프로젝트를 위해 목재를 준비하던 중에 놓칠 수 없이 아름다운 화이트 오크 판재를 발견했다. 그것을 구하기 위한 돈도 공간도 없긴 했지만 어쨌든 결국 그것은 내 선반에 자리를 잡게 되었다.

　　판재를 놓아두고 매일 그 주위를 천천히 돌아다니면서 책장에 대한 아이디어가 내 마음에 만들어지기 시작했다. 스케치북을 집어 들었을 때엔 이미 디자인이 내 마음 속에 자리잡았다. 나는 실제로 이러한 유형의, 잠시 제쳐두어보는 '백 버너(back-burner) 디자인 프로세스'를 신뢰하기 시작했다. 내가 아이디어를 생각해내야 할 예정 프로젝트가 있을 때, 때로는 생각하지 않는 것이, 또는 적어도 직접적으로는 생각하지 않는 것이 최선일 수도 있다는 것을 알게 된 것이다. 내가 다른 일을 할 때 마음 한구석으로 스며들어오는 아이디어들은 일단 그것들에서 관심을 완전히 돌린 후에 더 쉽게 모이는 경향이 있다. 뒷판으로 쓸 옹이 있는 좋은 소나무를 찾고, 마끈을 감아 서랍 손잡이를 만들며 작업은 별 고민 없이 순조롭게 진행되었다.

　　가구를 행복하다거나 친근하게 생각한다는 건 조금 이상할 것이다. 이러한 말들은 만화 속 말하는 가구의 이미지를 불러일으킬 수 있다. 아마도 "열린"이나 "초대"라는 단어가 요점에 더 가까울 것이다. 어느 쪽이든 이 책장은 현재의 다른 작업들과 마찬가지로 나에게 그렇게 느껴진다. 나는 명확한 아이디어로 시작하고, 그것을 신뢰하고, 단순하게 유지해나갈 때 목표에 더 가까워지는 것 같다.

나는 명확한
아이디어로 시작하고,
그것을 신뢰하고,
단순하게 유지해나갈 때
목표에 더 가까워지는
것 같다.

서랍이 있는 책장

이 작은 책상은 고전적인 아트앤크래프트 작품에서 그리 멀리 떨어져 있지 않다.
하지만 상단 모서리의 주먹장과 바늘을 감아만든 손잡이가 이제 약간 다른 방향으로
향하도록 한다.

장부촉 19×19

673

267

108

장부맞춤 선반
22t

조절선반 16t

상판,옆판 25t

1105

38

64

뒷판 12t

1. 감아 만든 손잡이
   줄끝은 서랍 앞판
   을 통과한다.

2. 그런 다음 비스듬한 목심을
   서랍 내부에서 끼워 손잡이줄
   을 제자리에 고정한다.

3. 남은 목심과 줄은 톱으로
   자르고 끌로 평평하게
   다듬는다.

가볍고 낮은 서랍장

(p. 192 참조)

이 아이디어는 서랍장의 전형적인 상자 모양에서 벗어나는 것이었기 때문에 판재 결합보다 더 크고 더 가볍게 작업할 수 있는 프레임-패널 디자인으로 결정했다.

'미스 호수 서랍장'은 우리가 소풍을 다니던 시에라(Sierras) 산맥의 작은 호수 이름을 따서 지었다. 특별히 흥미롭거나 의미있는 것을 생각해낼 수는 없었지만, 나는 항상 작품에 이름 붙이기를 좋아했다. 이 디자인은 코네티컷의 언덕보다 캘리포니아 산에 더 가깝게 느껴지기 때문에 이 이름이 적합해 보였다.

이것을 디자인할 때, 아트앤크래프트 양식에서 영감을 받은 디자인에 약간의 미묘한 곡선을 추가하기로 했다. 이 아이디어는 서랍장의 전형적인 상자 모양에서 벗어나는 것이었기 때문에 판재 결합보다 더 크고 더 가볍게 작업할 수 있는 프레임-패널, 알판 구조의 디자인으로 결정했다.

또한 서랍장을 바닥에서 들어올리기 위해 다리를 추가했다. 하지만 이렇게 큰 몸체를 다리로 지탱할 때 가구가 약간 무거워 보일 위험이 있었다. 그래서 더 안정적인 느낌을 주기 위해 바닥 부분에서 다리를 넓히기로 했다. 오목했다가 바닥에서 나팔바지처럼 벌어지는 일반적인 벨-바텀 커브(concave bell-bottom curve) 대신 약간 볼록한 곡선을 사용했다. 이 아이디어는 다리를 넓히되 직선 테이퍼보다 더 흥미롭게 하면서도, 대신 곡선에 너무 많은 관심을 끌지 않으려고 한 것이었다.

서랍장 특징을 알려주는 디테일들

다음 단계는 케이스가 상판과 만나는 부분에 약간의 시각적 흥미를 더하는 것이었다. 여기에서 나는 이전에 만든 헤이레이크 테이블의 에이프런에서 아이디어를 가져왔다(p. 192 참조). 에이프런은 다리 상단의 헌치에 맞고 다리 너머로 확장되어 곡선의 코벨 모양으로 만들어졌다. 코벨은 아트앤크래프트 스타일에서 흔히 볼 수 있는 요소이기 때문에 서랍장에도 사용할 수 있다고 생각했다. 이 시점에서 나는 디자인이 향하는 방향은 마음에 들었지만, 사각형 상판의 단순한 직각 모서리는 약간 투박해 보였다. 그래서 끝부분에 약간의 곡선을 추가하고 가장자리 프로파일을 약간 곡면으로 만들었다.

서랍장 전면부에서는 서랍을 약간 안으로 들어가도록 했다. 도면에서는 그 효과가 잘 보이지 않지만, 서랍 앞판과 프레임들이 단일한 판재처럼 보이지 않고, 그림자와 하이라이트가 멋진 입체감을 만들어냈다.

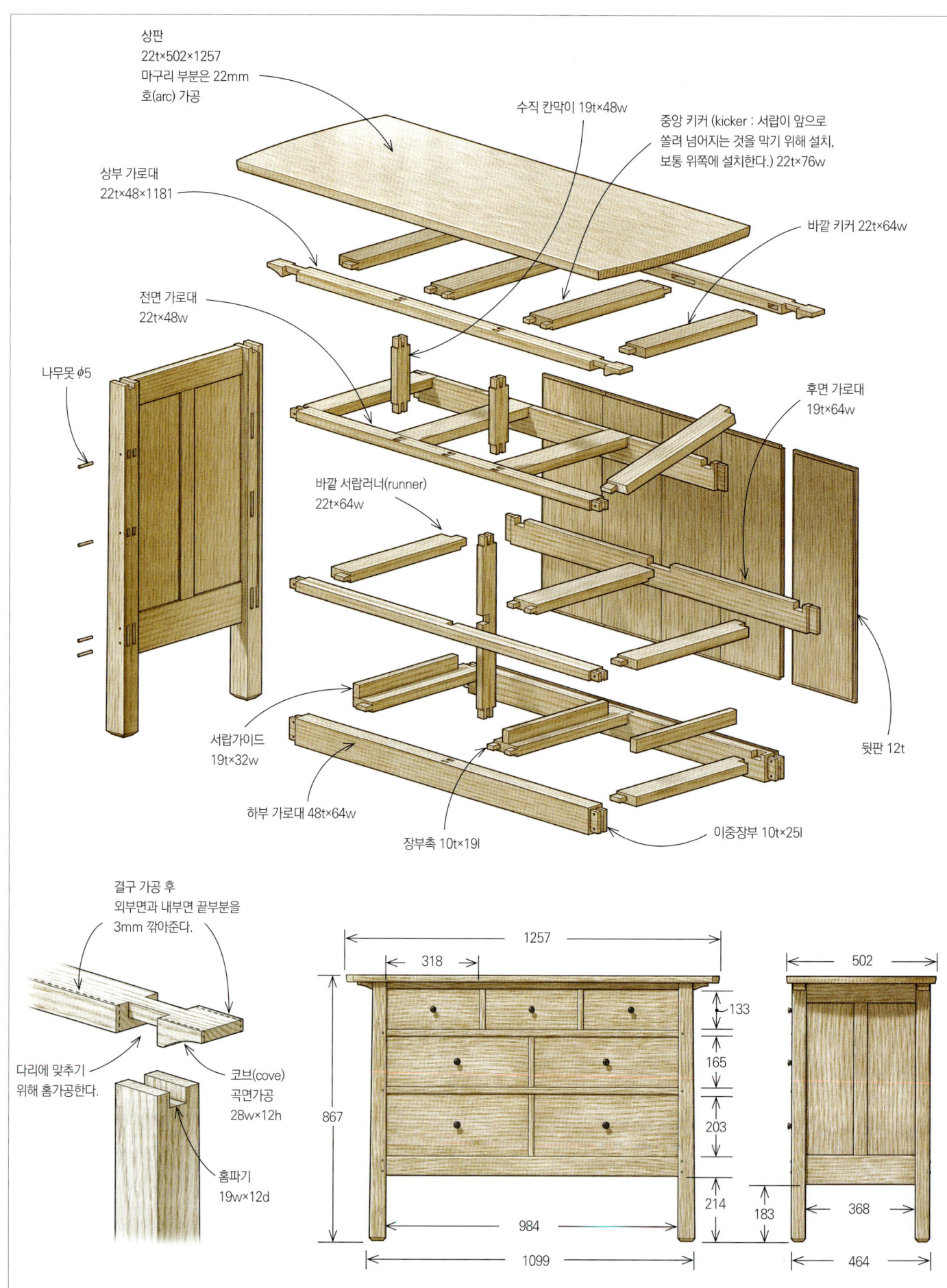

상판
22t×502×1257
마구리 부분은 22mm
호(arc) 가공

수직 칸막이 19t×48w

중앙 키커 (kicker : 서랍이 앞으로
쏠려 넘어지는 것을 막기 위해 설치,
보통 위쪽에 설치한다.) 22t×76w

상부 가로대
22t×48×1181

바깥 키커 22t×64w

전면 가로대
22t×48w

나무못 ⌀5

후면 가로대
19t×64w

바깥 서랍러너(runner)
22t×64w

뒷판 12t

서랍가이드
19t×32w

하부 가로대 48t×64w

장부촉 10t×19l

이중장부 10t×25l

결구 가공 후
외부면과 내부면 끝부분을
3mm 깎아준다.

다리에 맞추기
위해 홈가공한다.

코브(cove)
곡면가공
28w×12h

홈파기
19w×12d

1257

318

133

165

203

214

867

984

1099

502

368

183

464

낮은 서랍장

화이트 오크 나리와 프레임은 이 서랍장에 힘을 더해주며, 버터넛나무로
만든 판재와 서랍 앞판은 부드럽게 보이도록 하고 무게를 가볍게 한다.

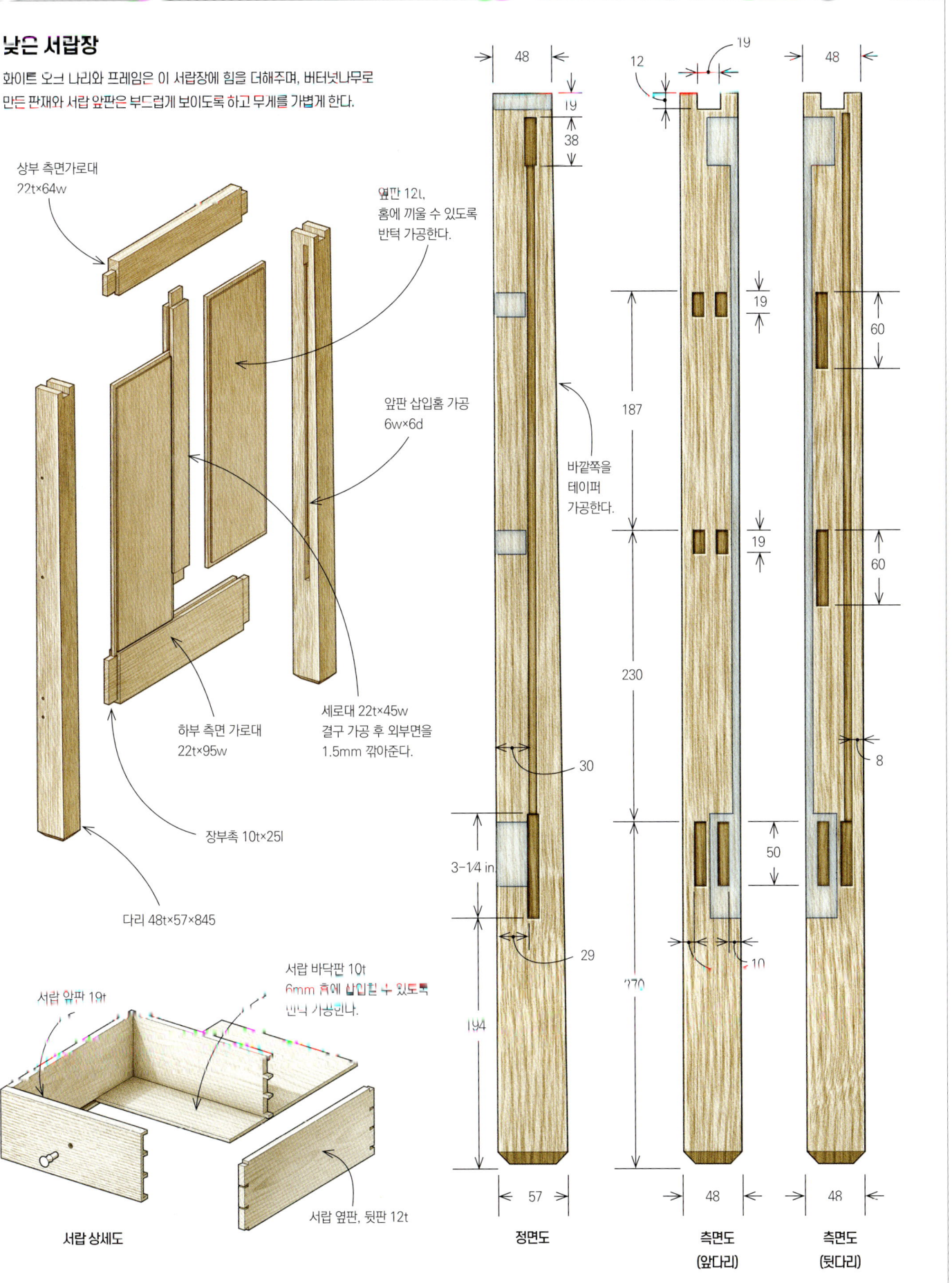

상부 측면가로대
22t×64w

옆판 12t,
홈에 끼울 수 있도록
반턱 가공한다.

앞판 삽입홈 가공
6w×6d

바깥쪽을
테이퍼
가공한다.

하부 측면 가로대
22t×95w

세로대 22t×45w
결구 가공 후 외부면을
1.5mm 깎아준다.

장부촉 10t×25l

다리 48t×57×845

서랍 바닥판 10t
6mm 홈에 삽입될 수 있도록
반턱 가공한다.

서랍 앞판 19t

서랍 옆판, 뒷판 12t

서랍 상세도

48

19

38

187

230

30

3-1/4 in.

29

194

57

정면도

12

19

19

19

50

10

48

측면도
(앞다리)

48

60

60

8

48

측면도
(뒷다리)

상단의 브리들짜임(BRIDLE JOINT)

상단 가로대를 다리와 주먹장으로 연결하는 대신, 다리가 가로지르도록 홈을 가공했다. 그런 다음 가로대의 돌출된 끝 부분에 코브(cove)라 부르는 곡선부 가공을 하여 멋진 디테일을 추가했다. 다리에 장부홈들을 천공한 후 테이블쏘에서 장부 지그(tenon jig)를 사용하여 다리 상부에 다도(dado) 홈가공을 했다(1). 그런 다음 상부 가로대가 얹힐 수 있도록 평평한 어깨면을 만들기 위해 밴드쏘로 바깥쪽 모서리에 턱을 만들었다(2). 이를 통해 전체 형상에 영향을 주지 않고 다리 바깥면의 모양을 만들 수 있었다(3). 그리고 테이블쏘에서 한 쌍의 멈춤블럭을 활용하여 상부 가로대의 홈가공을 한다(4). 멈춤블럭은 제자리에 두고 먼저 밴드쏘에서 잘려나가는 곳의 대부분을 제거한 다음, 멈춤블럭 사이에서 가로대를 앞뒤로 밀어 최종 모양을 만들었다(5). 마지막으로 밴드쏘로 가로대 끝의 코브 모양을 절단한 다음, 잘려진 자투리를 샌딩 블록으로 사용하여 모양을 매끄럽게 다듬었다(6). 첫 번째 가로대를 가공하고나면 나머지 코벨(corbel)을 만들기 위한 템플릿으로 사용했다.

색상 측면에서 나무에 대해 생각하는 것이 아니라, 각 나무의 특성이 다른 나무에 어떤 영향을 미치는지 살펴보는 문제였다.

서랍장의 목재를 선택하는 것도 어려운 일이었다. 이것은 일반적으로 정목제재(quartersawn) 오크를 요구하는 명확한 아트앤크래프트 느낌의 디자인이지만, 그것은 가구를 압도할 것 같아 이 작품에는 적합하지 않아 보였다. 나는 다리와 프레임, 가로대 등으로 사용하기에 추정목제재(riftsawn)의 오크가 마음에 들었는데, 더 차분하고 곧은 나뭇결이 케이스에 시각적 질서와 힘을 더해줄 것 같았다. 하지만 판재들과 서랍 앞판의 경우 더 부드러운 광택이 있는 버터넛나무가 계속 떠올랐다. 두 목재 모두 색상과 색조가 거의 동일하여 최종 결과에서 시각적인 돋보임이 조금 어렵고 너무 단조롭게 보일까봐 걱정이 들었다.

아이디어를 이끌어낸 것은 각 목재에 대해 한동안 작업한 후 나무로부터 받은 직관적인 반응이었다. 묵직함, 듬직함, 영속성 등의 느낌을 주는 오크와 윤기가 흐르고 무지개빛 광택이 나는 버터넛나무, 나는 나무들이 어떻게 서로를 보완할 것인지에 대해 아이디어를 갖게 되었다. 색상 측면에서 나무를 생각하는 것이 아니라, 각 나무의 특성이 다른 나무에 어떤 영향을 미치는지 살펴봤고, 나는 이를 따라보기로 했다. 결국 두 가지의 조화는 성공했다고 생각한다. 이것은 나와 함께 살아가는 작품이고, 그것은 볼 때마다 (좋은 의미에서) 눈에 띈다. 나무 하나하나를 이해할 수 있을 만큼 오랫동안 작업하지 않았다면 선택하지 않았을 것이다.

케이스 단계별 조립

이 서랍장에는 부재들 수가 많아서 이것들을 한 번에 붙이려 한다면 악몽같은 일이 벌어지게 될 것이다. 그래서 모든 부재들을 얇게 셸락을 발라 미리 마감한 후 케이스를 단계별로 접착했다.

먼저 옆판을 조립한다(1). 접착제가 굳고 클램프를 분리하면, 전면부 가로 세로 버팀대들을 조립한 것과 뒷면의 가로대들을 두 옆판 사이에 끼우고 조립한다(2). 서랍 레일을 동시에 접착할 필요가 없도록 뒷면 가로대에 홈을 내어 나중에 서랍 레일을 기울여서 끼울 수 있도록 했다(3). 다음 단계는 제혀맞춤으로 잇는 뒷판을 제자리에 밀어 넣은 다음(4), 상단 버팀대들을 조립하여 제자리에 끼워넣는 것이다(5). 이렇게 몇 단계로 나누어지지만 특별히 스트레스를 받는 단계는 없으며, 비록 단계 사이에 접착제가 마를 때까지 기다려야 하지만, 조립을 여러 부분으로 나누어서 하는 이점이 더 크다. 마지막 작업은 서랍 레일을 추가하는 것이다. 직각자나 복합자를 사용하여 레일을 수직 칸막이와 정렬을 하고 케이스 전면에 대해 직각이 되도록 한다(6). 직각이 맞지 않으면 서랍을 맞추기가 필요 이상으로 더 어려워진다.

때론 보이지 않는 것들이 가장 흥미롭기도 하다.

서랍장의 실제 구성은 비교적 간단하다. 장부맞춤이나 은촉맞춤(rabbet and groove)을 가공할 수 있다면 별 문제없이 케이스를 만들 수 있다. 주먹장맞춤을 할 줄 알면 서랍도 쉽게 조립할 수 있다. 처음 접하는 새로운 결구법이라면 상단 가로대와 다리가 만나는 부분의 연결 정도이다. 이것은 단순한 결구이긴 하지만 서랍장의 개성을 드러내는 열쇠 중 하나이기도 하다.

한동안 내 머리를 움켜쥐게 했던 또 다른 도전은 결구들을 모두 가공한 후 이 모든 것을 어떻게 한 번에 조립하는가 하는 것이었다. 마침내 결정한 해결책은 옆판을 먼저 접착한 다음 나머지 조립을 여러 단계로 나누는 것이었다. 이 접근 방식은 복잡한 접착 작업에서 오는 스트레스를 없애주었다. 조립 방법이 실제로 결구법을 좌우한다는 것을 알게 되었다. 다행스럽게도 나는 처음부터 모든 것을 한 번에 조립하는 데 몰두하고 있었다. 길을 정하기 시작하면서 그에 맞는 작업방법을 선택할 수 있었다. 사실 이후에 서랍 지지대를 설치하는 방법을 찾았고 나중에 뒷판도 설치할 수 있도록 내부의 뒷면 가로대를 추가했다.

목재를 잡기 전에 먼저 프로젝트에 대해 처음부터 끝까지 생각하는 것이 훨씬 좋은 것임을 알게되었다. 우리는 일반적으로 시각적인 디자인만을 생각하는 편이지만, (보는 것이 어떻게 칠입되고, 힘의 전달이 어떻게 되는지 파악하는) 작품에 대한 공학적 접근이 실제로 디자인 문제에서 해결해야 하는 훨씬 더 크고 중요한 부분이다. 때론 보이지 않는 것들이 가장 흥미롭기도 하다.

30년 걸린 캐비닛

간단한 작업을 하는 데 시간이 얼마나 걸릴지 알았다면 여행을 시작하지 않았을지도 모른다.

나는 항상 머릿속에 떠도는 목소리들과 함께 작업해왔다. 멘토들, 비평가들, 선생님들, 고객들 그 모두가 내가 하려는 작업에 발언권을 가지고 있다. 그중에 단순함을 향한 긴 여정에 대해 항상 친절하고 온화하며 격려하고 이해해주었던 하나의 특별한 목소리가 있다. 나는 대학생 때 제임스 크레노브(James Krenov)를 처음 읽었다. 그의 이야기는 자신만의 목소리와 길을 찾아 고군분투하던 예술가, 가구 제작자였던 내 마음을 두드렸다. 그의 이야기가 나를 위로했다면, 그의 작품은 진정한 영감이었다. 단순하고 겸손하지만 살아있는 것이었다. 그것은 그의 말에 힘을 더해주었고, 작품과 작업 철학 사이의 직접적인 연결을 보여주었다. 이것이 내 작업 전반에 걸쳐 주도적인 주제인 것은 우연이 아니다. 크레노브가 아주 좋아하는 작품 중 하나는 스탠드형 캐비닛인데, 끝없는 다양성과 도전을 불러일으키는 단순한 형태의 작품이다. 이 작품은 그가 몇 년 동안 수업을 열었던 레드우드(Redwoods) 대학의 학생들에게 거의 통과의례 같은 것이었다. 나도 그의 작품을 처음 봤을 때부터 도전해보고 싶었던 작품이었다.

그런데 그것을 하는 데 왜 그렇게 오래 걸렸을까? 확실하게 말할 수는 없지만, 아마도 그게 더 좋은 것이었는지도 모른다. 나는 그 프로젝트를 진행하던 몇 년 동안 얻은 거의 모든 지식과 경험으로부터 배운 것이 너무도 많다. 단순한 것은 어렵다. 그리고 무지는 축복이라고 할 수 있겠다. 단순한 작업을 하는 데 시간이 얼마나 걸릴지 알았다면 여행을 시작하지 않았을 수도 있다.

이 작품의 영감은 멋진 새 조각가와의 우연한 만남에서 얻었다. 나는 매사추세츠주 렉싱턴에 있는 공예협회의 사진 세미나에서 제인 레이튼(Jane Layton)의 작품을 발견했다. 새들은 사실주의적인 보석으로 조각되어 칠해져 있었고, 제인은 아주 작았으며, 반짝이는 눈과 부드러운 목소리를 가졌다. 그 당시 나는 주문작업과 수업들을 하고 있었기 때문에, 아내에게 결혼기념일 선물로 주고싶었던 홍관조(cardinal) 조각 한 쌍과 내 가구를 교환하자고 제안했다. 나는 그녀의 조각품을 위한 진열장을 제안하고 어떤 스타일과 나무를 원하는지 물었다. "당신의 작품이 마음에 들어요. 자신이 무엇을 하고 있는지 잘 아시죠. 그러니 당신이 결정해주세요." 스탠드형 캐비닛에 대한 아이디어가 즉시 떠올랐다. 가볍고 섬세하며 깨끗한 작품이다.

나는 크레노브에게서 영감을 받은 작품을 다룰 생각에 약간의 긴장을 느꼈다. 그 시점에서 나는 아트앤크래프트(Arts and Crafts), 셰이커(Shaker), 앤 여왕 스타일(Queen Anne), 미국의 연방 스타일(Federal) 등 다양한 스타일로 작업했지만, 이 작품을 만들면서 또다른 이름표 하나를 획득하듯 단순하게 '크레노브 스타일'로 작업하고 싶지는 않았다. 그래서 잠시 멈춰서서 나 자신으로 돌아와 '진짜'로서 일하려고 노력하자고 되뇌었다. 그것은 주먹장 짜임의 캐비닛과 돌출 장부로 만드는 스탠드를 의미했다. 나는 스탠드로 화이트 오크를 선택했고, 캐비닛에는 애쉬(Ash, 물푸레나무)를 선택했다. 애쉬는 옅은 색의 나무지만 나뭇결이 강해 오크와 조화를 이룬다. 나는 평목제재(plain-sawn) 넓은 판재들을 구입하고, 케이스를 위해서 추정목제재(rift-sawn) 바깥쪽 가장자리만 가져왔다. 중앙의 접착부위는 거의 눈에 띄지 않으며, 곧은결 목재에 비해 가격이 저렴하다.

긴 다리의 스탠드에는 넓고 두꺼운 오크를 선택하고, 촘촘하고 곧은 결이 나오는 바깥쪽 가장자리에서 다른 부재들을 취했다. 하부구조는 관통 장부로 만들었는데, 장부촉은 평소보다 조금 더 좁게 만들고 길이도 다양하게 했다. 돌출 핀도 있고, 결과색으로 모으는 지은 점과 짧은 대시들이 재미있는 별자리 모양을 만들었다. 다리에는 약간의 곡선이 필요했지만 밴드쏘로 곡선을 자르는 것은 너무 과하다는 생각이 들었다. 대신 윤곽에 부드러운

하부구조는 상부의
캐비닛을 견고하게
받쳐주어야 하지만,
최대한 가볍게
보이도록 하고 싶었다.

곡선을 입혀주기 위해 다리의 바깥쪽 모서리에 테이퍼 모따기를 사용했다. 다리 상단에도 테이퍼 모따기를 추가했다. 일단 사각 부재들에서 벗어나자 곡선, 모따기, 마구리 처리에 이르기까지 여러 측면을 고려하기 시작했고 디자인 가능성이 더 열렸다. 작품에서 나뭇결에 관심을 갖기 시작했을 때 느꼈던 것과 같은 느낌이었다. 일단 눈을 뜨게 되면 더 이상 무시할 수 없다.

하부구조는 상부의 캐비닛을 견고하게 받쳐주어야 하지만, 최대한 가볍게 보이도록 하고 싶었다. 해결책은 하부구조, 받침대의 양쪽에 있는 가로대, 에이프런(apron)을 나누는 것이었다. 하부구조의 앞뒤로 에이프런을 사용했다. 좁은 이중 에이프런은 단일의 넓은 에이프런과 동일한 구조적 안정성을 주지만 시각적인 무게감은 없다. 아래쪽 에이프런에는 살짝 아치를 주어 더욱 가벼워 보이도록 했다. 측면에는 하나의 에이프런을 좀 더 낮게 설치하기로 했다. 캐비닛 바로 아래에서는 한 쌍의 가로 버팀대가 앞뒤 에이프런을 연결한다. 이 두 개의 가로 버팀대는 하부구조에 강도를 더하고 상부의 캐비닛을 지지하고 들어 올려 마치 물에 떠 있는 것처럼 보이게 한다. 섬세해 보이는 결과물은 여전히 캐비닛을 위한

다리의 미묘한 곡선

다리 부재는 결이 윗면과 옆면에 대각선으로 있는 바깥쪽 가장자리에서 가져왔다 (1). 결구들을 가공한 후에 다리의 바깥쪽 면에 밴드쏘로 테이퍼를 자른다(2). 다리에 약간의 곡선을 주려면 바깥쪽 모서리에 대패로 테이퍼 모따기를 한다(3). 모따기는 상단에서 이래로 약 1/3 지점에서 가장 넓어서(4) 다리가 하나씩에서 넓어나가 위로 올라가며 좁아지고 상단 부분에서 약간 퍼져오르는 느낌을 준다. 이것은 작품에 약간의 무쌍살에 누이환늘 디치는 디테일이다. 모르고 지나실 수 있시반, 본연 중에 느낌을 더해줄 것이다

다리 윗부분에도 곡선이 있다. 먼저 네 모서리에 좀 크고 일정하게 모따기를 한다. 그런 다음 바깥쪽 모따기의 시작선에서 안쪽 모따기의 윗부분까지 미세한 곡선을 대패로 깎는다(5). 이 부드러운 곡선은 또한 다리의 느낌을 강조해준다.

단아한 애쉬 캐비닛

캐비닛은 모서리를 주먹장으로 연결하였고, 결구들은 돌출형으로 약간 모따기 처리하였다(1). 알판 구조로 만든 뒷판은 나사못보다 깔끔한 모양을 위해 은촉(rabbet)으로 접착했다(2). 전면의 유리문은 단아한 버터넛나무로 격자를 만들어 내용물의 가리지 않으면서도 공간을 분할하도록 했다(3). 소나무로 만든 사각 쿠미코를 버터넛나무 격자의 중앙에 배치하여 약간의 활기를 더했다(4).

작은 디테일이 큰 차이를 만들고, 단순한 형태라도 줄 수 있는 변형은 무궁무진하다.

견고한 기초를 제공하고 있다.

이 주먹장짜임의 캐비닛은 뒷판을 알판구조인 프레임-패널 방식으로 만들고 케이스에 은촉을 내어 결합하는 것으로 마무리된다. 전면부 유리문은 버터넛나무로 만든 섬세한 격자로 분리되어 있으며, 세로 부재는 가로 부재와 교차된 곳에서 그림자 선을 강조하기 위해 약간 돌출되어 있다. 격자 중앙의 쿠미코가 캐비닛을 완성한다.

결국 나는 이 작품이 여행의 끝이라기보다 시작에 가깝다는 느낌을 받았다. 다시 한번 말하자면, 단순한 작품에서 작은 디테일이 큰 차이를 만들고, 단순한 형태라도 줄 수 있는 변화는 무궁무진하다는 것을 깨달았다. 캐비닛을 다뤄보며 크레노브의 작업에 대한 더 큰 감사와 그의 작품 전반에 걸친 디테일에 대한 더 날카로운 눈을 얻었다. 더 많이 볼수록 더 많은 놀라움들을 발견하게 된다. 30년이 지나더라도 말이다.

스탠드형 캐비닛

화이트 오크로 된 하부 다리는 상부 애쉬 캐비닛을 보완한다.
안쪽에는 한 쌍의 유리 선반을 아래쪽의 두 창살과 나란하게 놓았다.

문짝 세로대, 상부 가로대
19t×38w

외부 케이스 17t

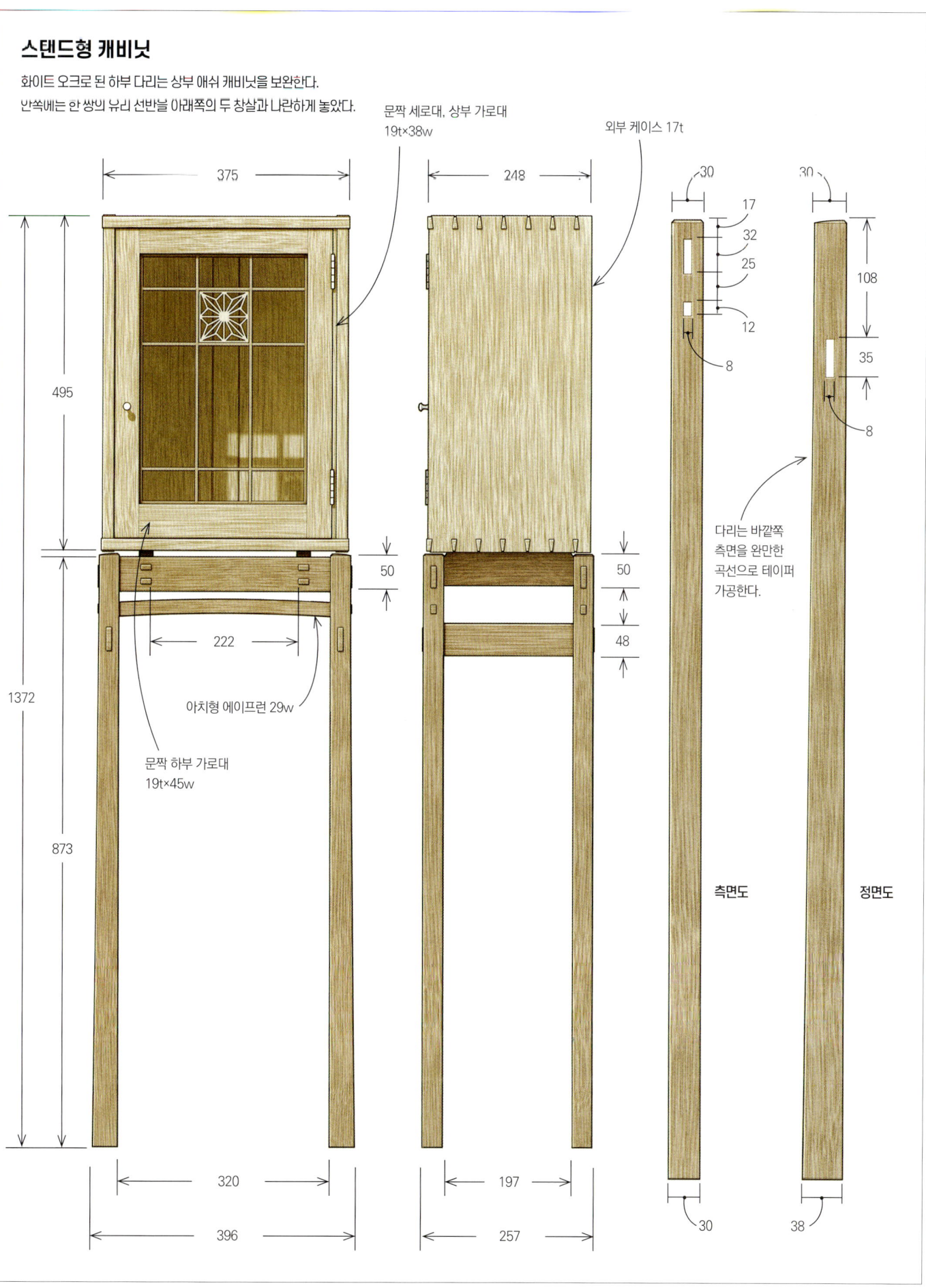

375

248

30

30

17

32

25

12

8

108

35

8

495

50

50

48

다리는 바깥쪽
측면을 완만한
곡선으로 테이퍼
가공한다.

222

아치형 에이프런 29w

문짝 하부 가로대
19t×45w

1372

873

320

396

197

257

30

38

측면도

정면도

문구점에서 영감을 받은 뉴욕 다목적 책상

'**첼**시 데스크'는 내가 몇 년 전에 방문한 뉴욕 아파트의 위치에서 이름을 따왔다. 놀랍도록 다양한 물건으로 가득 찬 거실에는 비어있는 벽의 한쪽 구석이 이 작은 물건들을 채워달라고 외치고 있었다. 컴팩트하고 다양하며 실용적인 것. 과거와 공명하면서도 모던한 것. 책장? 책상? 필요에 따라 다목적이어야 한다고 생각했다.

나는 그 단어들로부터 시작했다. 요점을 벗어난 것처럼 보일 수 있지만, 때로는 말들이 아이디어를 스케치하는 데 더 좋은 수단이 되기도 한다. 종종 마음 속에서 보는 모호한 이미지들이 실제로는 여러 생각과 감정의 집합이다. 마음 속의 그림이 아닌 사고로서 디자인에 대해 생각한다는 것이 이상하게 들리겠지만, 그럴 수도 있다. 무언가가 어떻게 보여야 하는지 모든 단어들이 설명적이거나 직접적으로 관련될 필요는 없지만, 목표로 삼고 있는 느낌이나 감각을 전달해야 한다. 그것을 꺼내보자. 내려놓아보자. 잠시 끓어오르게 해보자. 뒤따라올 스케치를 알려주게끔 해보자.

나중에 문구점을 지나가던 중에 봉투와 종이 한 묶음이 영감을 주었다. 왜 글쓰기 책상이면 안 되지? 청구서, 아이패드, 노트북이나 기기들 충전을 위한 장소가 아니라, 편지를 쓰기 위한 책상과 문구류를 위한 갤러리, 잡지들과 스케치북을 위한 아지트!

그 결과물은 이전 작업의
요소를 활용하면서도
독특한 방식으로
조합했다는 점에서
익숙하면서도 조금은
독특했다.

어떻게 보면 이 작업은 스탠드형 캐비닛에 대한 생각의 연장선이었다. 나의 첫 번째 시도는 크레노브의 영향력에 단단히 묶여 있었지만, 그것을 진정 내 것으로 만들려면 어떤 모습일지 스스로에게 물어보곤 했다. 그 결과물은 이전 작업의 요소를 활용하면서도 독특한 방식으로 조합했다는 점에서 익숙하면서도 조금은 독특했다.

좌우로 벌어지며 점점 가늘어지는 다리를 가진 받침대 위에 케이스가 얹히는 아이디어는 내가 여러 해 전에 만든 스케치 더미에서 나왔다(p.30의 그림 참조). 거기에서 나는 최근 작업에 썼던 대부분의 디테일들을 가져왔다. 돌출 주먹장은 물론이고, 문짝 알판을 분할하는 수직 문살, 장식용 쿠미코, '달 보석함'에 호유하는 긴 케이스, 크레노브 캐비닛에서 빌려온 애쉬 등등.

이 디자인이 실제 현실에 쉽고 멋지게 바뀔 수 있을까 걱정이 되었다. 실세곤 가벼운 스게치에 불과했지만 그것이 제공하는 비전은 처음부터 분명했다. 목업(mock-up)은 아이디어를 실현하는 데 매우 중요했지만, 다리 각도와 케이스 크기는 모두 빠르게 파악되었다.

익숙한 디테일들의 모음

이 작은 책상에 대해 놀랐던 점은 대부분의 요소가 이전 작업에서 나타난 것들이었지만 최종 결과물은 매우 뚜렷한 개성을 가지고 있다는 것이다. 주먹장짜임의 상자, 애시와 오크의 조합, 수제 히드웨어, 수직 문살이 있는 문의 알판, 바닥을 장식하는 사각 쿠미코 등등. 이전에 이것들로 작업해보지 않았더라면, 이 모든 요소를 하나의 작품에 포함시킨다는 생각이 떠오르기는 어려웠을 것이다. 책상을 디자인하는 것은 실제로 이전의 여러 프로젝트에서 남긴 디딤돌을 따라가는 문제였다. 이 목적지에 도달한 것도 그렇지만, 미래의 프로젝트를 향한 길을 표시하는 데에도 도움이 된다는 사실을 알게 되어 기뻤다.

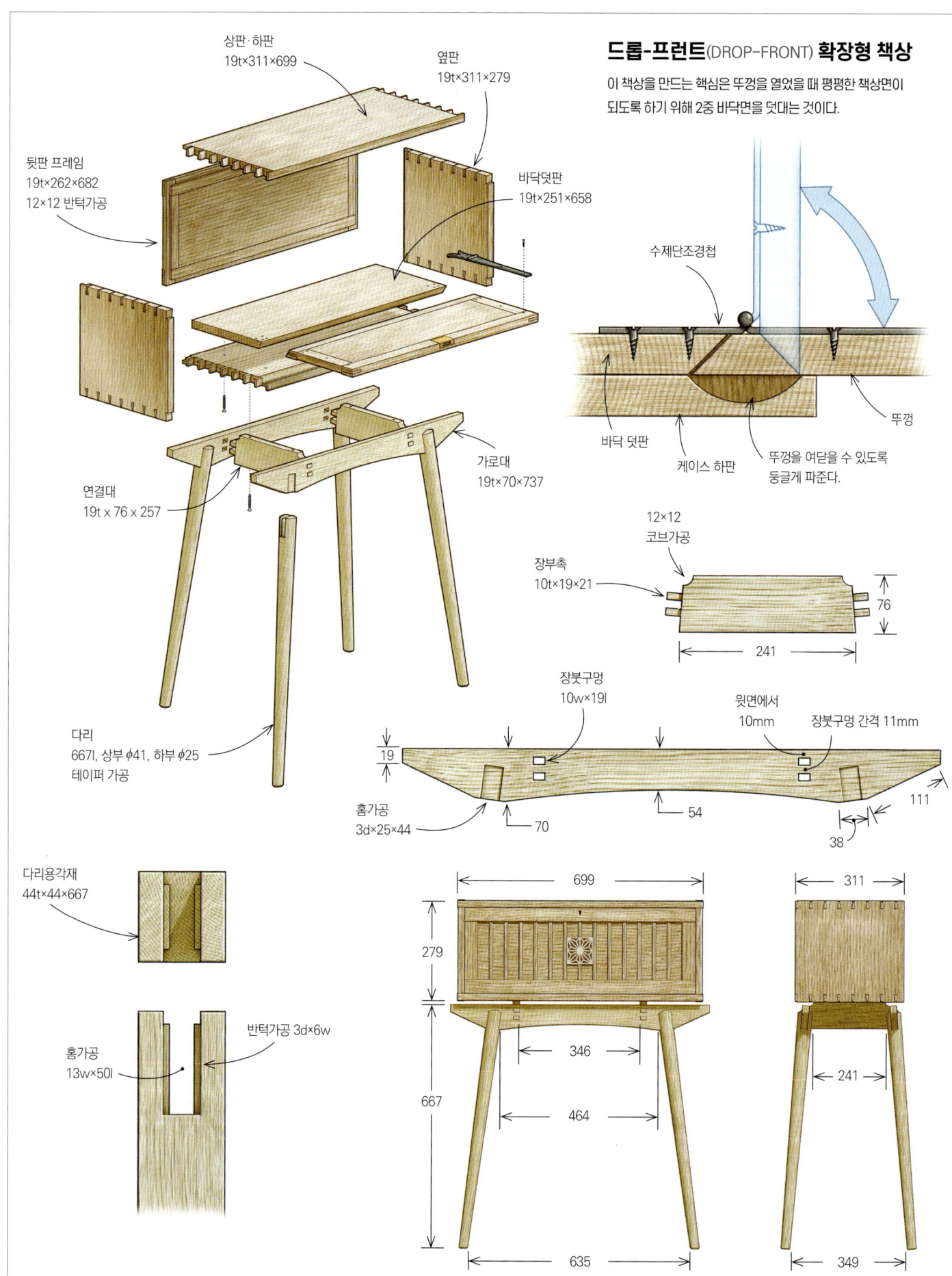

상판·하판
19t×311×699

옆판
19t×311×279

드롭-프런트(DROP-FRONT) **확장형 책상**

이 책상을 만드는 핵심은 뚜껑을 열었을 때 평평한 책상면이 되도록 하기 위해 2중 바닥면을 덧대는 것이다.

뒷판 프레임
19t×262×682
12×12 반턱가공

바닥덧판
19t×251×658

수제단조경첩

뚜껑

연결대
19t × 76 x 257

가로대
19t×70×737

바닥 덧판

케이스 하판

뚜껑을 여닫을 수 있도록 둥글게 파준다.

다리
667l, 상부 φ41, 하부 φ25
테이퍼 가공

12×12
코브가공

장부촉
10t×19×21

76

241

장붓구멍
10w×19l

윗면에서
10mm

장붓구멍 간격 11mm

19

홈가공
3d×25×44

70

54

111

38

다리용각재
44t×44×667

홈가공
13w×50l

반턱가공 3d×6w

699

311

279

667

346

464

241

635

349

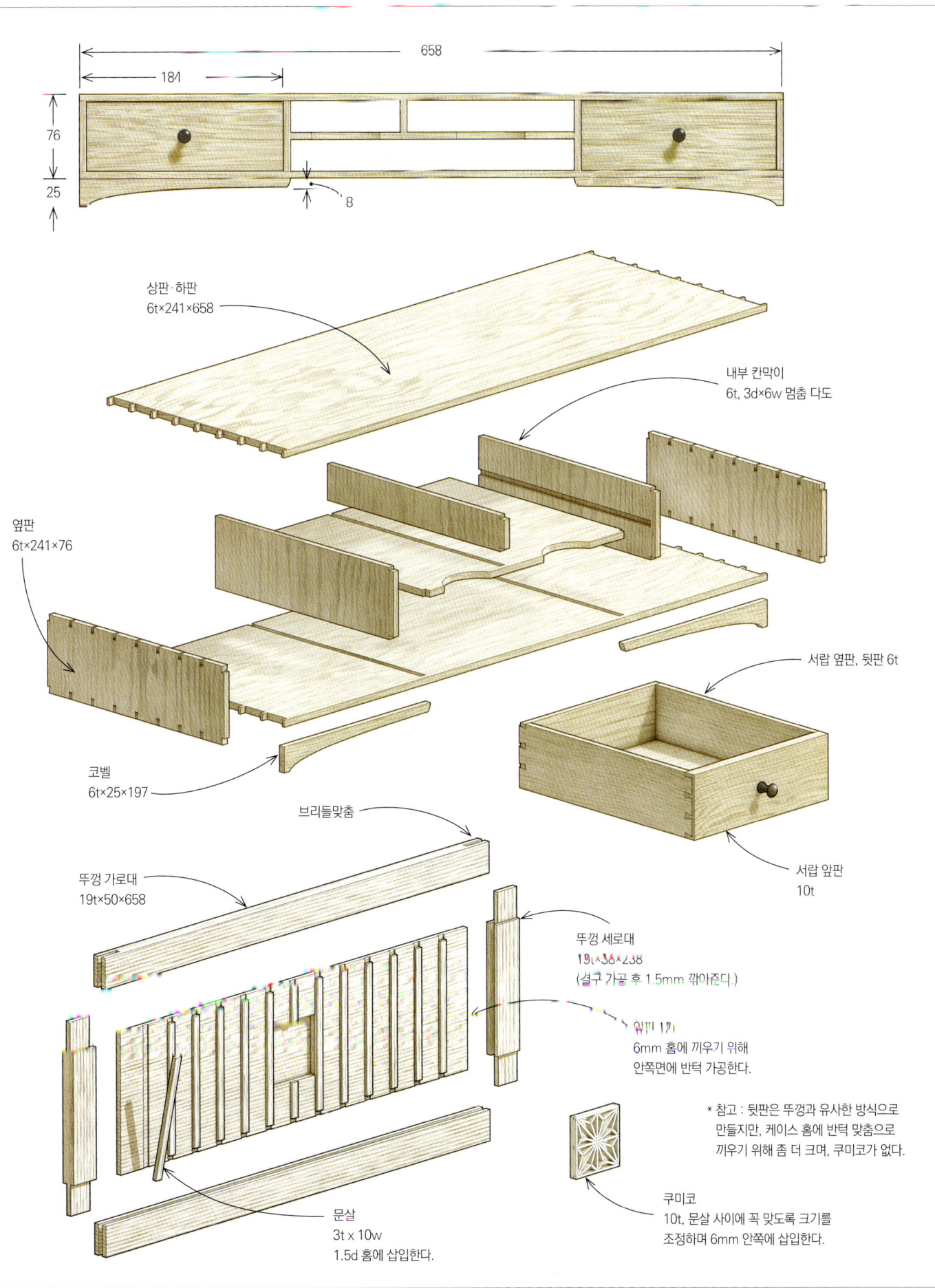

658

184

76

25

8

상판·하판
6t×241×658

내부 칸막이
6t, 3d×6w 멈춤 다도

옆판
6t×241×76

서랍 옆판, 뒷판 6t

코벨
6t×25×197

브리들맞춤

서랍 앞판
10t

뚜껑 가로대
19t×50×658

뚜껑 세로대
19t×38×238
(결구 가공 후 1.5mm 깎아준다.)

윗판 1개
6mm 홈에 끼우기 위해
안쪽면에 반턱 가공한다.

* 참고 : 뒷판은 뚜껑과 유사한 방식으로
만들지만, 케이스 홈에 반턱 맞춤으로
끼우기 위해 좀 더 크며, 쿠미코가 없다.

문살
3t x 10w
1.5d 홈에 삽입한다.

쿠미코
10t, 문살 사이에 꼭 맞도록 크기를
조정하며 6mm 안쪽에 삽입한다.

다리를 좌우로 벌어지게 하기 위한 간단한 솔루션

에이프런에 둥근 다리를 연결하는 작업이 하부구조 제작에 가장 큰 어려움이었다. 나는 모든 부재들이 각재인 상태에서 간단한 라우터 지그를 사용하여 결구들을 가공했다. 에이프런에 다리가 삽입될 홈을 가공하기 위해 에이프런에 고정할 수 있는 간단한 라우터 지그를 만들었다(1). 에이프런에 홈가공할 크기와 같도록 지그의 홈을 미리 만든 다음 라우터의 플러시 트림 비트(flush-trim bit)를 사용하여 가공한다. 다리를 좌우로 벌리기 위해서 에이프런 끝을 일정한 각도로 사선으로 자르고, 각도있는 이 사선 부분에 홈을 만들어 다리를 결합한다.

다리는 테이블쏘에서 장부 지그를 사용하여 홈가공을 한다. 또한 다리가 에이프런과 결합할 수 있도록 홈 가장자리에 은촉을 만들었다(2). 이 부분은 에이프런에 사용한 것과 비슷한 지그를 이용하여 가공한다.

다리를 최종 모양으로 목선반에서 깎기 위해 다리 홈에 맞도록 플러그를 만들었다(3). 이것을 이용하여 목선반에 다리를 장착할 수 있었고(4), 첫 번째 다리를 깎고나면 플러그가 나머지 다리의 크기를 조정하기 위한 템플릿 역할을 했다(5).

처음에는 눈에 잘 띄지 않는 경첩을 구상했지만, 결국엔 긴 수제 단조 경첩을 골랐고, 이것은 열 때마다 항상 깜짝 놀랄 정도의 즐거움을 주는 좋은 선택이었다.

먼저, 케이스부터 제작하는데, 도전과제는 평평한 책상면을 만들기 위해 아래로 열리는 문(인셋(inset)형으로 케이스 안쪽에 삽입되는 문이다)을 만드는 것이다. 핵심은 케이스 내부에 2중 바닥을 추가하고 실제 케이스 바닥에 둥근 홈을 파서 문짝이 열릴 수 있는 여유 공간을 만드는 것이었다. 책상 내부에는 문구류 등을 넣을 수 있는 걸이식 서랍장이 갖춰져 있다. 케이스 상부에 부착하면 하부의 사용 공간이 더 깊어진다. 처음에는 눈에 잘 띄지 않는 경첩을 구상했지만, 결국엔 긴 수제 단조 경첩을 골랐고, 이것은 열 때마다 항상 깜짝 놀랄 정도의 즐거움을 주는 좋은 선택이었다. 벌어진 테이퍼형 다리는 그리기는 쉽지만 만들기는 조금 어렵다. 고민 끝에 아직 각재인 상태에서 다리를 브리들 맞춤으로 에이프런에 연결하는 방법을 생각해냈다.

책상은 이제 계단 꼭대기의 햇볕이 잘 드는 구석에 놓여 있다. 벽 공간을 차지하는 것 이상으로, 이 책상(의자와 함께)은 사용하지 않던 공간을 햇살 가득한 서재로 탈바꿈시켰다. 가구를 만들 때 항상 물건을 만든다는 관점에서 생각을 해왔는데, 우리가 살고 있는 공간을 단순히 장식하는 것이 아니라 변화시킬 수도 있다는 깨달음은 그 이후로 계속 마음 속에 간직하고 있다.

3

4

5

볼륨을 높여라

고요하지만 정적(靜寂)이 되진 않는 것. 그것은 멋진 일이며, 내 작업과 인생에서 단 하나의 주제를 고수해야 한다면 그게 전부일 것이다. 하지만 가끔은 일을 벌여도 괜찮다고 생각한다. 얼마 전에 딸아이가 LP에 관심을 갖게 되자 나는 그 애가 한번 돌려볼 수 있도록 싸구려 여행 가방 스타일의 LP 플레이어를 가지고 왔다. 말할 필요도 없이 낮은 품질의 카트리지와 작은 내장 스피커는 기껏해야 작고 빈약한 소리를 냈다. 분명히 아무런 감흥도 받지 못한 그 아이는 이 모든 소란이 무엇에 관한 것인지 궁금해하기 시작했다. 그래서 나는 옛날식 하이파이에 대한 그녀의 믿음을 회복시킬 스테레오를 조립하는 것을 사명으로 삼았다.

그것은 또한 몇 시간 동안 Zenith®에 귀를 대고 앉아 스테레오 콘솔을 청취하던 젊은 날 그 시절을 되살릴 기회를 주었다. 침실이나 기숙사 방에 잘 어울리면서도 진지한 사운드로 공간을 채우는 콤팩트한 제품을 원했다. 나는 하나의 캐비닛에 두 스피커를 넣는다면 스테레오 분리를 희생하게 될 것을 알고 있었지만, 지금 홈 스테레오로 쓰고 있는 한 쌍의 작은 컴퓨터 스피커보다 여전히 몇 광년은 더 나을 것도 알고있었다.

콘솔 내부에는 군더더기 없이 좋은 품질의 턴테이블이 있다. 스테레오를 좀 더 다양하게 만들기 위해 블루투스 입력과 포노(phono) 입력이 있는 작은 수신기를 찾았다. 그런 식으로 LP와 아이폰 두 가지 모두의 음악 소스를 동등하게 제공할 수 있었다. 이번에는 스피커 그릴의 형태로 쿠미코를 작업한 것도 좋은 선택이었다. 지금은 한 쌍의 북쉘프 스피커가 캐비닛 안에 있지만, 다음 작업을 위해 일부 맞춤형 스피커 구성 요소를 주시하고 있다. 전체적으로 이 콘솔은 방을 멋진 소리로 가득 채우며, 전원을 끄더라도 소리는 꺼지지 않고 볼륨을 높이고 있는 듯하다.

제7장

테이블

테이블은 바닥에서 일정한 거리를 두고 허공에 매달린, 일정한 크기와 모양을 가진 평평한 표면에 지나지 않는다. 하지만 이제 필요한 곳에 표면을 만드는 방법에서 모든 재미가 시작된다. 수평과 견고함이 목표이지만 거기에 도달하는 방법은 많다. 나는 이 장에 포함된 세 개의 테이블에서 가능성의 실마리를 잡기 시작했다.

테이블에는 또 다른 측면이 있다. 대부분의 가구 형태에 비해 테이블은 우리가 가장 자주 접하는 형태이다. 예를 들어, 우리는 의자에 앉지만 일단 그 안에 들어가 있으면 편안함이나 부족함 외에는 아무것도 알아차리지 못한다. 그래도 우리는 테이블에 앉는다. 테이블은 우리 앞에 있고, 거기에서 음식을 먹고, 타이핑하고, 일한다. 우리는 테이블에서 이야기하고, 생각하고, 술을 마시고, 일어나거나, 늦게까지 깨어있기도 한다. 우리는 테이블과 함께 살고 있다. 테이블은 공휴일과 생일, 숙제나 과학 프로젝트를 위해 거기에 있다.

주방 테이블이나 식탁은 세 기능을 하기 위해 화려할 필요가 없다. 하지만 든든하고 살뜰해지는 것을 기본으로 해서 약간의 개성이 더해지면 더 좋다. 사이드 테이블, 커피 테이블, 콘솔 테이블과 같은 다른 테이블들은 일반적으로 방에 약간의 멋을 더해주는 역할을 한다. 그런 테이블들은 다른 가구 형태보다 조금 더 창의적인 것을 실험해볼 수 있는 재미있는 기회를 제공한다.

재봉 테이블

첫 번째 생각은
'더 중요한' 것으로
넘어갈 수 있도록 다리,
에이프런, 상판만 빠르게
만드는 것이었다.

이 테이블은 거의 만들어보지 않은 프로젝트 중 하나이다. 아내 레이첼이 재봉틀을 위한 작고 휴대 가능한 테이블을 만들어달라고 했다. 첫 번째 생각은 '더 중요한' 것으로 넘어갈 수 있도록 다리, 에이프런, 상판만 빠르게 만드는 것이었다. 목공 여정의 이 지점에서 나는 항상 좋은 물건을 얻기 위해 프로젝트를 빨리 해치우려고 애쓰는 것처럼 보였다. 하지만 이 테이블은 내가 공방에서 다루는 모든 접근 방식의 전환점이 되었다.

내 좋은 친구이자 훌륭한 목공인인 존 테트레우(John Tetreault)는 항상 자신이 좋아하는 일을 하는 것 같았다. 그는 심지어 화장실의 화장지 걸이에도 평소와 같은 열정으로 임했고, 결국 스팀벤딩으로 굽힌 나무와 돌맹이로 미치도록 멋진 화장지 걸이를 만들어냈다. 어쩌면 그가 작업하고 있는 프로젝트가 아니라 프로젝트에 대한 그의 접근 방식 때문일 수도 있겠다는 생각이 들었다. 존에게 모든 프로젝트는 내가 결코 도달할 수 없을 것 같은 '더 중요한' 프로젝트였다. 그래서 이번에는 잠시 멈춰서서 존이라면 이 테이블에 어떻게 접근할지 생각해보았다. 물론 들려온 답은 그가 이 프로젝트에 여느 프로젝트와 마찬가지로 많은 생각과 열정을 쏟을 것이고, 즐거운 시간을 보내면서 훌륭한 작품을 완성하리라는 것이었다.

그래서 어떻게 하면 이 테이블을 좀 더 흥미를 가지고 만들며, 좀 더 즐겁게 사용할 수 있을지 고민했다. 여러 가지 대략적인 스케치를 해보면서 머릿속에 아이디어가 떠올랐다. 나는 그것만으로 무장한

채 공방으로 가서 작업을 시작했다. 상판과 바닥 높이는 알고 있었다. 재봉틀의 받침용으로 제작되는 것이기 때문에 일반 작업대보다 낮아야 했다. 즉, 그것은 서랍이나 넓은 에이프런을 놓을 여유공간이 없다는 것을 의미했다. 플로팅 테이블(floating table)처럼 상판이 떠 있고 약간 아치를 이루는 에이프런의 아이디어가 생각나서 여기에 적용했다. 장붓구멍을 제외한 결구들은 밴드쏘에서 가공했다. 장부끼리 서로 당겨주는 역할을 하는 나무못인 드로우 보어 핀(draw-bore pin)은 어려운 접착 작업을 클램프 없는 작업으로 바꿔주었다. 나는 직관을 믿으며 빠르게 작업을 했고, 작업하는 동안 상습적으로 내 머릿속에서 중얼거리는 목소리들에 대해서는 걱정하지 않았다.

예상했긴 했지만, 제작에 바로 뛰어들면서 디자인이 약간 어려움을 겪었다. 측면의 가로대 장부는 약간 퉁퉁했고 아치형 에이프런 장부는 중앙에서 약간 낮았다. 부재들의 나뭇결은 내가 공방 여기저기에 놓여 있던 것에서 잘 골라 사용하지 않았다면 계획했던 것과 잘 맞지 않았을 것이다. 그러나 이런 단점들에도 불구하고, 테이블에는 지나친 걱정으로는 놓쳐버릴 수 있는 생명의 불꽃 같은 것이 있었다.

조용한 개성을 지닌
이 독창적인 테이블은
매일매일 우리집을
환하게 밝혀준다.

조용한 개성을 지닌 이 독창적인 테이블은 매일매일 우리집을 환하게 밝혀준다. 레이첼은 주로 재봉 테이블로 사용하지만, 그것은 사이드 테이블, 작은 책상 또는 TV 테이블로도 아주 잘 사용하고 있다. 최신 버전에서는 나를 괴롭혔던 결구 문제를 해결했지만, 좌우 가로대, 즉 사이드 레일을 어떻게 해야 할지 알 수가 없었다. 그러다가 이것이 휴대용 테이블이라는 점으로부터 측면 가로대를 손잡이로 생각하고 줄을 감아보자는 아이디어를 떠올렸다. 내가 공구 상자를 만들면서 적용하려고 생각하고 있던 아이디어였다. 그렇게 이것은 이번 프로젝트에서 나를 괴롭히는 것을 고칠 기회이기도 했다.

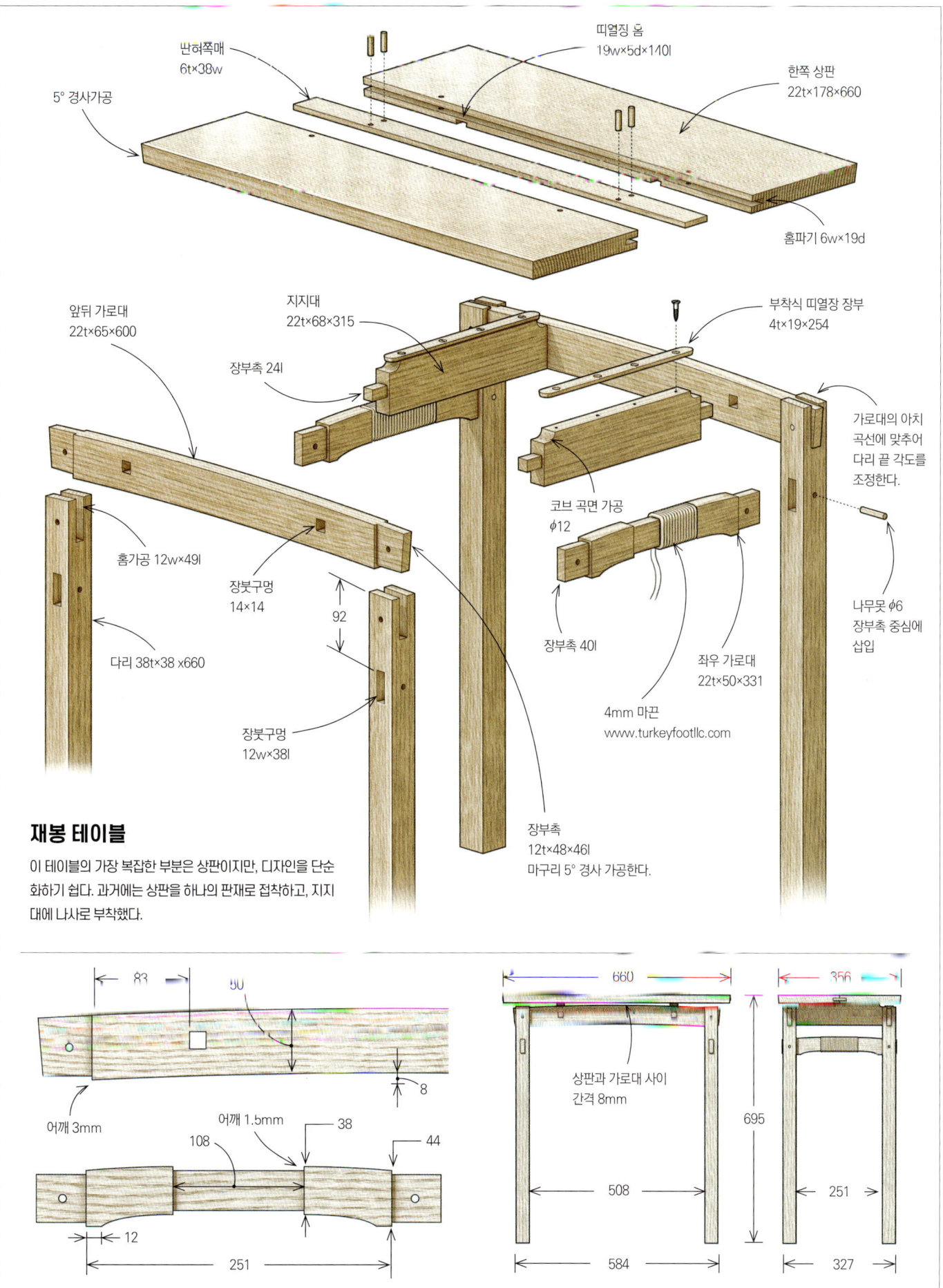

반혀쪽매
6t×38w

띠열징 홈
19w×5d×140l

한쪽 상판
22t×178×660

5° 경사가공

홈파기 6w×19d

앞뒤 가로대
22t×65×600

지지대
22t×68×315

장부촉 24l

부착식 띠열장 장부
4t×19×254

가로대의 아치 곡선에 맞추어 다리 끝 각도를 조정한다.

홈가공 12w×49l

장붓구멍
14×14

92

코브 곡면 가공
ϕ12

나무못 ϕ6
장부촉 중심에 삽입

다리 38t×38 ×660

장붓구멍
12w×38l

장부촉 40l

좌우 가로대
22t×50×331

4mm 마끈
www.turkeyfootllc.com

장부촉
12t×48×46l
마구리 5° 경사 가공한다.

재봉 테이블

이 테이블의 가장 복잡한 부분은 상판이지만, 디자인을 단순화하기 쉽다. 과거에는 상판을 하나의 판재로 접착하고, 지지대에 나사로 부착했다.

83

90

8

어깨 3mm

어깨 1.5mm

108

38

44

12

251

660

356

상판과 가로대 사이
간격 8mm

695

508

251

584

327

클램프가 필요없는 결구법

브리들 맞춤은 아주 다양하게 쓰인다. 수공구로도 쉽게 가공할 수 있지만, 나는 보통 밴드쏘로 가공한다. 제일 먼저 다리의 홈을 가공한다. 장부촉을 홈에 맞추는 것이 반대로 하는 것보다 더 쉽다. 조기대 펜스를 홈의 한쪽 면에 맞추고 첫 번째 절단선을 만든다. 그런 다음 두 번째 절단을 위해 다리를 뒤집어 홈이 중앙에 올 수 있도록 한다(1).

부드럽고 정확한 절단을 위해 톱날이 날카롭고 펜스에 정렬되어 있는지 항상 확인해야 한다. 또한 절단 속도를 천천히 하는 것도 좋다. 제대로 했다면 테이블 톱으로 한번 자른 것처럼 거의 매끄러운 표면이 될 것이다.

홈 너비와 일치하는 12mm 직경의 포스너 비트로 구멍을 뚫어서 잘라낼 면을 대부분 미리 제거한다. 그런 다음 양쪽 면에서 작업하면서 끌로 홈을 직각으로 다듬는다(2). 장부촉이 홈에 완전히 밀착되지 않도록 방해하는 솟아오른 부분이 없도록 미리 조치하기 위해, 홈의 바닥인 '어깨'라고 부르는 가운데 부분을 약간 깊게 파주는 언더컷을 한다.

장부촉을 만들려면 어깨를 먼저 자른 후 '뺨'이라 부르는 촉의 옆면을 자른다(3). 자투리를 이용한 시험 가공을 먼저 해본 후에 본 장부가 꼭 맞도록 설정한다. 밴드쏘 펜스를 미세 조정할 때에는 반드시 시험용 부재의 끝을 잘라내어 이전 절단 부분에 톱날이 빠져 절단선을 잘못 읽는 일이 없도록 해야 한다. 손으로 톱질할 때는 숄더 플레인을 사용하여 최종적으로 정확히 맞도록 가공한다.

브리들 맞춤은 두 방향으로 함께 잡아당겨야 하기 때문에 클램프로 고정하기 어려운 결구법이다. 부재들의 끝부분이 돌출되어 있어 상황을 더 복잡하게 만든다. 그래서 나는 장부가 들어갈 때 서로를 함께 당겨주는 '드로우 보어 핀(draw-bore pin)' 방식을 사용한다. 이 테이블의 장부연결에도 이 기술을 사용했다. 중요한 요령은 부재들에 구멍을 약간 차이가 있게 떨어뜨려 뚫는 것이다.

먼저 장붓구멍을 관통해 구멍을 뚫은 다음 장부를 가조립하고, 드릴 비트를 넣어 장부촉에 구멍 위치를 표시한다(4). 장붓구멍과 장부의 경우 장부 어깨쪽으로 약 0.8mm 정도 다른 위치에 표시한다. 결합부위를 가로질러 아래로 고정해야 하는 브리들 맞춤의 경우 구멍을 45° 각도로 안쪽에 표시한다(5). 이렇게 하면 핀이 들어갈 때 결합부위가 양쪽 방향으로 당겨진다. 다월 플레이트(dowel plate)를 사용하여 나무못, 핀을 만드는데(6), 결합부위를 양쪽으로 당기는 힘의 작용에 의해 핀이 파손되는 일이 생기지 않도록 곧은 결을 가진 나무를 사용한다(7).

4　**5**

6　**7**

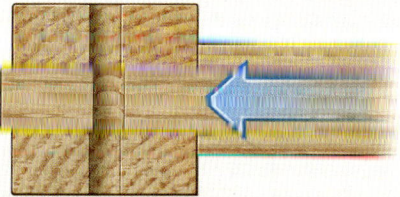

장붓구멍과 장부촉의
구멍을 살짝 옆으로
차이나게 뚫은 후 핀을
삽입하면 장부가 함께
단단히 당겨진다.

성공을 인식하되
좌절도 잊지 말자.
둘 다 우리를 더 나은
작업을 위한 길로
인도해준다.

내가 다루고 싶었던 테이블의 마지막 문제는 상단이 하부에 고정되는 방식이었다. 원본에서는 단순하게 하부 가로대에서 나사를 박아 상판을 고정했다. 구멍은 가로대 하부에서만 볼 수 있었고 실제로 그다지 문제가 되지는 않았지만, 좋은 해결책이라 할 만큼 우아하지도 않았다. 나는 최근에 두 개의 판재를 붙이고 띠열장(sliding dovetail, dovetail cleat)을 적용한 도마를 만들었다. 그 아이디어를 여기에도 사용할 수 있다고 생각했다.

지금까지의 영향을 요약하면 테이블의 번뜩이는 아이디어, 과거의 나뭇결과 결구법에 대한 실수들, 실제로는 형편없이 만들어진 멋진 손잡이 아이디어, 그리고 도마이다. 진화하는 디자인이라는 개념이 생각만큼 우아하고 직선적이지 않다는 것을 보여주는 좋은 예이다. 그 모든 천사의 목소리와 악마의 목소리들을 머릿속에 간직하고 그것들이 앞으로 나아갈 길을 보여주도록 해보자. 성공을 인식하되 좌절도 잊지 말자. 둘 다 우리를 더 나은 작업을 위한 길로 인도해준다. 좋은 디자인은 천재적인 것이 아니다. 어떤 면에서는 재미있고, 그것과 놀고, 또 어떤 면에서는 그것을 견디고 결점을 용서하면서 비판적인 눈을 유지하는 것이다. 그리고 두번째 다시 말하지만, 그것은 재미있는 것이다.

결구들이 약간 특이하긴 하지만, 이 테이블을 만드는 것은 간단하다(pp.186–187 참조). 몇개의 브리들 맞춤과 관통 장부가 있으며 모두 돌출 장부로 되어 있다. 드로우 보어 핀(draw-bore pin)은 클램프 없이 접착할 수 있도록 모든 것을 서로 당겨준다. 원한다면 접착제를 모두 생략할 수도 있다. 아치형 에이프런과 마구리에 각도를 주어 가공한 비스듬한 상판은 부양감을 더해준다. 하지만 탁자는 여전히 작고 튼튼한 것이다.

마끈 감기

마끈은 테이블에 멋진 질감을 더해주며 시너지를 일으킨다. 끈을 약간 나무 안쪽으로 넣기 위해 나무에 얕은 홈을 만든다. 그리고 이 가로대는 미리 마감작업을 해놓는다. 먼저 끈 끝을 몇 번 감아 제자리에 고정한다(1). 끝이 나무의 안쪽 면에 있는지 확인하고 네 번에서 다섯 번 정도 감은 후 잘라낸다.

끝이 가까워지면 끈 아래에 와이어를 삽입한 후 마지막 몇 번을 감아준다(2). 끈 끝을 5cm 정도 남겨두고 사진 위에 와이어 사이에 넣는다. 길어나온 끈 아래로 플라이어를 나중사이 당기고 끈을 고정한다(3). 날카로운 칼로 튀어나와 있는 끈을 잘라준다(4).

잃어버린 연결고리

고객(실제로는 내 동생)으로부터 다음과 같은 메모를 받았다. "내가 원하는 건 아트앤크래프트 (Arts and Crafts) 스타일이야. 그런데 내가 전에 본 적이 없는 것이어야 해." 매우 흥미로운 요청이었다. 동생 스티비는 나만큼 아트앤크래프트의 가구와 도자기에 대해 열정적이며, 얼마 전에는 신시내티의 지하실에 놓여있던 루크우드(Rookwood Pottery Company)의 빈티지 타일 상자를 찾아냈다. 그는 그것들을 놓을 몇 개의 테이블을 찾고 있었다. 그는 타일 상판으로 된 스티클리(Stickley)의 사이드 테이블(아래)을 본떠 만든 한 쌍의 작은 테이블을 요청했지만, 더 큰 콘솔 테이블에는 뭔가 다른 것을 원했다.

그가 서랍을 요청했는지 아니면 내가 그냥 포함하고 싶었던 것인지 기억이 나지 않는다. 어느 쪽이든, 나는 '다리 구조 위에 서랍으로 구성된 상자'라는 아이디어를 떠올렸다. 테이블에 대한 꽤 독창적인 아이디어를 우연히 발견했다고 느꼈지만, 나중에 패서디나(Pasadena)의 갬블 하우스(Gamble House in Pasadena)에 살던 그린&그린(Greene & Greene) 홀 테이블과 매우 유사하다는 것을 알게 되어 약간 실망했다. 그 집은 내가 여러 번 답사도 하였고, 책도 여러 권 가지고 있다. 눈부신 천재가 아니라 내재된 기억의 소행이었음이 분명하다. 영감과는 상관없이, 내가 익숙했던 영역을 넘어 특정 디자인에 얽매이지 않는 스타일을 탐색하라는 메시지를 받은 것은 이번이 처음이었다.

여전히 아트앤크래프트 스타일에 확고하게 뿌리를 두고 있지만, 그것은 확실히 그 뒤를 이은 많은 작업으로 나아갈 길을 가리킨다. 내 현재 작업이 어떤 기성 스타일에 깔끔하게 들어맞는다고 생각하지는 않지만, 아트앤크래프트의 미학은 대부분의 뼈대를 이루고 있다.

폭풍 속의 대피소

나는 테이블에 열정을 가지고 있지만, '식탁'이라는 용어는 좋아하지 않는다. 내가 자랐던 집의 근사한 방에 가구로서 '식탁'이 하나 있었다. 회사가 끝나지 않으면 음식을 먹을 수 없는 탁자. 카드 게임과 퍼즐 맞추기, 그리고 때때로 숙제하는 용도로 밀려나는 탁자. 나에게 중요한 것은 '함께 식사를 하는 테이블'이었다. 많은 면에서 함께 식사를 하는 테이블로서 식탁은 우리 가정의 중심에 있다. 불행히도 요즘에는 점점 줄어들고 있지만, 함께 모여 식사하는 곳이다. 우리가 생일을 축하하는 곳이며, 일상 생활이 우리에게 남길 수 있는 트라우마를 이겨내는 곳이기도 하다. 그런 식으로 식탁은 우리 가정과 가족의 기초가 된다. 다른 많은 가족에게도 마찬가지라고 생각한다. 그 때문에 우리가 만드는 테이블은 다양한 방식으로 사용자의 삶에 기여할 수 있는 힘을 가지고 있다.

나는 사용하는 공구, 작업 방법, 선택한 스타일 또는 공방의 공간 등 목공의 대부분의 측면에 대해 무엇이든 괜찮다고 생각하는 편이다. 하지만 내가 여기에 선을 긋는 이유는 바로잡아야 할 몇 가지 중요한 사항, 즉 우리들의 삶에 큰 변화를 가져올 수 있는 것들이 있기 때문이다. 무엇보다 식탁을 만드는 것은 환상을 잊기 위한 공간이자 시간이다. 이웃이나 상사, 일년에 한 번 보는 친척들에게 깊은 인상을 남기려는 태도를 잊기 위해서이다. 그들은 늘 당신의 자녀들이나 수입에 대해 왈가왈부하려 드는 것 같다. 물론, 당신의 노력의 결과로 그 모든 사람들에게 깊은 인상을 주고, 당신이 공방에서 무엇을 하고 있는지 그 모든 시간을 설명하고 검증하는 것은 유혹적인 일이다.

이 테이블은 그들을 위한 것이 아니다. 당신을 위한 것이다. 그리고 당신의 가족을 위한 것이다. 작은 아파트에 함께 사는 룸메이트이든, 물건들로 가득 찬 작은 집에서 함께 자라고 있는 가족이든 말이다. 그 모든 변화와 불확실성 한가운데, 여기 닻이 있다. 당신 삶의 주위를 휘몰아치는 폭풍 속의 대피소이다. 물론, 간단한 접이식 테이블이나 TV 앞 바닥에 놓는 상자로 할 수도 있다. 하지만, 테이블을 만들어보자. 디자인이나 특정 스타일로 시작하지 말고 그것이 주었으면 하는 것에 대한 느낌과 생각으로 시작하자. 그 질문에 대해 내가 주는 답변은 아마도 당신의 것이 아닐 것이다. 그러니 거기에서 시작하고 질문에 답하는 아이디어를 찾을 때까지 멈추지 말자.

튼튼한 오크 테이블

영국의 아트앤크래프트, 미술공예운동에서 영감을 받은 이 소박하면서도
시대를 초월한 디자인에 두꺼운 재료, 관통 장부, 모따기를 크게 한 챔퍼
등이 목재 프레임의 개성을 더해준다.

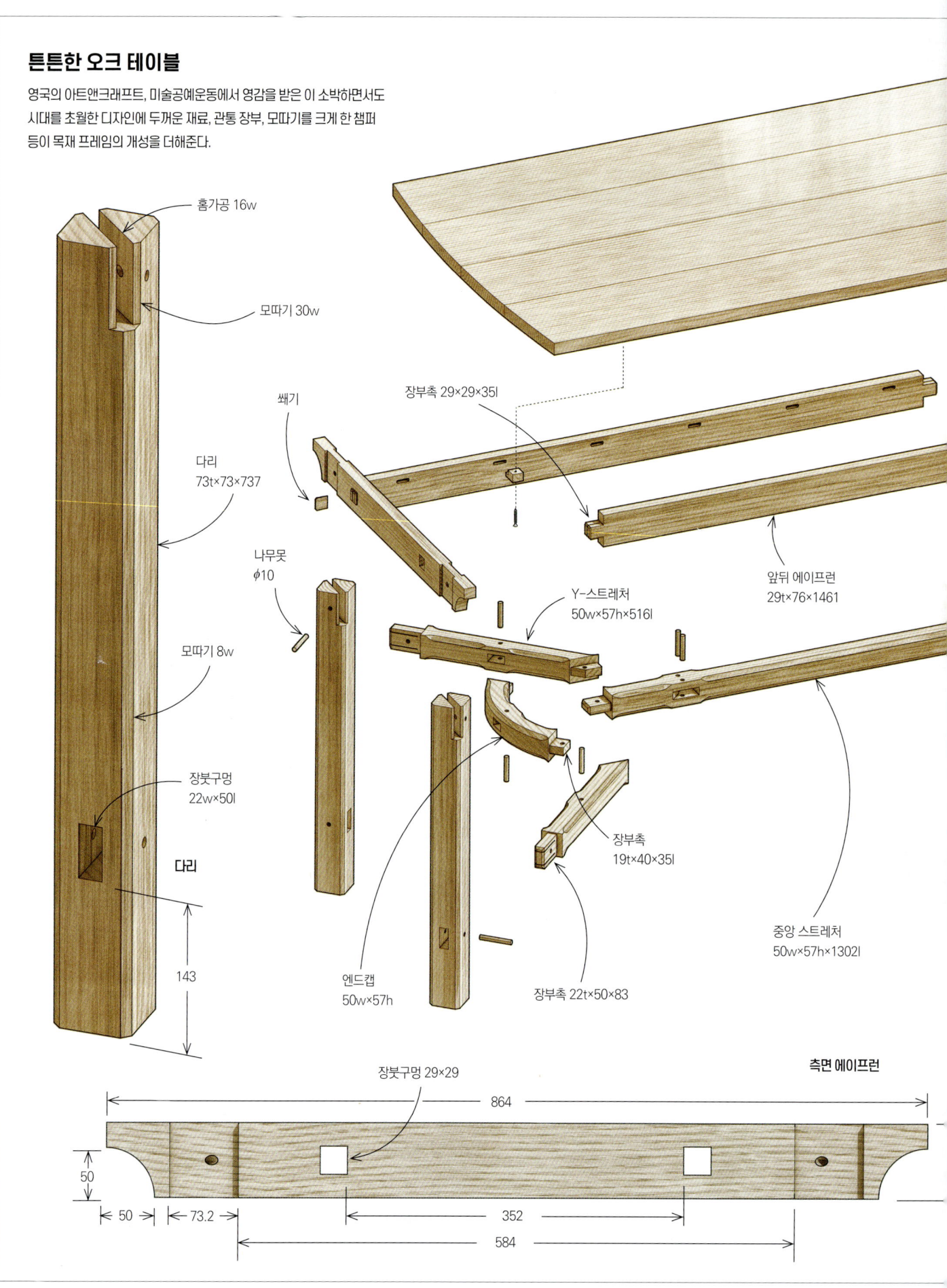

홈가공 16w

모따기 30w

쐐기

장부촉 29×29×35l

다리
73t×73×737

나무못
φ10

모따기 8w

장붓구멍
22w×50l

다리

143

Y-스트레처
50w×57h×516l

앞뒤 에이프런
29t×76×1461

장부촉
19t×40×35l

중앙 스트레처
50w×57h×1302l

엔드캡
50w×57h

장부촉 22t×50×83

측면 에이프런

장붓구멍 29×29

864

50

50   73.2

352

584

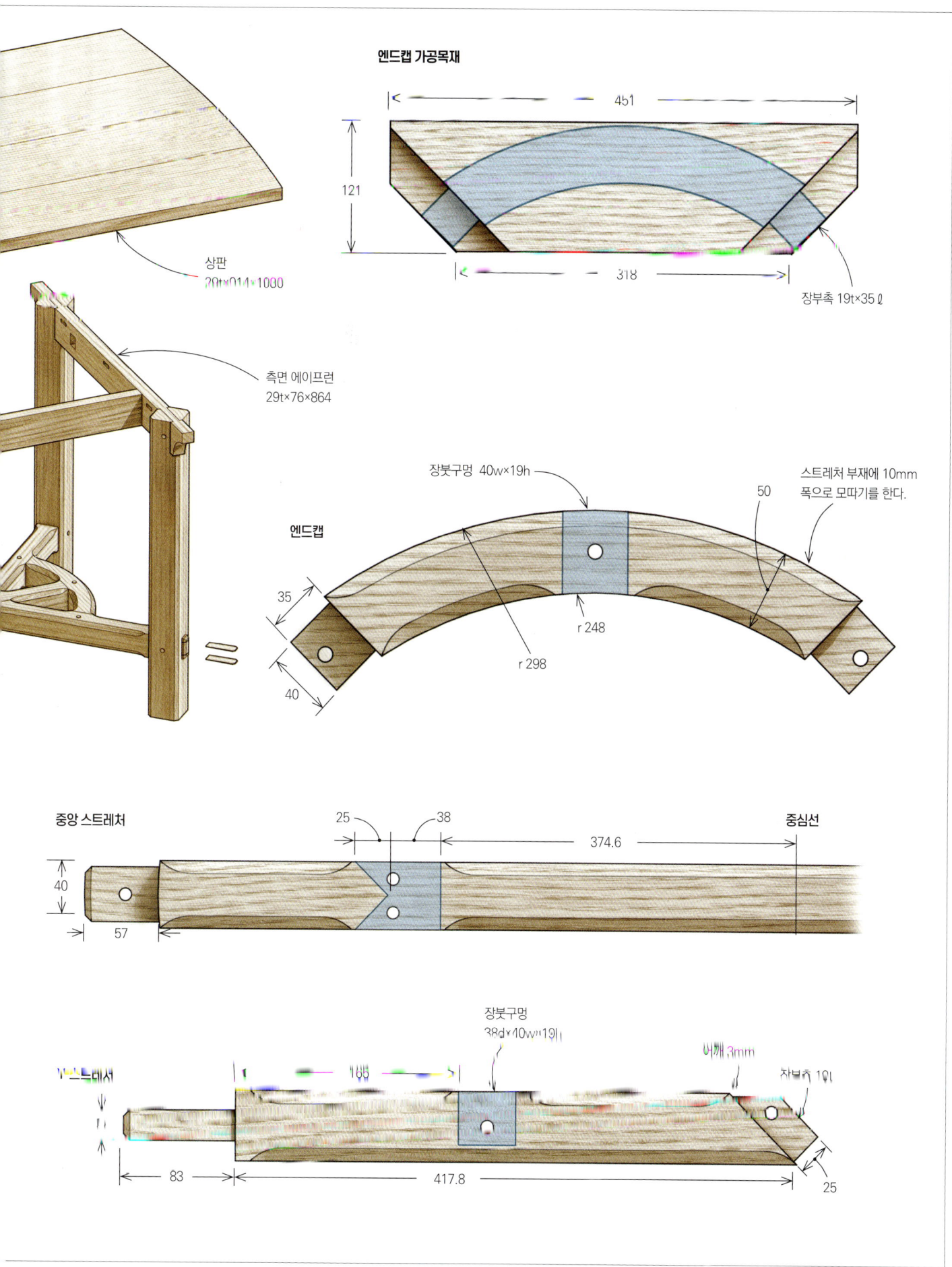

엔드캡 가공목재

451

121

318

장부촉 19t×35ℓ

상판
20t×914w1000

측면 에이프런
29t×76×864

장붓구멍 40w×19h

스트레처 부재에 10mm
폭으로 모따기를 한다.

50

엔드캡

35

r 248

40

r 298

중앙 스트레처

중심선

25

38

374.6

40

57

장붓구멍
38d×40w×19h

어깨 3mm

차부촉 19ℓ

165

83

417.8

25

그런 다음 그 아이디어가 디자인으로 이어지는 비전으로 성장하도록 해보자. 다른 누군가를 위해 가구를 만들고 있다면, 지금이 바로 이런저런 카탈로그에 실린 사진들을 밀쳐두고, 그들이 진정으로 원하는 핵심에 다가갈 때이다.

여러 해 동안 함께 해온 셰이커 스타일의 트레슬 테이블(trestle table)이 있는데, 이것은 바닥에서 76cm 높이에 무언가를 얹을 수 있도록 해주긴 하지만, 사람들의 대화에 기여해준 것은 별로 없다. 상판은 너무 얇았고, 접이식 판은 내가 위쪽에 영구적으로 고정했다. 또한 아트앤크래프트 스타일이 지배적인 방에서 홀로 도드라졌다. 스타일이 지나치게 중요하다는 것은 아니지만, 내가 만든 작품 하나하나가 방안에 서서히 공간의 감각을 만들기 시작했고, 식탁은 이전부터 있던 유일한 버팀목이었다.

그래서 내가 새로운 식탁에 대해 상상했던 많은 것들이 이미 방을 채우고 있는 가구들과 비슷했다. 질량감과 영속성, 역사성 등. 정확히는 역사가 아니라 과거의 공명, 따뜻한 위로와 친숙함일지 모른다. 손상을 견뎌내는 힘, 돌로 만든 기초나 목재 프레임으로 만든 집의 튼튼함 같은 것. 좀 더 구체적으로 말하자면, 그 아이디어는 어떤 특징에서 나타나기 시작했는데, 그것은 두꺼운 상판, 튼튼한 다리, 화이트 오크의 강인함, 모따기를 크게 한 챔퍼 같은 것이다.

그 흔적은 미국의 디자인 운동에 큰 영향을 미쳤던 영국 아트앤크래프트, 미술공예운동의 산물인 헤이레이크 테이블(hayrake table)에 대한 아이디어로 이어졌다.

대각선으로 브리들맞춤 가공하기

첫 번째 단계는 홈(slot)을 만드는 양쪽 대각선 모서리에 평탄한 면을 만드는 것이다. 손톱으로 잘라도 되고, 밴드쏘를 45°로 기울여 삐드게 자를 수도 있다(1). 그런 다음 등대기톱으로 바닥의 어깨면을 자른다(2). 홈을 밑돌려면 밴드쏘로 들어가지록 면을 자르고 이흥 나누른 풀어 두 번째 면옥 자른다(3). 푸쉬 비트로 먼저 잔라낸 곳을 뚫은 후 기준선을 직각으로 다듬는다(4). 여기에서부터는 일반 브리들맞춤처럼 가공한다.

헤이레이크 테이블 하부구조 만들기

하부구조에서 Y-자로 벌어진 연결대들을 잡아주며 끝을 막아주는 둥근 마개 같은 모양의 부재를 엔드 캡(end cap)이라 부르는데, 이것이 하부 지지구조에서 하이라이트라 할 수 있다. 이 구조를 만들기 위한 첫 번째 단계는 각도를 주어 가공한 가로대인 Y-스트레쳐(Y-stretcher)를 중앙 스트레쳐에 연결하는 것이다. 각 가로대의 끝부분을 45°로 자른 다음 마이터 게이지와 다도날을 사용하여 장부 옆면, 즉 뺨 부분을 가공한다(1). 다음으로 밴드쏘에서 장부 안쪽의 어깨부위를 자른다(2).

그 다음, 중앙 스트레쳐에 장붓구멍을 가공하는데, 스트레쳐에 장붓구멍을 만들고 가이드 블록을 고정하여 장붓구멍의 바깥쪽 끝을 비스듬하게 가공한다(3). 그러는 동안, 둥근 엔드 캡 가공을 쉽게 할 수 있도록 중앙 스트레쳐와 같은 굵기의 짧은 보조블록을 준비하고 그곳에도 똑같이 장붓구멍을 가공한다.

엔드 캡은 넓은 목재로 만든다. 먼저 Y-스트레쳐에서 했던 것과 같은 방식으로 양 끝에 장부를 가공한다. Y-스트레쳐를 만들어둔 보조블에 삽입한 후 장붓구멍 위치를 엔드 캡 목재에 표시한다(4). 장부촉을 가공하고 Y-스트레쳐에 끼워서 맞춰본다. 콤파스를 사용하여 엔드 캡의 곡선을 표시한다(5). 중앙 스트레쳐의 끝에 있는 장부촉과 맞출 장붓구멍을 가공한 후에 곡선을 잘라낸다(6).

Y-스트레쳐를 중앙 스트레쳐에 조립하고 그 위에 엔드 캡을 올려 장부 어깨의 곡선부위를 마킹한다(7). 장부촉을 가공할 때에는 먼저 어깨를 직각으로 자른 후 끌을 사용하여 곡선가공을 하여 다듬는다. 결구가 완전히 맞춰질 때까지 잘 끼워준다(8). 맞춤이 완벽하지 않더라도 걱정하지 말자. 이 스타일은 여기저기 틈이 있어도 괜찮다.

4

5

6

7

8

견고하고
기본적일 수 있지만
건축적 질서도 있다.

이 테이블은 영국 아트앤크래프트 디자인의 선구자 중 한 명인 시드니 반슬리(Sidney Barnsley)의 도서관 테이블에 어느 정도 기반을 두고 있다. 단단한 하부구조는 가구라기보다 목조주택 프레임 구조와 비슷하다. 매우 큰 부재들, 굵은 사각형 다리, 크게 모따기한 스트레쳐, 두꺼운 상판 같은 것들이 특징이다. 결구들 역시 매우 크며, 돌출 장부와 핀으로 되어 있다. 앞서 이야기했던 '드로우보어 핀'은 모든 것을 함께 끌어당겨주며 묶여 있는 듯한 외관의 특징을 더해준다. 나는 그것을 소박하다거나 초창기의 스타일이라고 부르지는 않으려 한다. 견고하고 기본적일 수 있지만, 전통적인 건초 갈퀴인 헤이레이크(hayrake)와 유사하게 끝부분이 곡선으로 된 하부 스트레쳐에 의해 강조된 건축적인 질서도 있어 테이블에 이 이름을 붙였다.

이 테이블의 다른 특징은, 처음에는 잘 안보일 수 있지만 다리의 방향이다. 다리는 테이블 가장자리에 평행하지 않고 45° 틀어져 있다. 이렇게 하면 다리 상단에 브리들맞춤을 가공하는 데 추가 단계가 필요해지지만, Y-스트레쳐 연결부를 단순화할 수 있어 충분히 도입할 가치가 있다.

끌어당기다

드로우보어 핀은 악몽 같은 클램핑 상황을 없애준다. 장붓구멍을 관통하여 구멍을 뚫고 목공용 드릴 비트인 브래드 포인트 비트로 구멍의 중심을 장부촉에 표시한다(1). 그런 다음 장부촉에 어깨 쪽으로 0.8mm 정도 안쪽으로 구멍을 뚫는다. 이렇게 조금 앞으로 뚫은 구멍으로 핀이 들어갈 때 컬합니끼리 서로 단단하게 당겨진다(2). 라우터로 부재들을 따라 모따기를 하며, 교차점 바로 앞에서 멈추고 그 부분을 끌로 다듬어준다. 우드 버튼을 이용하여 상판을 하부에 고정한다(3).

제8장

마감

제작단계의 마지막 마감은 스트레스가 큰 작업이다. 마감은 모든 목공인들이 가장 싫어하는 작업이지만, 동시에 가장 인기있는 연구 주제인 것 같기도 하다. 매우 광범위한 주제이지만 성공적인 작업을 위해 마감에 대한 모든 것을 알 필요는 없다.

여기서는 내가 사용하는 두 가지 기본 마감법을 설명하려는데, 그것들 사이에서 당신이 앞으로 직면하게 될 거의 모든 마감에 대한 문제를 다루게 될 것이다. 첫 번째 마감은 '셸락(shellac)'이다. 이 마감법에 다가서기가 주저함이 생길 수 있지만, 일단 알고 나면 목공 생활이 더 쉬워지리라 생각한다. 나는 작은 프로젝트를 위해 셸락만을 사용하거나, 바니시와 함께 몇 가지 다른 방법으로 사용하기도 한다. 두 번째 마감은 '와이핑 바니시(wiping varnish)'로, 좀 더 큰 프로젝트를 위한 마감방법이다. 이 방법은 오일-왁스 마감과 같은 외관을 제공하거나, 더 높은 광택과 보호효과를 얻을 수 있는 다용도 마감이다.

우리는 마감을 프로젝트의 최종 모습과 동일시하는 경향이 있지만, 성공적인 프로젝트에 중요한 것은 마감 이외에도 목재 선택에서 표면 준비에 이르기까지 훨씬 더 많은 것들이 있다. 실제 마감 단계는 상당히 작은 역할을 한다. 모두 단계에서 프로세스를 제어할 수 있기 때문에, 각 단계의 작업을 잘 수행하면 프로젝트의 마감 부분은 빠르고 고통없이 마칠 것이다.

목재 적재장에서부터 마감작업이 시작된다

내가 사용하는 마감은 간단하다. 나무의 선택과 결의 배치 등을 스스로 정할 수 있기 때문이다. 이상적인 것은 동일한 나무에서 모든 부재를 만드는 것이다. 즉, 처음부터 완벽하게 결 무늬와 색상을 일치시키는 것이다. 그 외에는 동일한 나무에서 유사한 부재들을 얻음으로써 작품에 질서를 부여해줄 수 있다. 이렇게 하면 일치하지 않는 목재의 문제를 해결하기 위해 염료와 스테인에 대해 고민할 필요가 없다.

또 다른 중요한 문제는 작품에 목재를 사용하는 방법이다. 평목제재(plainsawn), 추정목제재(riftsawn), 정목제재(quartersawn)가 어떤 것인지, 이것들이 작품의 모양에 어떻게 영향을 미치는지 이해하면 최종 결과물을 연출하는 데 중요한 도구를 얻을 수 있다. 다리, 칸막이, 문틀에 곧은결을 사용하면 작업 결과물에 균질함이 생기고 구조를 강조할 수 있다. 야성적이고 소용돌이 치는 무늬는 문짝의 알판을 돋보이게 만들 수 있다. 원하는 효과에 따라 서랍 앞판을 어느 방향으로든 사용할 수도 있다. 이 단계에서 약간의 시간과 고민을 투자하면, 훌륭한 마감을 위한 기초를 마련하게 되는 것이다. 하지만 이것을 건너뛰면 많은 문제가 뒤따르거나, 이후의 나머지 작업들이 위태롭게 될 수도 있다. 가혹하게 들릴 수 있지만, 좋은 목재 선택이 무엇을 할 수 있는지 알고나면, 다시는 이전으로 돌아가지 못할 것이다.

좋은 마감을 위한 다음 핵심은 면 정리이다. 우리가 사용하는 마감재는 나무의 결과 광택을 강조하도록 만들어졌다. 하지만 불행하게도 그것들은 기계 자국, 샌딩 스크래치나 뜯긴 곳들을 강조하는 데에도 효과적이다. 작품의 조립단계 이후로 면 정리를 미루지 않아야 한다. 많은 부재들은 조립 이전에 더 쉽게 면 정리를 할 수 있다. 그렇게 하고나면 나중에 이 과정을 먼저 해놓은 자신에게 감사하게 될 것이다.

나도 마감단계를 기다리지 않는다. 제작 과정 동안 미리 마감 작업을 더 많이 할수록 나중에 해야 할 일이 줄어들고 더 쉽게 작업할 수 있다. 접착 후에 대패질하거나 샌딩하기 어려운 부재들은 사전 마감 처리 대상이다. 또한 문짝의 알판, 상자의 내부와 같이 한번 조립하면 마감하기 어려운 부분은 미리 처리하는 것이 좋다. 주먹장이나 관통 장부 같은 돌출 결구를 적용하는 곳에는 마구리를 미리 밀봉하면 나중에 최종 마감을 할 때 새어나온 접착제로 인한 얼룩이 생기지 않는다.

그러므로 목재를 신중하게 선택하고, 결을 사려깊게 사용하고, 완벽하게 면정리를 하고, 사전 마감 처리로 순조로운 항해를 시작하자. 그 후에는 작업의 실제 "마감" 부분이 대부분 완료되고 프로젝트는 확실히 만족스럽게 마무리될 것이다.

우리가 사용하는 마감재는 나무의 결과 광택을 강조하도록 만들어졌다. 하지만 불행하게도 그것들은 기계 자국, 샌딩 스크래치나 뜯긴 곳들을 강조하는 데에도 효과적이다.

좋은 나무를 찾고, 제대로 사용하기

모든 제재소가 같은 통나무에서 나온 목재를 가지고 있지는 않지만, 만약 얻을 수만 있다면 너무도 좋은 일일 것이다. 나의 경우, 이런 목재를 얻을 수 있는 곳은 약 4시간 정도 먼 거리에 있다. 큰 프로젝트를 진행할 때에는 이런 먼 여행도 가치가 있지만, 작은 작업의 경우는 그보다 지역에 있는 목재상에서 이런 목재를 찾아보려 한다. 미국에서 점점 보편화되고 있는 또 다른 방법은 인근의 휴대용 제재기계 운영자를 찾아보는 것이다. 나무가 건조될 때까지 잠시 기다려야 하지만, 종종 훨씬 저렴한 가격으로 하나의 나무에서 나와 무늬가 일치하는 목재를 얻을 수 있다.

목재를 사용하는 방식은 완성품에 큰 영향을 미칠 수 있다. 나는 목재의 최대 수율을 얻기 위해 표시하는 대신, 각 작품에 가장 적합한 부분을 찾는 데 시간을 쏟는다. 여기에 보이는 작은 테이블의 경우, 다리용으로 추정목제재의 고요하고 곧은 결의 목재(1), 에이프런과 서랍으로 이어지는 연속적인 결의 목재(2), 틈없는 접착을 위해 가장자리에 촘촘한 결이 있는 북매칭된 상판용 목재를 원했다(3). 각 부재들이 목재의 어느 부분에서 오는지에 대해 전략적으로 접근하여 동일한 목재에서 모든 부재들을 가져올 수 있었다(4).

아름답고 빠른 마감

셸락은 많은 목공인들이 기피하는 마감재 중 하나이다. 캔에서 바로 붓으로 칠해본 적이 있다면 그 이유를 이해할 수 있을 것이다. 그리고 프렌치 폴리싱(French polishing)에 대해 읽어본 적이 있다면 조금 겁을 먹더라도 이해받을 수 있을 것이다. 사실 셸락은 적용하기 쉽고 작은 프로젝트에 적합한, 빠르게 건조되는 훌륭한 마감재이며, 빨리 작업을 마쳐야 할 때 주어지는 마지막 선물 같은 것이다. 나는 약 30분만에 촉감이 좋고 광택이 멋진 마감을 하는 간단한 기술을 가지고 있다.

셸락을 사용할 때 이상한 점 중 하나는 캔에서 바로 사용하도록 준비가 되지 않았다는 것이다. 뿐만 아니라 셸락은 캔에 들어있지 않은 것도 많다. 플레이크 형태로 구입하여 직접 혼합해서 사용하도록 되어 있기도 하다. 어느 쪽이든 일관된 품질을 유지하는 것은 어렵지 않다. 캔에 미리 혼합된 셸락의 경우 진저 브랜드(Zinsser®)의 씰코트(SealCoat®)를 선호한다. 이 제품은 왁스가 제거된 밝은 색상의 셸락으로 마감재의 내구성을 높이고 다른 마감재가 잘 부착되도록 해준다. 변성 알코올과 1:1 희석하여 사용하면 된다.

플레이크로 자신의 셸락을 직접 혼합하는 것은 조금 더 복잡하지만 장점이 있다. 플레이크 형태의 셸락은 유통기한이 더 길고 다양한 색상으로 제공된다. 또한 미리 혼합된 것보다 더 빨리 건조되어 마감 속도가 빨라진다는 사실을 알게 되었다.

셸락의 성공 비결은 얇은 마감층을 쌓아가는 것이다. 그러나 이는 톱날 자국이나, 뜯긴 곳 또는 샌딩에 의해 긁힌 부분들이 최종 마감에서 나타날 수 있으므로 먼저 평평하고 매끄럽게 만드는 것이 필수이다. 오크와 같은 기공이 열린 목재의 경우 400번 사포로 샌딩한다. 체리나 메이플 같은 기공이 닫힌 목재의 경우 600번 이상의 사포로 샌딩한다.

플레이크로 셸락 만들기

직접 셸락을 혼합할 때 어려운 점은 셸락과 알코올의 적절한 비율을 맞추는 것이다. 내가 찾은 가장 쉬운 방법은 무게를 재거나 측정하지 않고 하는 방법이다. 병에 약간의 플레이크를 넣고 플레이크가 잠길만큼 변성 알코올을 채운다(1).

혼합물을 하룻밤 동안 또는 플레이크가 완전히 녹을 때까지 그대로 놓아둔다. 이렇게 하면 매우 진한 셸락 용액이 될 것이다. 사용 가능한 셸락을 만들려면 새로운 병에 만들어둔 셸락과 알코올을 1:4 비율로 섞어 사용한다(2).

단계별 셸락 마감방법

최 상의 결과를 얻으려면 알코올로 절반 희석하여 사용한다 **(1)**. 깨끗한 면 천을 사용하여 표면 전체에 얇게 도포하여 마감 과정을 시작한다**(2)**. 마감재는 스며들어서 빠르게 건조될 것이다. 천은 밀폐된 용기에 넣어 마르지 않도록 보관하면 계속 사용할 수 있다.

샌딩작업으로 표면이 매끄러워졌다해도 첫 번째 도포 후에는 거칠게 느껴질 수 있다. 나쁘게 된 것은 아니다. 마감의 첫 도포 작업은 목재 섬유를 포화시키는 중요한 작업을 수행한다. 이전에 샌딩했던 거칠기(grit)의 사포로 다시 샌딩해주면 동일하게 매끄러운 표면이 만들어진다**(3)**. 가장 큰 차이점은 이제 섬유질들이 제자리에 고정되고, 표면이 나머지 마감 공정 동안 상당히 매끄럽게 유지될 것이라는 점이다.

마감재가 흘러내리거나 밀리는 것을 방지하는 핵심은 마감재를 얇게 바르는 것이다**(4)**. 셸락은 용매 기반 마감재이다. 즉, 이전 도포층 위에 셸락을 바를 때 이전 층이 부분적으로 용해될 수 있다는 것이다. 이 때문에 젖은 표면을 앞뒤로 닦지 않는 것이 중요하다. 그렇지 않으면 재도포할 때 이전 마감이 벗겨질 위험이 있다. 따라서 약간 겹치게 하여 직선으로 곧게 바르고, 표면이 마를 때까지 기다렸다가 추가 도포를 해야한다. 시간이 많이 걸리는 프로세스처럼 들리겠지만, 건조가 빠르기 때문에 프로젝트의 모든 표면 도포 작업을 마칠 때쯤이면 처음 도포했던 곳은 마감을 계속할 수 있을 만큼 충분히 건조될 가능성이 있다. 그러나 3~4회 도포한 후에는 더 오래 끈적거리고 더 천천히 건조된다. 이 시점에서 10분 정도 기다리면서 마감면이 경화되도록 한다.

작업을 계속하기 전에 결이 일어나거나 먼지로 인해 거칠어진 부분이 있는지 확인하고 필요한 경우에는 고운 사포로 잘 문질러준다(5). 한두 번 더 칠하면 충분하게 마감작업을 끝낼 수 있다. 새틴 광택 마감을 목표로 하지만, 원하는 것보다 살짝 더 광택이 나도록 셸락을 충분히 발라준다. 이는 장기적으로 적당한 보호기능과 내구성을 제공하기에 충분한 마감임을 나타내주는 좋은 지표가 된다. 이 시점의 마감은 약간 줄무늬가 있거나 광택이 고르지 않을 수도 있지만 괜찮다. 프로세스의 다음 단계에서 모

든 것이 해결될 것이다.

마지막 단계는 마감면을 문지르는 것이다. 고운 스틸 울로 왁스를 발라준다(6). 스틸 울이 아직 미세하게 거친 부분들을 제거하지만, 600번 사포를 사용하여 문제가 있는 부분을 해결한 후에 계속해도 된다. 왁스를 더 쉽게 바르려면 스틸 울을 먼저 미네랄 스피릿에 담근다. 이렇게 하면 왁스가 희석되어 더 부드럽게 발라진다. 마지막으로 깨끗한 천으로 표면을 닦아주면 아름다운 새틴 광택 마감이 완성된다(7).

큰 프로젝트를 위한 와이핑 바니시

*광택 마감을 위해
바니시를 바를 수 있지만,
그것은 내가 가구에서
원하는 모습이 아니다.*

작은 프로젝트에서는 빠른 건조가 좋지만, 와이핑 바니시의 느린 건조 시간은 큰 프로젝트에서는 장점이다. 마감이 마르기 전에 더 넓은 면적을 칠할 수 있다. 또한 유성 바니시는 셸락 마감보다 보호 기능이 더 좋다.

광택 마감을 위해 바니시를 바를 수 있지만, 그것은 내가 가구에서 원하는 모습이 아니다. 내가 생각하는 수제 가구의 이상적인 마감은 나무의 아름다움을 빛나게 하는 저광택 마감이다. 거기에 도달하는 가장 쉬운 방법은 얇게 바르며 천천히 원하는 광택을 만드는 것이다. 와이핑 바니시는 이름에서 알 수 있듯이 그렇게 할 수 있다.

내가 일반적으로 사용하는 브랜드는 Waterlox®이다. 이 텅오일(tung-oil) 기반 바니시는 빠른 작업성에, 잘 퍼지며 작품에 아름다운 호박색 톤을 더해준다. 호박색이 너무 진하게 나타날 수 있는 밝은 목재의 경우 Minwax® Wipe-On Poly를 사용한다. 작업속도는 조금 더 느리지만, 내가 시도해본 바니시 중 가장 밝은 색상이다. 이 제품들이든 다른 브랜드의 것이든 작업 방법은 동일하다.

실링, 평탄화, 빌드업

와이핑 바니시의 첫 번째 도포 작업은 목재의 기공을 막는 실링(sealing) 단계이지 아직 마감재를 바르는 단계는 아니다. 헝겊이나 붓으로 바른다. 엉망이 될까 걱정하지 말고 나무를 흠뻑 적시도록 한다(1). 10분 정도 후에 표면 전체를 닦고 물기를 제거한 다음 24시간 동안 기다린다.

다음 단계는 표면을 정리하는 것이다. 가장 쉬운 방법은 마감재를 얇게 바르고(2) P400번(grit) 사포로 습식샌딩하는 것이다(3). 그런 다음 표면을 닦아준 후에 밤새 건조시킨다. 이렇게 기공을 막아 실링을 하고 표면을 매끄럽게 해주면 남은 도포 작업을 할 수 있는 출발점이 된다.

얇게 바르며 마감 작업을 진행한다. 바니시를 바르는 것은 원을 그리는 듯이 손을 돌리는 동작으로 시작한다. 그런 다음 완전히 닦아내지 않으면서 고르게 하기 위해 결 방향으로 가볍게 문지르며 마감면을 평평하게 한다(4). 두꺼운 필름으로 감싸지 않고도 목재를 보호할 수 있도록, 이렇게 4~6회 정도의 가벼운 도포로 충분한 마감층을 만들어야 한다. 얇은 도막은 하루에 두 번 칠할 수 있을 만큼 빠르게 건조된다.

소규모 프로젝트에서는 스틸 울로 왁스를 발라서, 문지르기와 왁스칠하기를 한 번에 끝낸다. 그러나 더 큰 표면에서는 고른 광택을 얻기가 쉽지 않을 수 있다.

그럴 땐 왁스를 바르기 전에 스틸 울에 미네랄 스피릿을 묻혀서 표면을 문지른다(5). 왁스를 바를 때에도 천을 미네랄 스피릿에 먼저 적신다. 이렇게 하면 왁스를 얇게 하여 균일하게 도포할 수 있고 건조 후 광택작업을 하기 더 쉬워진다(6).

마감작업 조합하기

셸락 마감한 작품의 경우, 선반이나 테이블 상판과 같이 흠이 잘 생기는 부분에 바니시를 추가하면 습기로부터 보호효과를 높일 수 있다. 일반적인 경우처럼 얇게 도포하고 잘 문질러주면 된다(1).

바니시 마감의 경우, 접착제가 달라붙어 얼룩이 생기는 것을 방지하고 표면 실링을 하기 위해 먼저 셸락을 바를 수 있다. 얇게 도포하고, 건조되면 샌딩한다(2). 표면은 마감하지 않은 표면과 크게 달라보이지 않지만, 마감하지 않은 맨 나무에 바를 때보다 바니시 작업이 훨씬 빨리 된다.

셸락과 바니시는 좋은 조합이다

셸락과 바니시는 그 자체로 훌륭한 마감재이지만, 함께 사용하면 각각의 장점을 활용할 수도 있다. 이것이 가능한 이유는 바니시가 셸락에 달라붙기 때문이다. 이러한 이유로 바니시 마감 아래에 셸락을 먼저 도포하거나, 셸락 프로젝트에 보호효과를 더 원하는 부분에만 바니시 마감할 수도 있다.

셸락은 소규모 프로젝트에 적합하지만, 어떤 부분에서는 셸락이 단독으로 보호하는 것보다 조금 더 많은 보호가 필요한 경우가 있다. 작은 사이드 테이블은 셸락을 사용하기에 완벽한 가구이지만, 추가 보호가 필요한 상판에는 바니시를 몇 번 더 바르는 것이 좋다. 사진에 있는 라이브 에지 차탁의 경우 찻주전자와 컵, 습기와 접촉할 가능성이 있는 차탁에는 와이핑 바니시를 추가하는 것이 좋다.

셸락을 사용하는 또 다른 방법은 바니시 아래에 워시코트로 사용하는 것이다. 나는 돌출 결구 작업을 많이 하는데, 어려운 점 중 하나는 결구 외부에 접착제가 묻지 않도록 하는 것이다. 이는 마구리에서 특히 중요한데, 접착제가 스며들어 오일 마감 후에 얼룩이 드러날 수 있기 때문이다. 셸락을 바르면 표면 실링으로 밀봉이 되어 얼룩을 방지할 수 있다. 또한 건조 후에는 삐져나온 것들을 쉽게 제거할 수 있다. 날카로운 끌로 굳어있는 접착제를 떼어내주면 된다. 셸락으로 시작하는 또 다른 이점은 바니시 마감이 더 빠르게 된다는 것이다. 바니시 아래에 셸락을 사용하는 유일한 단점은 타이거 메이플이나 컬리 체리와 같은 무늬가 좋은 목재에서 광택을 약간 감소시킬 수 있다는 것이다. 그런 경우에는 셸락을 건너뛰고 바니시로 바로 마감하면 된다.

셸락의 특별한 특징 중 하나는 대부분의 마감재에 잘 붙고, 대부분의 마감재가 붙을 수 있다는 것이다.

단위 환산표

인치(in)	센티미터(cm)	밀리미터(mm)	인치(in)	센티미터(cm)	밀리미터(mm)
⅛	0.3	3	13	33.0	330
¼	0.6	6	14	35.6	356
⅜	1.0	10	15	38.1	381
½	1.3	13	16	40.6	406
⅝	1.6	16	17	43.2	432
¾	1.9	19	18	45.7	457
⅞	2.2	22	19	48.3	483
1	2.5	25	20	50.8	508
1¼	3.2	32	21	53.3	533
1½	3.8	38	22	55.9	559
1¾	4.4	44	23	58.4	584
2	5.1	51	24	61	610
2½	6.4	64	25	63.5	635
3	7.6	76	26	66.0	660
3½	8.9	89	27	68.6	686
4	10.2	102	28	71.7	717
4½	11.4	114	29	73.7	737
5	12.7	127	30	76.2	762
6	15.2	152	31	78.7	787
7	17.8	178	32	81.3	813
8	20.3	203	33	83.8	838
9	22.9	229	34	86.4	864
10	25.4	254	35	88.9	889
11	27.9	279	36	91.4	914
12	30.5	305			

역자 후기

"**나**에게 가구를 만드는 것은 나무와의 연결이기도 하지만 사람과의 연결이기도 하다. 나는 무언가를 만드는 것을 좋아하지만, 그것들이 좋은 집에서 사용될 것이라는 게 더 좋다." 저자 페코비치의 홈페이지 (www.pekovichwoodworks.com) 소개글에는 이런 문장이 있습니다. 본문에도 비슷한 이야기가 나오지요. 이 책의 주제가 모두 함축되어 있는 말이라 생각합니다. 목공예는 내가 나무와 연결되는 시간이며, 그 결과물로 나온 공예품으로 누군가와 연결되고, 내가 만든 것이 알맞게 사용되며 세상에 더 나은 가치를 부여하는 것이라 말합니다. 그렇기에 의미있는 목공작업이란, 나무와 세상 그리고 나 자신과 소통하기 위해 무엇을 어떻게 해야 할까 생각하는 것을 뜻합니다.

이 책에는 공방에서 보내는 시간을 의미있게 만들기 위한 자세와 삶과 디자인을 친밀한 관계로 만들어 나가기 위한 여러가지 일상의 방법들, 수공구와 친숙해지는 길과, 제작 프로세스를 통해서 더 나은 작품을 만드는 경험을 쌓아가는 일, 그리고 나무라는 재료와 가구가 놓일 공간과 그것을 사용하는 사람과 소통하는 과정 등 공예의 시간을 살아가기 위한 조언들이 가득합니다. 그래서 이 책은 단순히 끝을 연마하고 가구를 만드는 방법을 알려주는 실용서일 뿐만 목공의 방법과 의미, 이유(The Why & How of Woodworking)에 대해서 얘기해주는 선배의 안내서 같은 것입니다.

물론 이 책에는 많은 사람들이 좋아하는 페코비치의 가구 사진들과 제작 방식, 도면과 제작 프로세스도 함께 담겨 있습니다. 페코비치 작업의 특징은 '쓰임'을 생각한다는 것입니다. '양말과 속옷 구조'라는 말에서 알 수 있듯 실제의 쓰임과 작품의 목적이 규모와 비율을 결정하도록 하는 것이죠. 아름답게 만들어야 하지만, 그 쓰임에 맞도록 만드는 것. 페코비치의 공예 철학은 자기표현의 행위로서 예술로 나아가는 것이 아니라, 생활을 위해 작동하는 기능의 실현을 향하고 있습니다. 그래서 그의 작업은 과장과 화려함 대신에 형상과 작업 프로세스에서 모두 단순함, 간결함을 지향하고 있습니다. 동시에 과거의 스타일들과 현재의 작업들에서 꾸준히 배워나가려 하죠. 그리고 거기에 제작자의 개성을 담으려 합니다. 그것이 원서의 부제인 '의미있는 목공작업을 위한 간결한 접근법'이 된 것일 테지요. 그의 작품들이 간결하면서도 오래도록 눈길을 사로잡는 이유를 찾다보면 이 책을 보는 이들도 새로운 깨달음을 얻을 수 있으리라 생각합니다.

오늘도 많은 이들이 다양한 형태의 공예를 찾고 있습니다. 때로는 동영상을 통해 간접체험을 하기도 하고 때로는 원데이클래스로 공예 욕구를 충족시키며, 때로는 공방에 등록하여 긴 여정을 나서기도 합니다. 최범 디자인 평론가는 그의 책 『공예를 생각한다』에서 "공예는 로테크(low tech)의 산물이지만 하이터치(high touch)의 세계를 구현하고 있는 것"이라 말하고 있습니다. 과학기술이 고도로 발달한 하이테크 시대에도 우리의 생활 세계는 인간적 감각의 세계일 수밖에 없기에, 하이테크/로터치의 비인간적인 세계가 아니라 하이테크와 균형을 이룬 하이터치의 감성이 필요하며 그것이 삶의 방식으로서의 공예라고 말합니다.

이 책을 번역하여 내어놓는 사람이기 이전에, 이 책에서 많은 조언과 배움과 위안, 영감을 얻은 사람으로서 이 책이 사람들에게 많이 읽혔으면 좋겠습니다. 다시 한번 강조하자면 공예는 나 자신과 만나는 시간이며, 나와 나무가 연결되는 하이터치의 경험이고, 나와 타인이 연결되는 문화입니다. 거창하거나 어려운 일이 아니죠. 어떤 형태로든 많은 이들이 공예의 삶을 살아가기를 바랍니다.

찾아보기

저자

마이클 페코비치(MICHAEL PEKOVICH)

미국의 가구제작자이자 작가, 교사, 그래픽디자이너로서 잡지 〈Fine Woodworking〉의 편집자, 크리에이티브 디렉터로 활동하고 있다. 주말 목공 워크숍, 각종 목공학교 등 다양한 목공 수업을 이끄는 목공교사이자, 시대를 넘어 여러 스타일을 아우르는 실용적 디자인으로 돋보이는 목수이다. 현재 인스타그램 팔로우 21만이 넘는 인지도와 영향력을 가지고 있다.

인스타그램 @pekovichwoodworks
홈페이지 www.pekovichwoodworks.com

역자

진재성

'한국전통공예건축학교' 소목(조화신) 과정으로 목공에 입문, 직업목수의 길을 걸으며 목공을 가르치고 작업하고 있다. '(전) 은평공유센터 34길목공방'을 운영하였고, 현재는 경기도 고양시 덕양구에서 '이오목공방(eo_woodstudio)'을 운영하고 있으며, 『목공 FAQ – 목공에 대하여 알고 싶은 것들』(도서출판 씨아이알, 2019)을 번역 출간하였다.

인스타그램 @eo_woodstudio '이오목공방'
linktr.ee/eo_woodstudio

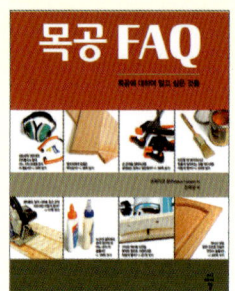
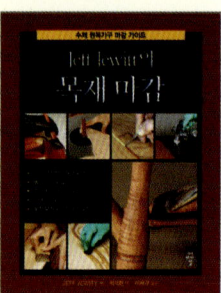
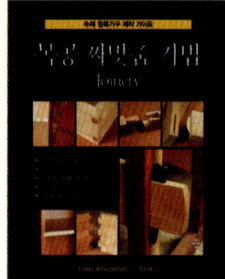

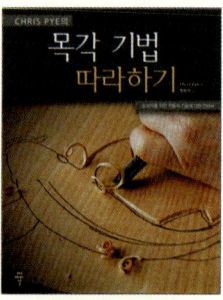

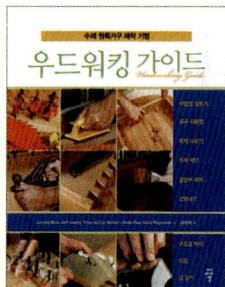
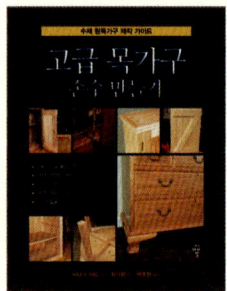